姚贝娜

一个用生命歌唱的女孩

范洪涛 著

东方出版中心有限公司

图书在版编目（CIP）数据

姚贝娜：一个用生命歌唱的女孩 / 范洪涛 著. —
上海：东方出版中心, 2022.9
ISBN 978-7-5473-2063-1

Ⅰ.①姚… Ⅱ.①范… Ⅲ.①姚贝娜–传记
Ⅳ.①K825.76

中国版本图书馆 CIP 数据核字（2022）第161846号

姚贝娜：一个用生命歌唱的女孩

著　　者　范洪涛
出版统筹　郑纳新
策　　划　夏德元
责任编辑　马晓俊　万　骏
装帧设计　点睛堂

出版发行　东方出版中心有限公司
地　　址　上海市仙霞路345号
邮政编码　200336
电　　话　021-62417400
印 刷 者　上海盛通时代印刷有限公司

开　　本　710mm×910mm　1/16
印　　张　30.25
字　　数　260千字
版　　次　2022年9月第1版
印　　次　2022年9月第1次印刷
定　　价　99.00元

　　人有的时候是要有点飞蛾扑火的态度，不壮烈一点，怎么
能体会得到火焰的强大气势。

摄影：蒿宥言

序 言

2015 年 1 月 16 日，姚贝娜去世。

我们感觉天塌下来了，活下去都有困难。

送走贝娜，作为她的父亲，我连续好几个月流泪，每天晚上哭。为什么每天晚上哭？因为我有一个习惯，每天晚上都会看她的贴吧。终于，有一天，我下决心不再看了。但是依然每天都会想她，特别是自驾的时候，因为我开的就是她的车。

之所以这样，是因为她是我的女儿，又不仅仅是我的女儿。

我们是父女，也是朋友。她只有三四岁的时候我就开始把她当朋友看待了，然后，她长大了，上学了，在武汉音乐学院附中就读时做了我的学生，叫我姚老师，我们成了师生。再往后，她大学毕业，我们一家人又成了同行。

在相互交流的过程中，常常是我教她，她教我。从小时候一直到大学毕业后的很长一段时间，我是她的老师。再后来，她开始教我更多一些，是我的老师。我曾写过一首歌《当一张报纸飘落在眼前》，她特别喜欢。曾有朋友说，没想到姚老师年纪这么大了还可以把歌写得如此时尚。闻言，我想这完全是和贝娜经常交流的结果。

人是需要不断学习的，是需要在不断的交流中提高的，贝娜是一个很好的交流伙伴。因此，她的离去，作为父亲，作为朋友，作为老师，作为同行，我无法接受。

6年了，作为贝娜的母亲，我每天想她，念她，时常梦到她，在梦中笑醒、喊醒、哭醒。从梦中醒来，和她爸爸谈起梦中的情景，说着说着便真的哭了，然后又在心里不断地告诉自己：不哭不哭，这是梦……

那一刻，我深深地体会到，一个失去爱女的母亲，是多么的艰难！

贝娜从呱呱坠地、牙牙学语，到长大成人，变成一个亭亭玉立的大姑娘，我最享受的是她黏我、叫我。

我常常幻想着有一天贝娜会突然站在我面前，大声喊着："妈妈，我回来了！"

我多么希望她能用那种嗲声嗲气的语气再叫我一声"妈咪"，向我撒娇："妈咪，我想你了""妈咪，我梦见你了"……

我多么希望她能用清脆的声音再叫我一声"妈妈"，开心地告诉我她的行踪："妈妈，我等一会要去录音了。""妈妈，我马上要出发了。""妈妈，我已到家了。"……

甚至，我多么希望她能用低沉的声音再叫我一声"妈"，述说心中的郁闷、沮丧和烦恼："妈，我今天不开心。""妈，我刚才躲着哭了。"……

曾经，无论她叫我"妈咪""妈妈"，还是叫我"妈"，于我而言都是幸福。然而，现在听不到了，再也听不到她用甜甜的声音回应我："好的，妈妈。"

这是她的命，也是我们的命。

姑娘走了，带着她对这个世界的眷恋与不舍走了。有人说她是天使，有人说她是琥珀，还有人说她是偶像，但作为她的母亲，贝娜在我心里就是一个为人正直善良，处事真诚谦和，活得单纯透明，还有一点任性倔强的女儿。

34年的时间里，我们非常享受三人在一起的日子，尽情享受着幸福与美好，现如今这一切都随贝娜的离去，而化作一缕青烟随风而逝，剩下的只是不舍的回忆。

贝娜的离世让我感受到了叫天天不应，叫地地不灵，无力回天的绝望之痛。我想大声哭，大声喊："贝娜，你不要走！姑娘，你回来啊！"可有朋友告诉我们，为了让贝娜一路走好，千万不要大声哭喊，也算是最后一次帮她。在贝娜的告别仪式上，当我走到贝娜遗容前，看她静静地躺在花丛中，我恨不能上去抱起她，不让她走，但这时又一直有一个声音在我耳边响起："帮贝娜，帮贝娜……"姚峰平时是不信这些说法的，但那天他也选择了相信。为了让姑娘不要再有牵挂，安心地往前走，我们强忍悲伤，无声地抽泣，让泪水默默地流淌。

在为贝娜选择墓地时，我注意到一处墓园的不远处有座寺院，我当即提出：就选这个墓地吧，我想出家在那座庙里吃斋念佛，天天为姑娘祈祷，天天去看她。是亲戚们劝阻我：贝娜在天有灵，她看得见的，她不愿意你这个样子，她希望你们过好以后的日子，这样她才会安心。

贝娜的墓地选定武汉石门峰纪念公园后，我又对姚峰说，我想在她墓地旁边盖个小屋，哪怕是茅草屋也行，我就安静地守着她，陪着她。姚峰无奈地说："你又胡思乱想，这怎么可能呢？"是啊，怎么可能呢？那些日子，我整个人的思维是混乱的。

贝娜得病后，她并没有认清这种病的凶险性，也没有认清自己的身体状态。相反，一旦穿上音乐这一双红舞鞋，她就停不下来，也不愿意脱下来。我时常回想，如果她能把工作节奏放慢一些，她一定可以给大家唱更多好听的歌。

我们给贝娜题写了墓志铭："一个爱唱歌的女孩，一个用生命歌唱的女孩。"这是她短暂一生的写照，很真实、很贴切。

贝娜走了，再也不能唱歌给我们听了。在姚峰和朋友们的鼓动下，我萌生了一个想法：我来唱，我唱给姑娘听！

"走了的是人，留下的是魂""风筝啊风筝，你要帮我，你要帮我找到那个人"……这些歌词准确地表达了我的心声，每一个字都戳中了我内心深处的痛点。在家里练歌时，唱着唱着喉咙哽咽了，眼泪止不住地流，只好跑到洗手间，打开水龙头放声大哭，一边哭一边用水拍洗眼睛，努力调整情绪和注意力，不去想贝娜，只想着如何去运用好歌唱的呼吸及腔体的调节。终于，在贝娜 39 岁生日前夕，我完成了《留存》《放风筝》《等不到的雪》等 6 首歌的录制，让思念之情获得了一次尽情释放。

贝娜给我们留下了太多的眷恋与不舍，也给世间留下了善良和温暖。我们万万没想到的是，除了歌唱，她看似单薄的身体里竟蕴藏着如此的大爱，在告别这个她热爱的世界之际，毫不犹豫地决定捐献自己的眼角膜，把光明留在了人间。受她的影响，我们也签署了捐献眼角膜志愿书，我们相信，令我们骄傲的女儿也会因为我们的这一决定感到骄傲的。

喜欢音乐是我们一家三口最大的共同点。贝娜的去世，带走了我们的希望，心里总是空荡荡的。依然是音乐拯救了我们。如今，作为她的父亲，我忙于歌曲创作、声乐教学、举办音乐讲座，还迷上了交响乐队指挥；作为她的母亲，我最感兴趣的事情就是琢磨声音，如何帮学生提高演唱技能。我们以这种方式活在自己的音乐里，活在贝娜的音乐里，希望借此延续贝娜的生命，弥合自己的伤口。

现在，很多朋友见到我们都会说，姚老师李老师不容易啊，终于走出来了。对此，我们报之以感激的一笑。其实，我们自己知道，命运很残酷，此事无解。我们没有走出来，也走不出来，永远也走不出来，如果有一天我们走出来了，那就是我们告别这个世界的时候，就是和贝娜见面的那一天。这不是悲观厌世，这是一对失独父母永远的痛。

今天是贝娜 40 岁生日，如果她在，那该是怎样的一种快乐？

感谢多年的好朋友范洪涛，他几乎陪我们经历了一切。当他把这部书稿放在我们面前时，我们唯有感动感激。细读文字，那曾经熟悉的一幕幕过往重现眼前，令人悲喜交加，泪流满面。

借此机会，我们还要感谢贝娜所有的老师、同学、朋友和亲戚们，还要感谢喜爱她的、她喜爱的贝壳们。

人生不易，愿大家安然度之……

是以为序。

姚峰　李佳敏

2021 年 9 月 26 日于深圳

目录

第一部 —— 姚家有女 001

第 1 章 童年好时光 / 003

典型的"武汉姑娘伢" / 005
武音"姚一代" / 009
"潜力股"恋上"绩优股" / 020
"贝娜"之名有来由 / 025
"生错了"的小美女 / 029
声乐界的"听风者" / 045

第 2 章 多彩是少年 / 057

歌星之梦 / 058
数学成绩太烂了 / 063
中考逆袭 / 068
"破锣嗓子" / 072

第二部 —— 筑梦北京 079

第 3 章 雏燕初展翅 / 081

报考中国音院 / 083
艺考家史 / 089
有约在先学做人 / 095
声歌系的另类学生 / 100
"好啊，我们深圳的小姑娘……" / 109

第 4 章 《金沙》声浪高 / 113

最早的"贝壳" / 114

三宝"挖坑"选角 / 120

演出前偷偷地哭了 / 124

"金"砖叩开海政大门 / 132

第 5 章　海政女歌手 / 137

新兵姚贝娜逃跑了 / 138

登山上岛一路歌 / 144

泪洒汶川 / 150

第
三
部
——
声
名
鹊
起 155

第 6 章　三战"青歌赛" / 157

父女接力"青歌赛" / 159

与冠军只差 0.8 分 / 162

唯一的"百分冠军" / 166

第 7 章　人生新选择 / 175

"姚贝娜，你比邓丽君好！" / 176

《独上西楼》惊红磡 / 180

向往更自由的舞台 / 184

第 8 章　"北漂"为逐梦 / 197

"宝贝之约" / 198

江湖传说"姚一遍" / 204

以真乱假引发"抗议" / 208

被耽误的小品明星 / 212

第四部——娜样芳华 219

第 9 章　无惧红颜劫 / 221

勇敢面对乳腺癌 / 223
化疗间隙唱"甄嬛" / 232
《小头发》萌宠问世 / 244
领衔抗癌粉红丝带 / 247

第 10 章　"中国好声音" / 253

站上心仪已久的舞台 / 255
教科书级的现场演唱 / 259
闯关之路险象环生 / 267
败选与歌唱无关 / 271

第 11 章　舞台的魅力 / 281

把灵魂融入音乐 / 282
姚峰发怒了 / 288
"辨识度"如鲠在喉 / 291
零点时刻《天耀中华》/ 297

第 12 章　生活的滋味 / 305

"天使"与"恶魔" / 306
任性女儿开心果 / 311

大方小气孝顺女 / 318

有只小狗叫"小宝" / 328

藏在心底的爱情 / 333

第五部——生命绝唱 339

第 13 章　最后的日子 / 341

一条哀婉凄美的鱼 / 343

癌细胞扩散了 / 348

捐献眼角膜 / 355

把漂亮留在人间 / 359

一场突如其来的风波 / 363

"天使去往天堂唱歌了……" / 370

"小姑娘，一路走好……" / 382

第 14 章　歌唱的力量 / 387

有一颗星叫"姚贝娜" / 389

武汉的女儿回家了 / 398

"贝娜音乐教室"落户新疆 / 409

设立"姚贝娜音乐奖" / 416

第 15 章　永远的贝壳 / 421

贝壳的心灵家园 / 423

让陪伴变成花开 / 438

姚贝娜大事年表 / 444

后记 / 463

第一部
姚 家 有 女

摄影：黄欢

第1章　童年好时光

自然造化的神奇
天人合一的通达
我们永远传颂
生命美丽的神话
——《生命之恋》

姚贝娜是姚家的第 12 代武汉人。

在她之前，姚家已有 11 代人在这座有着"九省通衢"之称的江城生存、繁衍、奋斗。

她的呱呱坠地，注定是一份惊喜。

她的童年被幸福所包裹，又夹杂着一丝不易察觉的孤独。这造就了她乖巧单纯却又敏感任性，善解人意却又特立独行的性格。

很小的时候，她就显露出超常的音乐天赋。然而，特别奇怪的是，一方面，她的父母培养了她出众的音乐素养，尤其是罕见的"固定耳朵"；另一方面，在相当长的一段时间，她的父母并没有意识到这是一块难得的音乐璞玉，压根就没想到甚至排斥让她女承父业、女承母业。

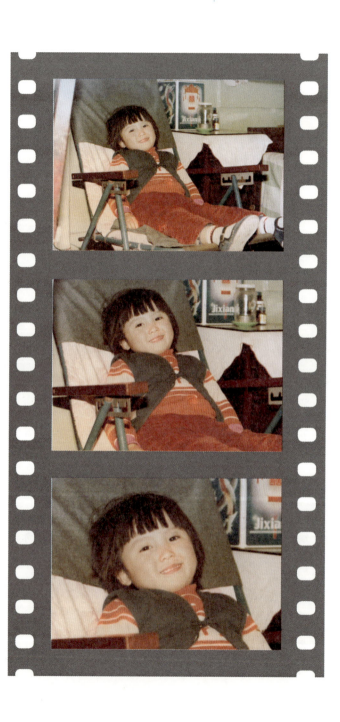

典型的"武汉姑娘伢"

在江河众多的中国有很多城市被称为"江城",但真正配得上这个美名的当属武汉。

从地理位置看,世界第三大河流长江及其支流汉江穿城而过,将武汉这座城市一分为三,也就有了武昌、汉口、汉阳三镇,更为"九省通衢"增添了最有力的注脚。从人文的角度看,唐代大诗人李白"黄鹤楼上吹玉笛,江城五月落梅花"的佳句,是对武汉"江城"之誉最早的背书,而一代伟人毛泽东"一桥飞架南北,天堑变通途"的豪言金句,更是给这座江城增添了几分磅礴之气。

姚贝娜就出生在这座江城,在离有"万里长江第一桥"之称的武汉长江大桥不远的武汉音乐学院的院子里长大。正所谓一方水土养一方人,浸润于江城文化之中,姚贝娜从小就被深深地打上了"武汉姑娘伢"的烙印。

姚贝娜出生于公元 1981 年 9 月 26 日，农历辛酉年八月廿九日。

按西方十二星座的划分，姚贝娜的星座是天秤座。

天秤座的女生美丽、有气质、知性优雅、善良慷慨、有很好的朋友缘、在乎别人的感受、爱憎分明。

这些定义仿佛就是给姚贝娜私人定制般地画了一幅肖像，准确极了。唯一对不上号的是，天秤座最大的性格弱点是优柔寡断，有逃避现实的倾向。姚贝娜显然是颠覆了这一说法，因为她从来都敢想敢干，率性而为，哪怕在确诊癌症、遇到人生最大的一道坎时，她也没有患得患失、逃避退缩，而是选择了勇敢面对，所表现出的果敢与决绝远远超出了常人的想象。

依据中国传统生肖，姚贝娜的属相是鸡，辛酉年又被称为"金鸡"。

据说，属鸡的人在性格上表现为 3 个显著特点：一是富于幻想，二是行侠仗义，三是爱美自信。

这也很符合姚贝娜的个性。

姚贝娜很小的时候就梦想着能成为一名歌星，只不过这个美丽的梦想被她深深地埋在了心底。

她天不怕地不怕的侠客气质，似乎是天生的，并且贯穿于她短暂的一生。

15 岁那年，放暑假了，姚贝娜和父亲姚峰、母亲李信敏一起从武汉乘长途客车去往位于黄石市的姥姥家。

姚贝娜独自一人坐在前排靠窗的座位上，戴着耳机听歌。她的邻座是一位中年男子，中年男子把一只旅行包放在行李架上，把另一只黑色的公文包抱在了胸前。

客车驶出傅家坡长途汽车站，一路颠簸，闷热的天气令旅客们昏昏入睡，坐在后排的姚峰、李信敏也打起了瞌睡。中年男子也许是太过劳累，居然发出了轻微的鼾声。

途中，3个青年男子招手拦车。他们上车后，车子再次启动，没承想过了不久，这3个小混混肆无忌惮地开始翻包。他们先是把行李架上的那只旅行包打开了，一无所获，然后竟把中年男子手中的公文包拿了过去。中年男子仍在酣睡之中，毫无察觉。姚贝娜把这一切看在眼里，她轻轻地踩了中年男子一脚。中年男子醒了，迷迷糊糊之中发现自己手中的包被人拿走了，急忙站起身一把夺了回来。3个小混混见状恶狠狠地瞪着姚贝娜，虽然姚贝娜内心感到了一丝害怕，但她仍强装出一副毫不示弱的样子，也睁着一双大眼睛盯着他们。最后，3个小混混让司机停车，悻悻而去。

客车抵达黄石汽车站。走下车来，姚贝娜心有余悸地把刚刚发生的一幕告诉了爸爸妈妈，姚峰、李信敏这才知道女儿刚才处在十分危险的境地，这着实让他们吓了一跳，也惊叹女儿竟有如此侠肝义胆。

想到姚贝娜还这么年幼，李信敏字斟句酌地告诉她："贝娜，你在车上的行为是对的，但也挺危险的……"

"是的，妈妈，我也蛮害怕，那三个坏蛋翻那个大包时我就想提醒那个人。"李信敏话未说完，姚贝娜就已明白了她的意思。虽然也很害怕，可姚贝娜内心所具有的正义感驱使她做出了与年龄不相称的举动："我要不这样做，那个人的包就被三个坏蛋抢走了。"

至于第三个爱美自信的性格特征，姚贝娜无论是在日常生活中，还是在大小舞台上的表现，都足以印证这一点。

星座也好，属相也罢，于平常人而言，不过是把它当作茶余饭后的一种谈资。然而，一个人的性格养成与生活环境确实存在着许许多多的联系。在姚贝娜身上，武汉人或者说武汉女孩的性格被体现得淋漓尽致，仿佛川流不息的长江，既柔情温润、随和宽容，又执着刚毅、勇往直前，还不失激情四射、率性而为。被姚贝娜尊称为"付爸爸"的著名音乐家付林就曾这样评价这个武汉女孩："姚贝娜很单纯，特别真实，她不会伪装自己。"

武音"姚一代"

姚贝娜可以说是武汉音乐学院的"姚二代",她的父亲姚峰、母亲李信敏都毕业于这所高等音乐学府,而且姚峰留校任教,是妥妥的武音"姚一代"。

姚峰和李信敏是大学同班同学,1972年考入湖北艺术专科学校(现武汉音乐学院)戏剧系声乐专业。

然而,在艺术之路上,面对初心与追求,姚峰和李信敏却是两种截然不同的呈现,颇有些殊途同归的意味。

姚峰是一个平民子弟,在汉口段家巷19号的一个大杂院里长大。

武汉人把吃早餐称为"过早",早餐大多不在家里做,而是到街边小吃店解决。因此,姚峰的父亲姚垂常每天上班前会把一毛钱二两粮票放在餐桌上,这是少年姚峰的早餐费。

一天早上，姚峰独自走在上学的路上，远处突然飘来悠扬的笛声，他立刻被深深地吸引了，仿佛这是世界上最美妙的声音。循声望去，只见一个人站在二楼的窗口上正旁若无人地吹着竹笛，朝阳照在那人的脸上，样子帅极了。

"我也要吹笛子！"姚峰由此萌发了一个想法。但他知道，父亲没有多余的钱给他去买竹笛，于是他实施了一次"节食行动"，在一个星期内每隔一天不"过早"，只把粮票在学校门口的小摊换成了润喉片，用以解馋，这样攒下了三毛钱。然后，花两毛七分钱买了一支苏州民族乐器厂生产的竹笛，用两分钱买了一包百花牌笛膜。在当年，这竹笛和笛膜可都是响当当的名牌。

没有任何人教他，也没有向任何人求教，姚峰自己琢磨着居然把竹笛吹响了。那一年，他9岁。

姚峰自己都没想到的是，就是靠着这一支两毛七分钱的竹笛开道，在未来的日子，他"吹"开了自己的音乐之花，把自己"吹"进了湖北艺术专科学校，"吹"上了专业音乐之路，实现了自己的音乐梦想。

10岁时，姚峰的父母离婚了，武汉人称之为"打脱离"。倔强的父亲把姚峰和两个女儿全都留在了身边，独自承担起养育之责。虽然富有担当的姚父对3个孩子倾注了无限的关怀，但在那个年代，"打脱离"是一件很丢人的事，这让年少的姚峰心灵受到了创伤，他常常感到抬不起头来，变得敏感自卑、沉默寡言，不愿与人交流，时常表现出一种自闭的倾向。唯有在独自吹响竹笛时他才感到一丝轻松快乐，悠扬的笛声仿佛让他的心灵得到了放飞。

4年后，他结识了湖北艺术学院附属中学的雷远生、邓邦国，这两位竹笛专业的学生惊奇地发现，姚峰的指法和技法全都是对的，包括所有的半音、超吹都做到了无师自通。

1964年底，合成小学11岁的小学生姚峰写了一首歌《王杰叔叔，我们时代的雷锋》，这是一首两个声部的领唱、合唱歌曲。虽然成名后的姚峰很少写歌词，但他生平创作的第一首歌的歌词却是他自己写的。他找来报纸，根据相关的新闻报道完成了歌词创作。这首歌在学校演出时，姚峰亲自担任了领唱，这让他暗自得意了很长时间。也许是发现了姚峰的音乐天赋，教音乐的赵老师居然允许姚峰带着同学们弹风琴。虽然那个时候纯粹是"乱弹琴"，但这培养了姚峰的乐感。

在这期间，姚峰加入武汉市青少年宫组建的武汉市少年合唱团，他除了合唱，还担任第二梯队的领唱。近三年的合唱团经历，给了他最好的音乐启蒙。所以，姚峰后来回忆说自己绝对不是音乐天才，他的音乐成就来自喜欢和苦练。

每个人在自己的人生中都不经意地创造着一个又一个的第一，但姚峰的第一很有些与众不同。

小学毕业后，姚峰本应该进入武汉市十九中读初中，但那时正是"停课闹革命"的高峰期，想到学校既然不上课了，姚峰的爸爸就决定让自己唯一的儿子老老实实待在家里，别在外面惹事。于是，听话的姚峰就再没踏进过市十九中的大门，反正他有心爱的竹笛相伴。

姚峰 15 岁时，知识青年上山下乡运动开展得如火如荼。很多城里的孩子害怕到农村去，担心吃不了苦，姚峰却觉得这事挺好玩，于是他背着经常在外出差的父亲，央求当时在武汉市知青办工作的伯母张贻珍给他办好了相关手续。

在半个世纪以来最冷的一个冬季，姚峰随华中师范大学第一附属中学 68 级的一批毕业生一起离开武汉，前往湖北省监利县汪桥公社何桥大队三小队插队落户。

那一天是 1969 年 1 月 26 日。

虽然没有确凿的证据，但姚峰坚信自己是全中国庞大的知青队伍中唯一的一个没有上过中学，而且是通过"开后门"才得以上山下乡的知识青年。

插队的日子，姚峰没觉得苦，相反，站在旷野里吹起心爱的竹笛，让悠扬的笛声传得很远很远，他感到十分惬意。

当然，他年纪太小了，加上长着一张白白净净的娃娃脸，就显得比实际年龄更小，但是，无论是知青还是社员，大家都很照顾他，虽然根本不会做农活，但姚峰却和大家计同样的工分。

1970 年 7 月，黄石红旗水泥厂到监利县招工，姚峰就此告别农村，进厂当了一名水泥工人。

与在农村不是一个合格的农民一样，姚峰在工厂也不是一个合格的工人。他干活完全不在行，但同样是因为长了一张挺讨喜的娃娃脸，工友们都接纳了他，给予他很多照顾。

虽然干活不行，但搞文艺活动姚峰却很在行。在工厂文艺宣传队，他既是主要的音乐创作者，又是主要演员。

　　李信敏的父亲是一位老八路，新中国成立后曾担任湖北枣阳县公安局局长，后调任湖北省计划工作委员会，"文革"中下放到湖北省沙洋农场五七干校。李信敏随父母迁移，成为"红卫兵战校"的一员。"红卫兵战校"实行半军事化管理，学工学农，什么事都干。虽然李信敏不想成为被大家关注的对象，但凭着一副好嗓子她得以在战校文艺宣传队崭露头角，成为独唱演员。

　　1970年，李信敏和文艺宣传队的大部分队员一起被分配到宜昌制药厂当了工人，业余时间则是工厂文艺宣传队的演员。

　　1972年，湖北艺术专科学校恢复招生，姚峰、李信敏双双考入戏剧系学习声乐，成为同班同学。仿佛两颗按自己的轨道各自运行的行星，不经意地近距离交会了。

姚峰从小就想出名，想当音乐家，内心充满着骄傲狂野之气却又深藏不露，他一直在等待时机。仿佛一头初生牛犊，闯进音乐殿堂的姚峰显得格外自信，甚至带有一些狂妄。那一段时间，他的两个妹妹明显感觉到了他的变化，那个习惯低头走路、小声说话的哥哥不见了。这种变化基于两个极端：一是他对音乐知之甚少，无知才无畏；二是自我感觉对音乐懂得很多，有狂妄的本钱。

的确，与同班同学相比，姚峰积累的音乐知识要多出许多，收到录取通知书时，踌躇满志的他就暗暗下定决心，既然选择了学声乐，就一定要成为歌唱家，成为大歌唱家！

但是，进校后不久，自卑和失落的情绪迅速取代了最初的兴奋与骄傲，因为，姚峰发现自己的嗓音条件在班上8个男生中排倒数第二。

随着越学越多、越学越深，姚峰失望地看清了一个令人沮丧的事实：有限的嗓音条件让他空有一腔抱负，自己永远成不了歌唱家，更不可能成为大歌唱家。仿佛一盆冰水从头顶顺着背脊浇了下去，他感觉到了透心凉。他被紧紧地笼罩在焦虑惶恐之中，似乎连呼吸都变得十分急促。

那些日子，姚峰的内心灰暗透顶，好不容易实现了自己的梦想回到武汉，而且走进了向往已久的音乐殿堂，却陡然发现远大的音乐抱负不过是一堆一触即破的肥皂泡。

万幸的是，姚峰遇到了一位被他后来形容为"伟大"的老师——蒋箴予教授。

按教学规定，每个学生每周要上两次专业课，但蒋箴予不厌其烦，每个星期给他上5次课。然而姚峰并不领情，老师不烦，他自己倒是早已烦透了。因为他实在不喜欢自己的声音，只要一开口练声，他就觉得自己的声音太难听了，恨不能把自己的耳朵堵上。

一天上午，上完声乐课，蒋箴予很高兴地说："姚峰，又进步了啊！"姚峰当然清楚自己在进步，一周上5次课，能不进步吗？姚峰想的是，与成为大歌唱家的目标相比，他这点进步根本算不了什么，甚至完全可以忽略不计。当时，他知道武汉名气最大的男高音歌唱家是吴雁泽，姚峰想得很简单：在声乐上他完全没有可能超越吴雁泽，也就不可能成为全国知名的歌唱家，那么所有的进步也就变得毫无意义。

因此，当蒋箴予以欣慰的口吻表扬他有进步时，姚峰便不以为然地翻起眼皮，看着天花板，从牙缝里挤出了一句话："那又有什么用呢！"

听到这话，蒋箴予眼泪唰地流了下来，这位视姚峰为自己孩子的老师先是抽泣，继而痛哭不已。蒋箴予的样子把姚峰吓住了，他是一个不会照顾人的人，也不懂得如何去劝慰老师，只好手足无措、诚惶诚恐地呆立一旁。

显然，对姚峰在声乐上的长处和短处，蒋箴予了如指掌。为了让他成才，这位像母亲一样的老师殚精竭虑，同样承受着巨大的心理压力。因此，姚峰的一句丧气话，彻底击穿了她的情感闸门，以至于忍不住痛哭流涕。当悲伤的情绪得到宣泄之后，蒋箴予平复了一下心情，两眼盯着姚峰轻轻地说："姚峰啊，一个人呐，只要能够不断地进步就是好的呀！"

就这样简单的一句话，姚峰记住了，也听进去了。他后来说，蒋老师这句看似普通的话救了陷于困境的他，令他终生受益。

从此，姚峰不再自怨自艾，他以"不断地进步"为学习动力和目标，拼命发掘自己的优势。

声带质量不好，就像一个人长得不好看一样，但先天不足，后天是可以弥补的。姚峰体会到歌唱有两个层面，第一个层面是动听，第二个层面是动人，既然因为嗓音条件没办法做到动听，就不妨绕过动听直接用情感去动人。

解开了思想上的疙瘩，姚峰也就找到了方向和方法。

除了上好专业课，他整天泡在图书馆里翻阅音乐资料，读总谱。对当时刚刚学会识五线谱的姚峰来说，读总谱是一件很难的事，但他坚持不懈，乐此不疲。

除了下苦功夫，姚峰还善于使巧劲。专业考试时，同学们演唱的曲目都选自当时非常流行的《战地新歌》，姚峰知道自己的嗓音条件不如他们，如果选唱同类歌曲肯定露拙，于是，他灵机一动，决定另辟蹊径，他发挥自己会记谱的特长，到学院唱片室听唱片记谱，找到并唱会了一些朝鲜、阿尔巴尼亚歌曲。

第一次专业期末考试，姚峰在舞台中央站定，钢琴伴奏一响，大家都怔住了，他演唱的是一首朝鲜歌曲《故乡》，同学们十分好奇，姚峰从哪里找的这首歌啊？结果，他和李信敏都获得了 5 分，并列全班第一，这令姚峰颇感意外。

然而，有人批评姚峰、李信敏是"资产阶级学术权威"的牺牲品、"唯声论"的受害者。为了摘掉这些莫须有的"帽子"，姚峰赌气之下铤而走险，演唱了样板戏《杜鹃山》里雷刚的经典唱段《闹革命为什么这样难》，结果他把嗓子唱哑了，完全说不出话来。蒋篾予急得连夜带他找到湖北省人民医院的专家杨强大夫，杨大夫检查发现他的声带严重水肿，很严肃地说："你再来晚一点，嗓子就彻底坏了。"他让姚峰严格禁声。

这一禁就是 23 天。连续 23 天不说话，是一件很痛苦的事情，但姚峰却苦中作乐，变坏事为好事，他潜下心来仔细研究了《杜鹃山》的全部音乐和唱法，从唱腔设计、交响乐队的植入、配器、旋法到演唱的换气、偷气、抢气，他都搞得明明白白。

大学三年，姚峰虽然读的是声乐专业，却同时坚持自学了作曲，直到毕业后，他还继续蹭课，把作曲的四大件——和声、配器、曲式、复调都学了个遍。因此，院长童忠良教授曾评价姚峰说，一个学声乐的还会配器，这在全国也是少有的。

与姚峰苦学形成鲜明对比的是，李信敏在专业上却是顺风顺水、轻松自在，近乎一骑绝尘。到哪里说理去？没办法，她先天条件好啊，平常练声就可以很轻松地唱到"high c"。

求学期间，不同于姚峰一直跟着蒋篾予学声乐，李信敏却换了很多专业老师，最初是跟肖漱云学，后来，又先后成为叶素、万昌文、何枫等老师的学生。

李信敏属于那种条件好，还特别用功的学生。虽然当时已19 岁了，可她练起功来一点不含糊，压腿、毯子功、鹞子翻身，把子功样样行，串翻可以从教室的这一头打到那一头。这种基本功训练给李信敏以后的舞台实践打下了非常扎实的基础。

一说姚峰和李信敏是大学同班同学，很多人立刻就会猜想这两个人一定是从校园恋起步的，两个情感丰富的艺术生之间一定发生过轰轰烈烈的爱情故事。然而，事实真相是他们什么都没有发生。虽然同窗三年，但他们的注意力全都聚焦于学业，感情完完全全地处于空白状态。何况，那个时候，大学生恋爱是不被允许的。

以李信敏内敛的性格，她不会主动与包括姚峰在内的男生交往，同学们虽然对她印象不错，但也给她贴上了高冷的标签。

直到毕业前，两人才有了上大学以来唯一的一次单独交往。

1975年，文化部举办全国独唱重唱独奏重奏调演，湖北省文化厅决定采取选拔的方式组团参演。系里通知李信敏参加独唱选拔，唱的曲目就是姚峰作曲的《声声渔歌句句甜》。

一天上午，姚峰拿着歌谱敲开了李信敏的琴房，怯生生地说："李信敏，我写了一首歌，系里说让你唱。我弹一下，你先听听吧。"

照说这是同学之间再正常不过的业务交流，但是姚峰的突然闯入让李信敏吓坏了，她生怕别人看见了，误以为两人是在谈恋爱，因此，她特意把琴房的门打开。姚峰刚一唱完，她马上就说："好好好，我知道了，我知道了。"见李信敏一副拒人千里的样子，姚峰也不好再多说什么就告辞了。两人既没有讨论这首歌写得怎么样，也没有讨论如何演唱，总之，多余的话一句没有。

参加选拔时，李信敏的演唱让省文化厅的一位厅长赞叹不已："哎呀，这个伢的声音真好听，像流水一样。"

李信敏顺利入选湖北省代表团，等到完成调演从北京回到学校，毕业考试已经结束，又过了两天，学校公布了毕业分配方案，李信敏的工作去向是湖北省歌舞团（现湖北省歌剧舞剧院）。也就是说，李信敏是一个没有参加毕业考试的毕业生，就因为参加了全国调演，湖北省歌舞团便录用了。

到团里报到后，赶上团里在鄂西巡回演出，团领导便决定这一次巡演就由刘家宜和李信敏轮换着担任女声独唱。这是一个很少见的工作安排，当时刘家宜已是很有名气的歌唱家，李信敏却只是一名刚迈出校门的大学毕业生。

由于基本素质强、业务水平高，李信敏在团里如鱼得水，不仅承担了独唱、领唱、重唱等工作，还兼任省文化厅团委副书记。1979 年她被评为"湖北省新长征突击手"。

"潜力股"恋上"绩优股"

在李信敏分配到湖北省歌舞团的同时，姚峰留校任教。

读书期间，虽说两人之间没有故事，但彼此心存好感也是有的。读大一时，李信敏曾为湖北电影制片厂拍摄的纪录片《水乡园林》配唱插曲，录音地点就在学院大礼堂的后台，那个时候技术条件决定了录音必须从头到尾一次性地全部唱完，不像现在可以一字一句地分开录音，然后进行后期合成。

那天，食堂都开晚饭了，录音还没结束，引得很多同学端着饭碗静静地围观，其中就有姚峰。若干年后，李信敏回忆说，姚峰当时站在门口，左手端着一个带绿色花纹的搪瓷碗，右手拿着一只饭勺。听她讲到这个细节，姚峰很惊喜地反问她："啊，你连我的碗是什么颜色都还记得啊？你不是说当时对我没感觉吗？"

毕业后，和所有年轻人一样，工作之余，姚峰和李信敏开始上演最平常却又带着一些戏剧冲突的人生戏码：恋爱、结婚。

有一天，蓄谋已久的姚峰鼓足勇气到湖北省歌舞团找到李信敏。看到不期而至的姚峰，李信敏又莫名地紧张了，不等姚峰说明来意，她先开口堵住了他："你是来找王老师的吗？我带你去见她。"李信敏提到的王老师是她在湖北省歌舞团工作时的声乐老师王丽君，也是姚峰的同门师姐。

见状，姚峰在心里预习了无数遍的"爱情台词"瞬间全忘光了。

第一次求爱失败，姚峰无功而返。

当年，湖北艺术学院的老师们都知道蒋箴予有3个儿子，一个是她的亲生儿子杨丹，另一个是学生姚峰，还有一个是湖北省歌剧团的演员万首。蒋箴予如果给儿子做衣服，一定是三"件"齐发，每个儿子都有。要知道，他们可不是小孩子，都是二十多岁的大小伙子呢！但蒋箴予心甘情愿地费钱、费布、费功夫。

万首在工作之余跟蒋箴予学声乐，20世纪90年代因为创作了一首《纤夫的爱》蜚声流行乐坛。他年纪比姚峰大4岁，生活中是姚峰的哥哥，后来蒋箴予生病后，万首又跟着姚峰学声乐，这样，"三弟姚峰"又成了"姚峰老师"。

因为有这层关系，第一次求爱失败之后，姚峰找到万首，托他从中传话说媒。

万首与李信敏也不熟，他便让姚峰在寝室等着，转而去找同一个团的歌唱演员李祝华帮忙。李祝华很干脆，马上找到李信敏，告诉她："姚峰想和你谈朋友，现在正坐在万首寝室里等你回话……"听李祝华说明来意,李信敏吓得语无伦次,连声说:"不行,不行!我刚到团里工作就谈恋爱,这样不好。"的确,当时团里对演员们有明确要求:反对早恋,提倡晚婚晚育。性格单纯的李信敏岂敢触犯"天条"。

信心满满地求爱,却遭到了李信敏的拒绝,这让自尊心很强的姚峰无法接受,他在心里忿忿不平地说:"这是瞧不起我呢!你不就是一个独唱演员吗?有什么了不起!"黑着脸与万首道别之后,无处发泄的他竟一口气从大东门疾步跑到了武汉长江大桥的中间。站在桥边,凭栏远眺,江水粼粼,微风拂面,姚峰焦躁的心才慢慢地平静下来。

大概又过了半年,姚峰和另外一个女孩子建立了恋爱关系。得到这个消息,李信敏平静的内心突然激起了一丝波澜,那是一种莫名的遗憾,但她对谁也没说,悄悄地把这份失落感埋在了心底。

然而,姚峰的这段恋情很快无疾而终。

情场失意,工作却还算如意。不久,学院安排姚峰到北京中央乐团随女高音歌唱家张丽娟进修声乐。当时,王丽君也在北京学习。有一天,王丽君和他们的大师姐、中央乐团歌唱家卢汉才闲聊时提到了李信敏,听了王丽君的介绍,卢汉才对李信敏产生了很好的印象,就鼓励姚峰大胆地去追求。想到曾经被拒之门外,姚峰无言以对,便淡淡地丢下一句话:"等回到武汉再说吧。"

热心快肠的王丽君主动当起了月老,她一回到武汉便找到李信敏，挑明了此事。李信敏一听，"爱情洁癖症"立刻显露出来："啊？他谈过恋爱呢！"王丽君马上怼了她一句："哦，你不答应人家，人家就不能再谈恋爱了？"李信敏属于很听话的那种女孩子，小时候听爸爸妈妈的话，到工厂听领导的话，现在当然要听老师的话，何况她曾经也有过一丝失落，李信敏也就答应了。等到姚峰从北京学成归来，在王丽君家里，他们再次见面，才算正式确立了恋爱关系。

得知姚峰与李信敏恋爱后，"母亲"蒋篪予很高兴，洞若观火地给李信敏下三点非常直白而且后来得到验证的评价："她的业务好，有前途；她很本分，绝对不会给你戴绿帽子；她很善良，不会嫌你家穷。"

的确，恋爱期间，有同学提醒李信敏，姚峰家里经济条件不好。这倒是一点不假，姚峰的父母离异后，多年来，靠他爸爸一个人的工资养活奶奶和 3 个孩子，还有一位跟着他们一起生活的老姑妈，家庭负担非常重。但是，李信敏内心很笃定：我又不是跟钱结婚，我看中的是这个人呢。

不过，姚家的贫穷仍然超出了李信敏的想象。说起来令人难以置信，两人结婚时，除了姚峰自己攒的 200 元钱，姚家的聘礼就是两只衣架、一床被面。

为筹办婚事，李信敏将自己积攒的 400 元钱交给父亲买来木料，姚峰在学院找了一间仓库，花 150 元工钱请木匠打了一套家具，还做了一套很时髦的红色人造革沙发。因为这套当时并不多见的沙发，蒋箴予曾批评姚峰"奢侈"。

姚峰的母亲托人给家具刷了油漆，并给他们买了一台 9 寸的黑白电视机。

为了方便上班，娘家的陪嫁除了日常生活用品，还有一辆永久牌自行车。

成家后，作为湖北艺术学院声乐系教师，姚峰除了要完成所承担的工作，他的业余时间几乎全花在学习作曲上了。身为湖北省歌舞团的主要演员，李信敏进步很快，名气一下子大起来了，成了团里的台柱子之一。若干年后，当姚峰名扬四方时，有朋友调侃李信敏："你当年嫁的是一支'潜力股'呢！"对这一说法，李信敏得意之余又有点不服气，她很俏皮地反诘人家："你怎么不说姚峰当年娶的是一支'绩优股'啊？"

"贝娜"之名有来由

生活很充实，工作很忙碌。姚峰、李信敏两人的共同目标是奔着前程而去的，因此，婚后也就没打算马上要孩子。

但是，意外总是不期而至。用现在很时髦的话说就是：你永远不知道意外和明天哪个先来。

有一天周末，他俩回去看望父亲，一路上李信敏觉得特别不舒服，莫名其妙地感到恶心、想吐，直到下了公共汽车，在路边翻江倒海般地全吐了出来，李信敏才感觉舒服一些。姚峰还问怎么回事啊？是不是吃坏肚子了？

到家后说起这事儿，婆婆提醒说会不会是怀孕了。

第二天，李信敏忐忑不安地到医院做检查，医生给出的结论是可能怀孕了。李信敏将信将疑把检查结果拿到团里医务室，医务室的张医生看了看，很肯定地说："你这就是怀上了啊！"

李信敏一下子懵了。这可怎么办呢？孩子来得不是时候啊！

一个声乐演员在舞台上的黄金期也就只有短短的几年时间，一旦错过，就永远错过了，何况李信敏目前正处在事业上升期，这么好的势头浪费了真有点可惜呢。于是，李信敏和姚峰一商量，决定不要这个孩子。李信敏把这个想法告诉了声乐队队长潘明贵，作为过来人，潘队长却不支持李信敏这样做："你都 28 岁了，把孩子打掉了，万一将来怀不上怎么办？"

感觉这话很有道理，他俩最终决定把孩子生下来。

接下来，孕育中的胎儿是男孩还是女孩，成了夫妻俩最有兴趣的话题。

李信敏的本意是想要一个女孩，但是姚家传到姚峰这一辈，就只有他一个男丁了，正赶上国家严格实行计划生育政策，一对夫妇只能生一个孩子，因此，出于传宗接代的传统思想，李信敏还是希望生个男孩。

对此，姚峰表现出一副满不在乎的样子："哎呀，想那么多干什么，男孩女孩都行！"看着丈夫看似无所谓的神态，李信敏心里明镜一般，她知道姚峰也就是嘴上说说而已，他内心一定是希望生个男孩的。

怀孕期间，李信敏出现严重的妊娠反应，呕吐得很厉害，有一次居然把血都吐出来了，有先兆流产的迹象。看着李信敏难受的样子，姚峰于心不忍便又老话重提：要不把孩子打掉算了？

对这个馊主意，李信敏压根就没理会。团里的领导来看望李信敏时，也劝李信敏安安心心地把孩子生下来，何况，此时的李信敏对腹中的胎儿已有了割舍不断的感情。

她选择了保胎，整天躺在床上。

临产前的一个多月，院里派姚峰等声乐教师去北京中央乐团听吉诺·贝基（Gino Bechi）的声乐大师课。能面对面地聆听世界著名的歌唱家讲课，这种机会十分难得，李信敏别无选择，只有支持。

吉诺·贝基是来自意大利的世界著名男中音歌唱家。他是改革开放后第一位来中国讲学的外国歌唱家。这次学术讲座极具影响力，吸引了全国各地的声乐教师、歌唱演员，对新时期中国的美声唱法的发展起到了非常重要的促进作用。

姚峰从来没听过这样的课。吉诺·贝基把声乐技巧讲解得直观形象，比如如何放下喉头、控制气息、产生共鸣，他特别讲究表演的准确性，从演唱示范，到歌曲的时代背景，还有意大利语，都讲得很细致。讲课持续了20天，这让姚峰大开眼界、受益匪浅，除了在专业上获得了质的提升，他还在情感上对这位意大利歌唱家产生了由衷的敬意。

　　学习归来后，姚峰兴致勃勃地给李信敏讲述了在北京的见闻和感受，并特意告诉她："我想好了，如果生的是男孩，就取名'姚贝基'；如果生的是女孩，就取名'姚贝妮'。"

　　"'姚贝基'这个名字不错，但是，如果是女孩，我本来打算叫她'姚娜'的呢。"李信敏回应姚峰。

　　姚峰略一思索："叫'娜'的孩子太多了，你看这样好不好，我们折中一下，如果生的是女孩，就叫'姚贝娜'，怎么样？"

　　"好啊！"李信敏欣然同意。

"生错了"的小美女

其实，李信敏患有妊娠高血压，只是他们都不知道。李信敏独自去做孕检时，医生曾嘱咐她，只要感到头晕就要赶紧到医院来。

就在姚峰从北京学习归来的第二天，早上一起床李信敏便觉得头晕脑胀。

想到医生的嘱咐，李信敏决定上医院。姚峰本来打算送她去，但当时他们家的马路对面就是湖北省妇幼保健院，李信敏便让姚峰去上班，她独自去看医生。

到医院一量血压，医生便把李信敏"扣"了下来，让她马上住院。李信敏半信半疑，真的需要住院吗？即使要住院也要先回去一趟，到团里开住院用的三联单啊。

医生很严肃地说："你路上出了问题谁负责？要你家属把三联

单送来！"

看医生也不像是在开玩笑，李信敏只好往学院打了电话，请人帮忙找到了姚峰。

就这样，李信敏提前一个星期住进了医院待产。

待产期间，李信敏的血压一会儿低，一会儿高，医生关切地询问她："你是不是感到很紧张啊？"

其实，每天看着那么多神态各异的小宝宝被放在婴儿车里推到各个病房，李信敏感觉挺有趣的，她一点也不紧张，同时对即将出生的新生命也充满了期待。

一天，姚峰下班后到医院来陪伴李信敏，见面后就望着她嘿嘿嘿地傻笑。

"你笑什么？"

"我跟你说啊，你肯定生个儿子。你瞎生乱生，生错了都是个儿子！"

那不容置疑的口气，就像是和李信敏肚子里的孩子见过面似的。李信敏笑着反问他："咦，先前你不是说生儿子姑娘都一样的吗？"

原来，在学院和同事们谈起这事，大家都推测李信敏怀的是儿子，有位老大姐更是十分肯定地说："看李信敏的那个样子，瞎生乱生，生错了都是儿子！"听到这话，姚峰特别兴奋。

的确，李信敏怀孕时，肚子显得很尖，从身后却看不出来，团里的姐妹们根据民间的一些"经验"也异口同声地认定李信敏怀的是男孩。

妊娠高血压对产妇是有危险的，临产前医生征求他俩的意见，最终决定剖宫产。

临到上手术台了，医生护士也凭经验说："哟，这么尖的肚子，不用猜，肯定是个儿子！"

出乎意料的是，孩子生下来后，护士告诉李信敏："是个姑娘啊，6斤2两，给你看一下。"

李信敏看了一眼："这孩子怎么这么白啊，全身像涂了滑石粉一样，好奇怪啊！"看着李信敏胆小的样子，护士们都被逗笑了。

若干年后，回忆起分娩的经历，让李信敏觉得更好笑的是，以前看过很多大同小异的新闻报道，称某一个歌唱家小时候生下来时第一声哭啼就特别响亮，意思是说这预示着他（她）天生就是一块当歌唱家的料。可李信敏自己的亲身经历却是，在实施剖宫产手术，把姚贝娜拿出来后，她居然不哭。李信敏着急地问医生："这个伢怎么没有声音啊？"医生也不搭理李信敏，直接把婴儿倒提在手上，重重地拍了两巴掌，她才小声地"咔，咔，咔……"叫了几声，算是跟李信敏打了个招呼，声音一点都不响亮。

李信敏生产时，姚峰坐在病房里等消息。当天是1981年9月26日，病床恰恰是26床。

终于，护士抱着一个婴儿进来了，说："26床生了啊，是个姑娘，蛮好看的！"

啊？是姑娘？怎么会是姑娘？真的是姑娘？仿佛当头一棒，姚峰一下子晕了，不是说生错了都是个儿子的吗？会不会搞错了？

护士在骗我吧？一连串的问号从脑海里闪过，姚峰脸上却显得很镇定，没有表现出特别的高兴或不高兴："哦，谢谢啊……"可是，当他走近护士，第一眼看到护士抱着的婴儿时，顶多不过一秒钟的时间，便立刻喜欢上了她："啊！我当爸爸了，这是我的女儿，真好看！"他小心翼翼地把孩子接过来，抱在怀里。看着姚峰笨拙的样子，护士笑了："好了，把孩子还给我，我们集中喂养，过几天再还给你。"依依不舍地把婴儿还给护士，目送着护士把孩子抱回育婴室，姚峰心花怒放，高兴得就差高歌一曲了。

第二天，姚峰在护士站偷偷地把病历翻出来，看到了姚贝娜的一个脚印，父爱立即爆棚："这个脚印好漂亮啊！"

医院对剖宫产产妇的护理很严格，加上李信敏血压不稳定，姚贝娜生下来被集中喂养了五天之后，才交给李信敏。

当护士用婴儿车把姚贝娜推到病房时，嘴里不停地赞叹："哎哟，你们的这个姑娘好漂亮哦，长得又白，又干净，小眉小脸的，婴儿室里那么多伢，就数她最好看。"

听到这话，他们俩觉得很奇怪，相互对视了一眼："小眉小眼"怎么叫好看呢？可等到李信敏把孩子接过来抱在怀里时，才发现这孩子的确长得很漂亮。

婴儿刚生下来时大多是满头的癞子，长着一张满脸皱纹的"婆婆脸"，可姚贝娜头上是一撮黑油油的胎毛，皮肤白白净净，脸上没有皱纹，而且眉形特别长。

抱在怀里，姚贝娜的头左右摆动找吃的，眼睛微微一睁，姚峰马上惊喜地说："是双眼皮，是双眼皮……"遗传真的是太神奇了，他们后来发现，姚贝娜的左腿上有一块胎记，居然与姚峰左腿上的胎记在相同的位置。

第一回为人父母，姚峰、李信敏毫无经验，闹了不少笑话。

出院时，医生特地嘱咐，孩子每隔 3 小时要喂一次奶。

但是，姚贝娜特别安静，每天晚上十点多吃完奶就睡着了，夜里既不醒，也不哭，更不要吃。医生不是说过 3 小时要喂一次奶吗？于是，李信敏就把她摇醒，摇醒后见她还是睡眼惺忪的样子，李信敏就很着急地问姚峰："她怎么不要吃奶啊？是不是还活着啊？"听到这话，姚峰立刻从床上跳起来，仔细地观察小贝娜，既像是安慰李信敏又像是安慰自己："没什么问题吧？"

团里的老同志来看望李信敏，李信敏问起孩子晚上怎么不吃奶。她们就笑："你几苕哦（'苕'，武汉方言，很傻的意思），这是你的福气！有的孩子闹夜，晚上不睡觉，搞得大人整夜不得安生。你的孩子不吵不闹，一觉睡到大天光，给你们省了好多事啊！"

这下李信敏才安心了许多，也不再纠结孩子晚上吃不吃奶的事了。

晚上不用喂奶，李信敏月子坐得也很顺利。

满月后，姚贝娜就开始独自睡一张小床。她依然不吵不闹，晚上怎么放进去的，第二天早上醒来还是那个样子，也不用换尿片。每天早晨，李信敏把她的被子一掀开，哇，热气腾腾的，十分壮观……

对孩子来说，摊上一个当演员的妈，就意味着分离、孤独。姚贝娜就是在这种环境下变得格外乖巧的。

那是一种令姚峰、李信敏内疚的"童年乖"，也带给他们很多意想不到的惊喜。

刚一满月，李信敏就开始投入到专业恢复训练中。趁姚贝娜睡着了，李信敏就把她锁在屋里，跑到琴房练唱。有一次，团里的张医生火急火燎地跑来："信敏，快点！你的伢醒了，在哭……"李信敏赶紧往回跑，等她跑回家，姚贝娜又睡着了，看着她小脸上的两行泪痕，李信敏心里也很不是滋味，觉得特别对不起孩子。

姚贝娜半岁以后，李信敏重返舞台。

由于没有人照看，姚贝娜被送到黄石姥姥家，又雇请了隔壁的一位婆婆帮忙一起带。

那个时候，李信敏只要演出一结束，就马上坐火车往黄石赶。

李信敏第一次回到黄石见到姚贝娜的时候是一个下午，那位婆婆抱着她背对着李信敏正在给她喂蛋糕。

李信敏喊了一声："娜娜！"姚贝娜闻声一回头，李信敏心里一阵狂喜："天啦，怎么长得这么漂亮啊！"近半个月不见，她的头发长长了一些，还带有一点自然卷，脸上白白净净的，尤其是两只眼睛黑亮黑亮的，炯炯有神。

真的是母女连心，李信敏把姚贝娜抱在怀里时，她也紧紧地抱着李信敏，眼睛盯着她看，还咧着嘴笑，蛋糕也不吃了。

经常往返于武汉与黄石两地，李信敏、姚峰的火车票、汽车票攒了厚厚的一叠。

姚贝娜长到7个月大时，李信敏带她去照相馆打算拍一张照

片。那天下雨，李信敏一只手抱着她，另一只手打着伞。姚贝娜一只手拿着一个塑料娃娃，另一只手居然帮李信敏扶着伞把子。李信敏当时心里那个高兴啊，心想这孩子太逗了，这么小怎么就知道帮我，不可思议！

姚贝娜从小就是个小人精，姚峰有一次抱着她，亲了李信敏一下。后来，在姥姥家再次见到他们，姚贝娜非常兴奋，当他俩抱着她和她讲话时，还不会说话的姚贝娜却突然伸出小手，把他们两个的头往一起按，姚峰很诧异地问："小姑娘，你想干什么？"李信敏说："这还不明白？她让你亲我呢！"姚峰恍然大悟："哈哈，小姑娘，你学得蛮快呢！"

跟着姥姥过了两年多，姚贝娜在上幼儿园前夕被接回武汉。

那个时候李信敏外出演出任务特别多，经常不在家。姚贝娜基本上都是姚峰带着。

姚峰正处在事业的爬坡期，既要完成声乐教学任务，又要自学作曲，还要带孩子，这个过程很辛苦，姚峰自嘲是一个除了音乐还行，做其他事情都不行的人。好在姚贝娜特别听话，没有牵扯太多的精力。

姚贝娜的乖巧懂事超乎想象。

平时，赶上姚峰、李信敏有事，顾不上她，就给她穿上一双可以发出声响的鞋，让她自己在家里玩，只要一走动便发出叽叽叽的声响，他们就知道她在哪里，也不怕走丢了。到了晚上，跟她说，该睡觉了，她就一个人睡了，也用不着哄。

姚贝娜最喜欢的玩具是两个布娃娃，姚峰特地给它们起了名字，一个叫贝妮，另一个叫贝清。她成天就是抱着两个娃娃，连睡觉都抱着。

和所有的孩子一样，姚贝娜从小就富有想象力，有时会沉浸在自己的童话世界里。她总是在和贝妮、贝清聊天，自言自语："我们做饭饭好不好？""那好吧，我们现在出去玩吧……"

除了布娃娃，还有积木，哪怕是给她几颗瓜子，姚贝娜也可以坐在竹床边剥啊剥地玩半天，从不吵闹。

似乎知道爸爸妈妈很辛苦，姚贝娜逐渐养成了不愿给别人添麻烦的性格，能自己解决的事情就绝不麻烦他人。

姚贝娜从小善解人意，尤其是知道心疼妈妈。

小时候，和爸爸在一起，姚贝娜一定会要抱，不抱就撒娇。可是和妈妈在一起时，无论是上公共汽车，还是走再远的路，她从来不要抱，就是牵着妈妈的手，乖乖地跟着走。

一次，李信敏送她上幼儿园的路上，可能实在是走不动了，姚贝娜才伸开双手说："妈妈，抱！"李信敏把她抱起来后，说："娜娜，等会儿妈妈要是抱不动了，你就下来走，好不好？""嗯，好！"抱着走了没多远，姚贝娜自己挣脱下来，说："妈妈累，抱不起。"

晚上睡觉，半夜要上厕所，姚贝娜总是喊爸爸，却从来不喊妈妈，这让李信敏很失落，心想这孩子怎么不叫我呢？姚峰就安慰她：你姑娘看你经常下乡演出蛮累，心疼你呢！

姚贝娜三岁多时，团里安排李信敏到北京中央乐团跟卢汉才老师进修声乐。这一去就是三个多月，李信敏人在北京心在武

汉，天天想着女儿。她和姚峰经常通信，信里谈得最多的不外乎姚贝娜。李信敏记得最清楚的一个细节是，姚峰在信中描述了这样一个情景："有一天我早上醒来，发现小姑娘已经坐起来了，她竟然在那里不声不响地穿袜子。我就悄悄地看着她，只见她两只小手很笨拙地拿着袜子往脚上套，可是又套不准，一只腿抬得很高，越抬越高，突然，身体失去平衡，歪倒在床上……"

当然，善解人意的姚贝娜也会耍小聪明。

姚贝娜咳嗽时，姚峰就告诉她不能吃糖、不能吃冰棒。所以，当有朋友要给她糖果吃时，她总会说："不能吃，不能吃，吃了会咳嗽的，会蛀牙齿的。"但她直直地盯着糖果的眼神却暴露了她的真实想法。小孩子很难抵甜食的诱惑，于是，有时候她也玩套路："妈妈，我不舒服，我要喝药药……"她说的药指的是板蓝根，因为她尝过，板蓝根是甜的嘛。

演员家的小孩子其实是蛮苦的，因为父母经常要外出演出，他们就不得不承受分离。

1983 年年底，李信敏随湖北省歌舞团《编钟乐舞》剧组去北京拍电影纪录片《奇迹再现》，这部片子是以舞剧《编钟乐舞》为背景讲述曾侯乙编钟重见天日的故事。

当时，姚峰正在准备副教授职称考试，忙得不亦乐乎。

姚贝娜又没人管了。

为难之际，李信敏的二姐想了个办法，她联系上了她所在的宜昌棉纺厂幼儿园。就这样，姚峰把姚贝娜送到了宜昌，这一去就是三个月。

相处久了，姨妈对这个侄女有了一个新的认识：姚贝娜乖起来蛮乖，厉害的时候也蛮厉害。

姨妈也有一个女儿，名叫丹丹，比姚贝娜稍大一点。两个小姑娘凑到一块，彼此多了一个玩伴，那种兴奋劲儿别提有多高了。但有一次，两人在吃饭时为是谁炒的菜发生了争执，丹丹指着桌上的菜说："这是我妈妈炒的。"姚贝娜不甘示弱，说："这是我二姨妈炒的。""我妈妈！""我二姨妈！""我妈妈！""我二姨妈！"……两人你一句来，她一句去，互不相让，声音越来越大，姚贝娜一点不落下风，最后竟把丹丹气哭了。看着丹丹生气的样子，姚贝娜似乎意识到自己做错了，又主动地给丹丹夹菜。

姨妈家的房门上贴着一张李信敏上小学时的登记照片。姨妈发现，姚贝娜每天在房门口蹭来蹭去，每次走到门前时都会抬起头望着门上的照片小声地叫"妈妈……"，姨妈鼻头一酸：孩子想妈妈了呢！

因为都是从事音乐工作，姚峰、李信敏称得上是琴瑟和鸣，当然，也有产生矛盾的时候。李信敏有个特点，遇到不高兴的事，她不会吵闹，顶多就是不作声，生闷气。

这么多年来，姚峰写了不下600首歌曲，李信敏总是第一个听众，听完后，李信敏会给他提出一些自己的看法和意见。

有一次，姚峰刚完成一首歌，李信敏听了之后感觉有一句写得不太好，听起来不顺畅，就让他改一下。然而，正在兴头上的姚峰自我感觉特别好，听李信敏说让他改，一下子就毛了："不改不改！"

看他这个态度，李信敏也生气了，沉默不语，心想你这个人怎么这样啊，我明明是为你好。两个人为这个事情就憋着，互不理睬。

看到这种情景，姚贝娜着急了，亏她还只是个小孩啊。

她先轻手轻脚地蹭到李信敏这边，细声细气地："妈妈，爸爸说不改就不改呢，你别生气了。"

"明明不好听，我觉得不好，真的不好听，为什么就不改呢？"

听李信敏这样一说，她又哒哒哒地跑到姚峰身边，扑闪着一双大眼睛："爸爸，妈妈说改，你就改一下吧……"

　　架不住女儿的央求，姚峰最终还是把歌改了，夫妻俩和好如初。

　　当然，乖巧的姚贝娜也有调皮忘形的时候。

　　1989 年 3 月，姚贝娜七岁多，李信敏随《编钟乐舞》剧组到美国访问演出，这一次演出时间很长，要持续两个多月，姚峰就让他父亲过来照看姚贝娜。

　　一个星期天的早上，爷爷骑自行车带姚贝娜从武昌回汉口家里，在汉阳门坐过江轮渡。船抵武汉关，从趸船到路边有很长很陡的一段路要走，上岸时，爷爷推着自行车走在前面，姚贝娜在后面跟着，坡陡人多，爷爷一边吃力地推着自行车，一边特地叮嘱她："娜娜，人蛮多，你跟紧一点，别走不见了啊！"

　　刚开始往岸上走的时候，抬头看见爷爷在前面，姚贝娜一边答应着，一边开始调皮，跟爷爷玩起了躲猫猫。不料，乘客实在太多了，比肩接踵，她个子又小，躲来躲去，就离开了爷爷的视野。

　　等到爷爷把自行车推上岸，回头一看，才发现孙女不见了。爷爷急得疯了一般，站在岸边拼命地大喊："娜娜！娜娜……"

　　就这么奇怪，茫茫人流中，爷孙俩偏偏错过了。

　　姚贝娜一边找，一边哭，随着上岸的人流一直走到了沿江大道也没见到爷爷的影子。

　　哭着哭着，武汉关钟楼上报时的钟声突然响了，"当、当、当……"雄浑的钟声令姚贝娜警觉起来："我不能哭！万一被坏人发现我是一个人，把我拐跑了怎么办？"她把眼泪憋了回去。

惊惶失措之时，她看见一个太婆牵着一个孩子，便紧跟着这个太婆往前走。

太婆注意到她一个人独自跟在身后，就问她："伢，你怎么一个人啊？你家的大人呢？你要到哪里去？"

"我找不到爷爷了，我要到花桥去。"姚贝娜回答说。

"花桥还远得很呢，你一个人怎么去哦！"

姚贝娜一时也想不出别的办法，她只能跟着这个太婆走。也不知走了多久，眼前的景色让她眼睛一亮，咦，这个地方好眼熟啊，好像是奶奶住的地方呢！

原来，她竟顺着沿江大道从武汉关一直走到了兰陵路口。

都忘了向那位太婆道谢，姚贝娜疯了一般地冲上楼，把门一推开，"哇"地一声号啕大哭起来，哭得上气不接下气。碰巧两个姑姑也在，姚贝娜的样子把她们吓了一大跳。大热天，脸上又是汗又是泪，黑一道白一道的，弄得活像一只大花猫。

问清楚了原委，姑姑赶紧联系上爷爷。

再次见到姚贝娜，爷爷一把紧紧地抱住她："天哪，要是把你搞丢了，你妈妈回来，我怎么跟她交代哟！"

后来，姚贝娜长大一点后，一家三口回忆起这段经历，姚贝娜说那个太婆可能就是老天爷派来保护她的。

姚峰和她开了个玩笑，说："小姑娘，你想过没有，要是真的被别人拐跑了，会是个什么样子？我估计是这样的……"姚峰一边讲一边表演：

"若干年后，一个中年妇女突然出现在我们家门口，长得蛮胖，圆滚滚的。带着伢，至少两个，手里牵一个，怀里抱一个。我们第一眼没认出来。她望着我们，就喊：'爹，娘！'身后还跟着一个男的，山里人打扮，年纪有点大，怯生生的，长得蛮瘦蛮黑。我们这才认出来，哦，是姚贝娜！"

姚峰惟妙惟肖的表演逗得姚贝娜和李信敏哈哈大笑。

声乐界的"听风者"

　　不得不相信遗传的力量是强大的，也许就是天赋，姚贝娜从小就具备很强的音乐感悟力。置身于音乐环境，即使最初在没有人教她的情况下，她也有惊人的表现。

　　姚贝娜的音乐感悟力首先体现在对音乐的自我接受。表面上看，当父母在从事音乐活动时，她在一旁玩她自己的，好像与周围的事情不相干，实际上她都听到了，也听进去了，只是不作声罢了。但一吱声，就不得不让人另眼相看。

　　姚贝娜不到 3 岁时，发生过两件小事：

　　一天晚上，赶上声乐系学生期末专业考试，李信敏演出去了，姚贝娜在家没人带，姚峰只好把她带到了考试现场。担心她吵闹，就递给她一颗糖，叮嘱她不要讲话，保持安静。轮到肖漱芸教授的学生袁东艳考试，她唱到最后一个音，即将结束时，姚贝娜突然小声地自言自语地冒出一句话："哦，唱完了。"坐在身旁的肖漱芸听到了，非常惊奇："嘿！这个孩子才好玩呢，这么小一点，她居然知道唱完了。"

有时给学生临时加课，没有琴房，姚峰就会安排学生来家里上课。当时住房条件有限，学生在家里上课时，姚贝娜也没地方回避，只能在一边玩，好在她不吵不闹。

有一次，姚峰正给一个学生上课，学生刚唱完，姚贝娜突然喊了一句："爸爸，叔叔有舌根音。"听她这样说，姚峰马上打断了她："别瞎说！"

其实，姚贝娜没有瞎说，这个学生的确存在舌根音的毛病，姚峰在之前也提醒过他，在唱德语歌曲《晚星颂》时，发声位置要再高一些，不要有舌根音。

姚峰阻止姚贝娜这样说，是担心学生感到尴尬，毕竟一个成年人被一个3岁的小孩子指出专业上存在的不足，面子上或多或少是有些挂不住的。听到姚峰说她"瞎说"，姚贝娜把眼睛瞪得大大的，直直地看着姚峰，一脸委屈的样子。

然而，虽然姚贝娜从小就表现出出众的音乐天赋，但姚爸姚妈却彻底忽视了这一点。自从姚贝娜出生后，他们就没有想过要对她的前途做什么规划，反过来说，如果说有规划的话，那就是将来干什么都行，唯独不要走音乐艺术之路。

姚峰固执地认为，尽管李信敏是湖北省歌舞团的主要演员，自己在音乐学院当老师，后来有了较大的名气，但仍只能算是普通的音乐工作者。所以，像他们这种并非艺术世家的普通文艺工作者的家庭，尤其是独生子女家庭，不必刻意地让孩子再去从事这一行。

因此，虽然姚贝娜4岁就开始学钢琴，也不过是以提高她的综合素质为出发点的，说得再直白些，就是纯属赶时髦。

当时社会上掀起一股"儿童乐器热"，最时兴的就是弹钢琴。看到团里同事的孩子几乎都在学钢琴，李信敏也动心了，她和姚峰商量："我们也买一台钢琴，让姚贝娜学一下，接受一点艺术熏陶吧！"姚峰除了他自己的音乐，是不会主动想这些事的，但是李信敏一旦想到了，他会马上同意。刚好赶上武汉音乐学院要处理一批旧钢琴，于是，他们花300元钱买了一台旧钢琴。

钢琴搬回家，李信敏就成了姚贝娜的识谱老师。

然而，问题随之产生了。姚贝娜年纪太小，五线谱怎么学呢？教她认识了间、线，还有音名、唱名、谱号等一些基本东西，可一转身，她又全忘了。

这可怎么办呢？

李信敏灵机一动，她找到团里的钢琴伴奏王矛，王矛很早就开办了儿童钢琴培训班，在这方面很有经验。王矛不愧是高手，他送给李信敏一套教孩子学五线谱的图片。这套图片很形象，便于孩子记忆，比如，猫的叫声就代表"咪"，马是用来拉车的，所以马代表"拉"，大象会吸水就代表"西"，等等。

用这个办法，姚峰和姚贝娜玩游戏，姚峰故意说个错的，姚贝娜马上非常得意地说："爸爸搞错了！"就这样，姚贝娜很快就学会了五线谱。

学会五线谱的同时，姚贝娜开始了艰难的钢琴练习。

"再优秀的老师也教不好自己的孩子。"这仿佛是一条颠扑不破的"真理"，姚峰、李信敏也无法逾越。于是他们先是请在少儿钢琴教学方面很有名气的钢琴系徐厚雄老师教姚贝娜，后来，又让她跟声乐系钢琴伴奏王暹老师学琴。

那时，他们的家已从位于大东门的湖北省歌舞团搬到了位于解放路的武汉音乐学院，那是一幢老式办公楼改建的宿舍，两家共用一间厨房，姚贝娜在屋里练琴，李信敏在厨房一边做饭一边时不时地"遥控"她："注意大拇指！""注意小指！""无名指要抬起来！""左手轻一点"……

邻居周谦老师的夫人就打趣地说："哎呀，一天到晚就听到李信敏在那里喊。"

每次姚贝娜练完了，李信敏还在心里琢磨，今天练完这一条，明天要练那一条了，需要注意哪些具体问题。最关键的是她还得时刻提醒自己要有耐心，别发火。

其实，无论对学生、家长，还是老师，练琴都是一件很枯燥的苦差事。几乎没有小孩子会心甘情愿地去练琴，这就需要家长强势地督促。但是，孩子总是有惰性的，而且年纪小接受能力有限，老师教了很多遍，家长提醒了很多遍，但那个动作就是做不到位，或者错误的动作总是改不了，老师或家长难免着急上火，谁会有那么大的耐心啊？所以，无论是再有名气的钢琴家，还是普通的钢琴爱好者，最初学琴时都有过被训斥、挨打的经历，老师或家长都有恼怒、发火的经历。

姚贝娜也不例外，同样挨过李信敏的骂，甚至挨过打。

虽然李信敏性格温和，在陪姚贝娜练琴的时候也很注意控制情绪，但姚贝娜练得不好的时候，李信敏也会失态，她惯常的做法是拿一根塑料直尺，如果姚贝娜的动作没做到位，就不时地对着她的手背轻轻地敲打一下。

有一天，李信敏急了，重重地打了姚贝娜的手，姚贝娜也急了，委屈得哇哇哇地哭。姚峰心疼女儿，看不过眼，也急了，冲过来一把抱起姚贝娜，暴跳如雷地冲着李信敏大声吼道："我们不学了！"

看着姚峰气急败坏的样子，李信敏又好气又好笑："那好，我们来一个角色转换，从现在起，我负责做饭，你负责教她。"

早在两人谈恋爱的时候李信敏就跟姚峰说她不会做饭，也不喜欢做饭。当时，姚峰大包大揽说没有关系，自吹是做饭的天才，因为"我爸爸饭做得好，我不用学，看都看会了"，这倒是真的，成家以后，大多数时候都是姚峰下厨。

这场冲突之后，姚峰从李信敏手中接过了"教鞭"。

　　姚峰很有耐心地把姚贝娜哄到琴凳上坐好，自己搬一把椅子坐在旁边，鞋子一脱，一边抠脚，一边看着她练，时不时来一句："好！""蛮好！""再来一遍！"但是，他完全不按老师的回课要求做辅导，也从来不说指法、节奏有什么问题需要纠正。结果，每次回课，老师都觉得很奇怪，怎么一点进步都没有，指法错误一点没改啊？是不是在家里没有练琴？

　　几个来回之后，姚峰也搞不下去了，还得由李信敏当陪练。

　　演奏钢琴是一件很美妙的事情，学弹钢琴却是一件很痛苦的事情，如果想在父母、子女之间"拉仇恨"，最有效的办法也许就是家里买一架钢琴。

　　因为学钢琴的缘故，姚贝娜的一个眼神曾让李信敏郁结了好多年。

有一次练琴，李信敏站在后面提醒姚贝娜："注意左手！"随手就用尺子打了她一下。不料，姚贝娜回过头来，恶狠狠地瞪了李信敏一眼，也不说话。这个眼神把李信敏吓住了，心里一惊：她怎么用这种眼神看我？从此，这个眼神就深深地烙在了李信敏脑海里，在以后的十多年里，一直有一种心理阴影驱之不散，直到姚贝娜考上中国音乐学院之后。

一天下午，李信敏正在给学生上课，突然接到姚贝娜打来的电话。

"妈咪，我想你了……"

"娜娜，你怎么现在给我打电话，没有上课吗？"

原来，姚贝娜和几个同学在一起聊天，谈起小时候的事情，有的同学回忆被妈妈逼着练唱、跳舞，她就想起了妈妈逼她练琴的往事。

"妈咪，谢谢你啊，谢谢你逼我小时候练琴，要不然，我也不会像今天这样。"

姚贝娜的大学上得非常轻松，她的同学都羡慕极了。毫不夸张地说，因为学得早、学得好，大学五年她基本上是"玩"过来的。所有的音乐专业基础课程她都会，钢琴不用练，视唱练耳不用练，和声也不用多费劲……但一赶上考试，她的成绩总能名列前茅。

"哦，你现在晓得谢谢我了？你小时候还不是恨我……"

"嘿嘿，妈咪，我爱你，不恨你！"

"好了好了，不跟你说了啊，我现在在上课呢。"

挂了电话，李信敏心里感到从未有过的轻松，非常舒坦。姚贝娜的这番话对李信敏而言是一种久违的安慰，一种彻底的释怀，她觉得对女儿的付出得到了回报，也终于解开了暗藏多年的一个心结。

李信敏陪着姚贝娜学琴一直坚持到初中，因为文化课负担实在太重才停了下来。但在这个过程中，姚贝娜已打下了很扎实的钢琴基础和音乐基础。

姚贝娜的钢琴弹得有多好？虽然赶不上钢琴专业的学生，但一定是声乐专业中的佼佼者。

在学习钢琴的过程中，姚贝娜参加过两次钢琴考级，一次是考二级，另一次是考六级。姚峰在陪姚贝娜参加了两次钢琴考级之后，感觉这事意义不大，在他看来即便考过了十级也没什么用，所以，也就没让她在这上面再花功夫。不谋而合的是，若干年后，著名指挥家、全国政协委员李心草也看到了音乐考级存在的严重弊端，他在 2021 年全国政协会议上特地提交了建议取消音乐考级的提案，呼吁为千千万万个琴童"减负"。

学钢琴带给姚贝娜的好处除了让她掌握了一门音乐技能，更重要的是让她的音乐听力得到了很好的训练和开发，也使她有了后来被音乐界称之为"固定耳朵"的美誉。

"固定耳朵"是指在听到一个或几个音符或一段旋律时，能马上将它们准确地唱出来。打个比方，拥有"固定耳朵"的音乐人就是谍战中的"听风者"。对声乐演员而言，体现"固定耳朵"优势的事例就是拿起歌谱就能准确地演唱，或者在演出时，即使歌曲没有前奏也能准确地唱出来，绝对不会跑调。

"固定耳朵"是一种超凡脱俗的音乐能力，既需要天赋异禀，更需要严格训练。

那么，姚贝娜的"固定耳朵"是怎么练成的呢？

当姚贝娜学会识五线谱后，姚峰就先在钢琴上弹一个音，比如：哆、发、升发、拉，让她一个一个地唱出来，然后再弹两个音，比如：哆唆、米西、升发升唆，让她报出唱名，熟练之后，又一次弹三个音、四个音，还有属七和弦、减三和弦，比如：唆西来发、米唆降西，如此反复训练，直到能唱得十分准确。也就是说，在姚贝娜记忆力最好的时候，姚峰花了将近两年的时间，用一种最合适的方法开发了姚贝娜非同寻常的音乐听力潜能。

"固定耳朵"在声乐界属凤毛麟角，这也是姚贝娜受到很多音乐大咖青睐和赞赏的重要原因之一。

最早见证姚贝娜的"固定耳朵"的音乐家是著名男中音歌唱家曹群和钢琴家吴龙。

曹群也是蒋箴予的学生，姚峰的师弟。1986 年，曹群在英格兰举行的第三届大格林姆斯比国际歌唱家比赛中获得第一名和亚利克·雷德肖纪念奖，轰动一时。当年年底，他应邀回到湖北艺术学院（武汉音乐学院前身）举办独唱音乐会和艺术交流活动。

时任声乐系声乐教研室主任的姚峰特地设家宴款待曹群和他的钢琴伴奏吴龙。

在姚家那间简陋但整洁的小房子里，曹群再次见到了5岁的小主人姚贝娜："啊，都长这么大了！"此前，曹群曾见过姚贝娜，那时，她还只有两岁。

大人们交谈时，姚贝娜依偎在父亲怀里，一双大眼睛望着两位客人。

"贝娜，你给叔叔弹一首曲子，好不好？"李信敏突然说。

在曹群和吴龙的鼓励下，姚贝娜打开钢琴，先像模像样地弹了一首《汤普森练习曲》，然后大大方方地说："叔叔，我还会弹'拜厄'。""好啊！"曹群笑着回答她。接着，琴声再次响起。

曲子弹完了，姚峰继续"加戏"，他告诉两位客人，姚贝娜可以准确唱出钢琴上的任何一个音。这引起了曹群和吴龙的兴趣。于是，姚贝娜背对钢琴站立，曹群随手按下琴键，先是弹一个音，再同时弹两个音，姚贝娜全都准确地唱了出来。

"哎呀，贝娜，你太了不起了。怎么奖励你呢？叔叔给你画一幅漫画，好不好？"曹群对姚贝娜说。

"好！"姚贝娜找来一支铅笔和一张白纸递给曹群。

坐在餐桌边，擅长画漫画的曹群一只手抱着姚贝娜，另一只手拿着笔，"我给你画个什么呢？"曹群问。

"画猪。"姚贝娜指着钢琴上的一个肥猪造型的储蓄罐。

"好，画一头猪。"寥寥几笔，一头憨态可掬的小猪跃然纸上，逗得姚贝娜咯咯咯地直笑。

吴龙后来因歌剧艺术指导方面的造诣而享誉世界，他在一旁对李信敏说："这孩子的听力很不一般，值得好好培养。"

从姚贝娜学琴的经历当中，劳心费神的李信敏获得了一个切身体会，对小孩子的培养教育，无论是学艺术、学文化，还是道德品质的养成，不可能完全靠小孩子个人去完成，这个过程实际上是对家长的一种长期考验，非常重要的是陪伴和坚持，最终能否收到实效，在很大程度上就是看家长是否能持之以恒地陪着孩子往前走，绝对不能放任，否则悔之晚矣。

　　最初，姚峰不认同李信敏的做法，主张对孩子要放养，后来也改变了立场，逐渐意识到家长对孩子一定要严格要求、细心引导。

图片来源：搜狐时尚

第2章　多彩是少年

三月麦子青
四月麦子黄
宝兰花开香又香
瓣瓣都随流年淌
——《相见欢》

小学阶段，儿童姚贝娜仍然是一个乖孩子，开始显示出独立气质。

初中阶段，少年姚贝娜变得很有想法，又有点任性，她经历了3年过山车一样的学校生活。

姚家有女初长成。这期间，她搞出了不少匪夷所思的事情，包括一些大跌眼镜的糗事。

败亦数学，成亦数学。虽然她的音乐天赋一度被忽略，但一番兜兜转转之后，最终仍闯入了音乐殿堂。

从此，她对流行歌曲的业余爱好升格为职业追求。

不服不行，天生一副好嗓子，老天赏饭呢！

歌星之梦

姚贝娜在湖北省武昌实验小学度过了小学生活。

像武汉音乐学院所有的子弟一样，姚贝娜白天上学，晚上回到家要练琴。不同的是，她更多时候是独自行动，常常是自己到食堂打饭，因为她的爸爸妈妈经常不在家。这也让乖巧的姚贝娜开始显现出同龄孩子少有的独立气质。

姚贝娜九岁时，有一天姚峰心血来潮突然问她：

"小姑娘，你在学校唱不唱歌啊？"

"唱啊！"

"唱什么歌？"

"国歌！"

"你现在唱一下？"

"好啊！"

姚峰心存疑虑，因为《中华人民共和国国歌》的最高音要到小字二组 e，这对还没有过变声期的小孩子是比较难的。于是，他把钢琴打开，就用原调 G 调弹起了前奏。出乎意料的是，姚贝娜唱得非常完整，节奏、音准没有丝毫毛病，而且音色十分清脆。姚峰这才突然意识到，自己家里蛰伏着一位很不错的儿童歌手呢！

凑巧的是，就在一个星期之后，湖北电视台策划组织了一台国庆电视文艺晚会，姚峰与词作家佟文西合作创作了一首新歌《唱给十月的歌》，这是一首少儿歌曲，于是姚峰向晚会导演推荐由姚贝娜来演唱。

在姚峰的辅导下，姚贝娜先在家里把这首歌唱会了，然后走进了录音棚。

第一次站在录音间，戴上耳麦，隔着玻璃窗独自唱歌，姚贝娜感到格外新奇，她这才明白爸爸经常晚上不在家，就是在做这件事。歌很快就录完了，摘下耳麦时，她意犹未尽地问："爸爸，这就唱完了？要不要再唱一遍？"

就这样，简单地排练之后，姚贝娜走上了电视直播舞台。

按导演的要求，她出场时要一边唱一边跳。毕竟是第一次上台，何况只有九岁，正式演出时，音乐响起，灯光一打，姚贝娜感到分外紧张。虽然音乐节奏没有问题，可步子却乱了，她居然是顺拐着从台后蹦蹦跳跳地走到了台前。这也成为日后她自黑和家人取笑她的一件趣事。

但不管怎么说，这次经历意味着姚贝娜第一次正式登上了大舞台，而且是省级电视舞台，这个层级可不低。

从这个时候开始，姚贝娜参与了很多歌曲的录音、晚会演唱。有意思的是，姚贝娜在录制姚峰和佟文西合作的另一首歌曲《三峡的孩子》里，需要童声伴唱，于是，姚贝娜就把同班的3个小闺蜜叫来了，一个叫黄蕾，另一个叫李琳，还有一个叫付晓伟。后来，黄蕾、李琳后来分别考上了上海音乐学院、武汉音乐学院，同样走上了音乐之路，也算是留下了一段佳话。

姚峰虽然主要从事美声唱法的教学，但20世纪80年代初，随着港台流行歌曲登陆内地，他敏锐地捕捉到了流行歌曲所蕴藏的巨大魅力，便开始从唱法上对流行歌曲进行系统研究。这一举动，无形中影响了姚贝娜，家里的各种音乐磁带成为姚贝娜最喜欢的"玩具"，她整天听磁带，也由此对流行音乐产生了浓厚的兴趣。

这期间，上街买磁带成为父女俩最热衷的事情之一。几乎所有新出的流行歌曲磁带都会第一时间出现在姚贝娜的房间里，总之，市场上一出新磁带她就买，买了就听，听完再买。从那个时候开始，她的耳朵就没离开过流行音乐。最开始使用的是双卡录音机，到后来换成了盒带随身听，再后来换成了CD随身听……

听得多了，一颗承载着艺术梦想的种子也就悄悄地埋在了姚贝娜心底——"我要当歌星！"只不过，这个小秘密她从来没有对父母讲过。唯一的一次真情流露是在上小学五年级时，她在《武汉晚报》上发表过一篇作文，题目就是《我想当歌星》，她憧憬着："五颜六色的灯光随着节奏的变化而变幻莫测，我站在舞台中央，尽情唱着自己喜欢的歌……"

虽然姚峰、李信敏都读过这篇作文，虽然姚峰带她参演过一些很正规的电视文艺晚会，但他们并没有好好地去揣摩女儿的小心思，或者说他们压根就没想到女儿将来要走音乐之路。在他们看来，让她参加各种晚会不过是玩玩而已，充其量是给平淡烦重的学生生活增添一点色彩，至于那篇作文，也不过是小孩子"追星族心理"的具体表现。

日子一天天过去，姚贝娜也从小学毕业，就近升入武汉市第四十五中读初中。

女大十八变，此时的姚贝娜已从一个乖巧的小丫头长成了一个亭亭玉立的美少女。虽然整天穿着毫无特点和美感的运动服式的校服，但这丝毫掩盖不了她与生俱来的明星气质，走在校园里，常常吸引了同学们尤其是男孩子们的目光。

最重要的是，紧张而枯燥的中学生活并没有销蚀姚贝娜的音乐梦想，相反，藏于心底的那颗美丽的艺术种子开始势不可遏地发芽了。

在一次"激情话桑梓"的主题班会上，她落落大方地告诉同学们，她要用"特殊语言"表达自己的职业理想——做一名歌星，并请同学们做出判断，她是否具备实现自己的职业理想的职业能力。

姚贝娜所说的"特殊语言"就是她的歌声，她给大家唱起了《我爱祖国的蓝天》。虽然没有伴奏，但她唱得非常动听，把班会推向了高潮，也彻底惊艳到了大家。从那时起，同学们都知道了自己身边有一个未来的歌星，甚至有同学早早地下了结论：姚贝娜将来一定是大明星。为此，余文博还因为和姚贝娜是同桌、数学成绩好的缘故，替别的班上的很多男生找姚贝娜要了不少签名。

姚贝娜对流行歌曲的喜爱到了着迷的程度，除了完成功课，剩下的时间全用在买磁带、听磁带，跟着磁带学唱歌上了。当姚峰、李信敏偶然听到她在哼唱李宗盛的《领悟》，他们感到十分惊奇又难以理解：一个十几岁的小姑娘，居然把这首歌唱得有模有样啊！

数学成绩太烂了

姚峰向来对学霸推崇有加，他的观点一向很明确，一个孩子，不管是男孩还是女孩，一定要读大学。在当时高考录取率很低的情况下，选择一所好的高中就格外重要，如果只能考上一般的高中，或者考不上高中，那就是极大的麻烦。因此，姚峰不断地向姚贝娜灌输：一定要读重点高中、考大学。

姚贝娜的语文和英语成绩一直不错。

早年，李信敏怀孕时因为有先兆流产的迹象，只能整天躺在床上。这期间她坚持收听电台的英语讲座，把这当成了胎教。姚贝娜很小的时候，李信敏就让她跟着电视机里的英语讲座节目学英语，学了一段时间后，姚峰每次用自行车带着她出门时，一路上就有意地问她一些单词，跟她交流，比如，问她："我们现在骑的什么车？""bike"；"'公共汽车'怎么读？""bus"；"'香蕉'怎么说啊？爸爸忘了。""banana"……

因为长期的训练，英语口语成为姚贝娜的一个长项。后来，在武音附中读书时，有一天，兴之所至的姚贝娜约了几个同学一起和一位在学校任教的外国专家用英语对话，听到她流利的表述，那位外国专家很惊讶，称赞她的口语很标准，这让姚贝娜很是开心。

姚贝娜的语文课也学得特别好，有一个诀窍就是背书。当时姚爸姚妈睡阁楼上面，姚贝娜睡下面。每到星期天本想睡个懒觉，可一大早就被她的读书声吵醒了，就像开个人朗诵会一样，她把学过的课文从头背到尾。

与优秀的语文、英语成绩相比，姚贝娜的数学成绩却太差了。尤其是进入初中后，她的数学迅速退化成了一只严重的"跛腿"，最糟糕的是初二时有一次单元测验，她居然只得了21分。

这次数学测验成绩公布之后，给姚贝娜造成了巨大的心理打击。中午放学时，她忽然找一个同学提出借两元钱，并告诉那个同学："我不想上学了，我准备离家出走，我爸爸会还钱给你的。"那个同学把两元钱借给了她，却没把她说的话放在心上，只以为她又在开"狼来了"的玩笑，因为她平时经常会整出一些无厘头的笑料。

姚峰、李信敏在家等着姚贝娜吃午饭，可超过了平时回家的时间很久，仍不见她的身影，姚峰觉得很奇怪，就走出家门朝着学校的方向去接她，可一直走到学校门口了也没碰见她，从一个同学那里才得知姚贝娜借钱出走的事。

姚峰大惊失色，马上转身赶回家里，发现姚贝娜真的没有回来。这一下，他俩彻底慌了，连忙四处寻找，学校、江边、车站……一无所获。

担心姚贝娜回到家时家里没人，两人商定，李信敏留在家里，姚峰骑着自行车再出去找。

直到下午三点多钟，姚贝娜才出现在家门口，脸上汗迹泪渍混成一片，狼狈至极。

看到她失魂落魄的样子，李信敏又气又急："你搞什么名堂啊？你跑哪里去了，把我们急死了，你爸爸出去找你，到现在都没回来……"

"我的数学只考了21分，我没有脸见你们……"姚贝娜抽泣着，引得李信敏也泪眼婆娑。

原来，离开学校后，姚贝娜漫无目标地在街上行走，竟然不知不觉地一直走上了蛇山。山上树林茂密，行人稀少，她骤然心生恐惧，连忙从山上跑到山下，四处游荡之中，感觉实在无处可去才只好回到家里。

虽然整个事件不过4个小时，但"姚贝娜离家出走"的消息在全校都传开了。

直到大学毕业后，有一次姚贝娜和母亲回忆起中学生活时，她才揭开了数学成绩急速下降的秘密，原来，她的自尊心曾受到了一个老师的暴击。

进入初中后，她的数学成绩虽然不算好，但她会主动找老师请教。有一天，遇上一道题不会做，她就去请教老师，可这个老

摄影：萱萱

师坐在教室讲台前眼皮都没抬一下，很冷漠地说："回去看书！"然而，姚贝娜注意到，每当那些数学成绩特别好的同学去找这个老师时，他都会和颜悦色地耐心讲解，这让敏感的姚贝娜心里很不舒服。

"我如果能看得懂，还需要问老师吗？"姚贝娜心存不服却又无可奈何，从那以后，一到上数学课她就干脆趴在桌上睡觉。

每个孩子都有个性，都很敏感，他们的认知水平有限，难免犯糊涂，何况是进入青春叛逆期的中学生。因此，一个孩子能遇到一位好老师是天大的福分。老师对孩子的态度，哪怕是不经意的一点小事，都可能会影响到孩子的思想和行为，无论是对学业还是性格都会产生重大影响。如果当年这位数学老师能给姚贝娜一个解答的话，她的数学成绩一定会好起来，至少不会只考21分吧。以姚贝娜的聪明劲，如果好好学的话，怎么会很差呢？何况她刚进入初一时，在班上总成绩排第五名呢！

因为数学成绩不好，班主任特地把数学成绩特别好的余文博安排与姚贝娜同桌。可由于没了兴趣，又加上抵触情绪作祟，她上数学课仍然任性地一睡而过。

遇上数学考试的时候，姚贝娜就偷看余文博的试卷。老师发现他俩配合默契，就很严肃地批评余文博不能这样"照顾"同学。于是，余文博对姚贝娜实言相告："我以后不能再给你看卷子了。"听到这话，姚贝娜眼睛一瞪："你试试？你不给我看，我就挠你痒痒！"果不其然，再赶上考试，她真挠，余文博没有办法，只好继续发扬"绅士风度"。

中考逆袭

姚贝娜数学成绩不好，又影响了物理、化学的学习。因此，到初三时不得不请私教补课。

姚峰、李信敏带着姚贝娜慕名在阅马场中学找到了一位数学老师。第一次补课，老师先对姚贝娜做了一次测验。看了她的答卷，老师感到很棘手："哎哟，这怎么像完全没学过一样的啊？"听到这话，他们无地自容，心都凉了半截。好在这位老师的确很厉害，姚贝娜也很配合，没过多久，她的数学成绩就大踏步地进步了，学与不学肯定是不一样的嘛。

同时，又在武汉工学院（现武汉理工大学）请了一位女老师给她补习物理。每到星期天，姚贝娜要坐将近一个小时的公共汽车去补课。这位老师是上海人，特别喜欢姚贝娜，上完课后就留她在家里做习题、吃中饭。有一天补课回来，姚贝娜非常兴奋地对李信敏说:"妈,老师今天给我做了猪排,蛮好吃!"李信敏当时还不知道猪排是什么,以为是排骨,她就给李信敏描述:"一大块肉做的,外面裹着面粉,油炸的,太好吃了。"

补习很有成效,但要进理想的重点高中仍存在不确定性。这下就很被动了,怎么办呢?

按教育部规定,全国9所音乐学院附中的学生报考高等音乐院校时只需要参加专业考试,高考文化课是免试的。武汉音乐学院声乐系当时已在全国音乐院校中创办了唯一的通俗演唱专业。各种因素集中到一起,李信敏才终于想到了还有读音乐学院附中这条升学之路,于是,他们抱着试一试的心理,决定让她报考武音附中。

因此,从很大程度上说,姚贝娜是因为文化课成绩不太突出,尤其是数学成绩太烂,才被迫走上音乐艺术之路的。

不然的话,他们会早做艺考准备。

等到作出报考武音附中的决定时,离专业招生考试的时间已所剩无几。他们只好临时抱佛脚,请武汉音乐学院视唱练耳教研室的韩燕玲老师给她补习乐理、视唱练耳。

好在上了两次课后,韩燕玲发现姚贝娜很聪明,音乐接受能力很强,进步明显,但李信敏仍感到有点玄乎。

临到专业考试那天,全家人都很紧张,早上,姚贝娜食欲全无,一副坐立不安的样子。李信敏强迫她吃了一点东西,又说再带一点吃的,以防上考场前饿了,但姚贝娜坚持说不需要,李信敏也就打消了这个念头。

然后，李信敏给她化了妆，扎了一根独辫子。姚贝娜上身穿一件长袖高领绿色毛衣，外面再配一件白色背心，下身穿一条白色的牛仔裤，看上去青春靓丽。

　　以为考试一切都会很顺利的时候，一个惊险的插曲却突然出现了。

　　候考时间很长。美声、民族唱法的考生先考，通俗唱法专业在后，本科考生考完后，最后才轮到附中考生。

　　好容易等来了"姚贝娜准备进场"的通知，姚贝娜却突然说："妈妈，我有点恶心，不舒服……"李信敏定睛一看，她脸色发白，额头冒汗，眼神迷糊，心想这肯定是低血糖。如果考不成，那不就彻底凉了？于是李信敏连忙请求负责考试检录的王玲老师："可不可以安排别的考生先考？我去找点糖水给她喝。"

　　李信敏转身下楼，在走道上碰到姚峰的学生刘英俊："快点！你看哪个同学有糖，化一点糖水来……"刘英俊一听，马上说："好，我去弄！"过了一会儿，他拿来一些白砂糖，李信敏就着茶叶水化开，赶紧让姚贝娜喝了。又过了一会儿，姚贝娜的神态才恢复正常。

　　考场外发生的这一切姚峰浑然不知。

　　当天，身为声乐系副主任的姚峰是考官之一，由于姚贝娜是考生，按照亲属回避的规定，姚峰没有参与附中考生的打分，只在考场内负责考务。

　　姚贝娜走进考场时，姚峰也不说话，抬眼一看心里一喜：哎呀，我家的小姑娘好漂亮啊！

考试进行得非常顺利，姚贝娜唱了两首歌，堪称完美。

考试全部结束，评分表全部封存了，德高望重的杨金岚教授突然问了一句："不是听说姚峰的姑娘要考的吗？怎么没来啊？"姚峰正要回话，钟碧茹副教授先开口了："哎哟，杨老师，刚才最后进来的那个漂亮女生就是姚峰的姑娘。""哦，是这样啊，我都没认出来呢！"

后来，统计结果显示，姚贝娜的专业成绩排第一名。

就这样，很有想法又有点任性的少女姚贝娜，结束了3年过山车一样的初中生活，以中考艺术生的身份走进了武音附中。从此，姚贝娜对流行歌曲的业余爱好转化成了职业追求。

拿到武音附中的录取通知书后，姚贝娜的精神状态一下子变得轻松起来。难怪啊，原来在班上甚至排在30名之外，而且是从最初的第五名直线下滑的，现在却成了第一，率先从中考的苦海中上岸，逆袭的感觉该多好啊！

姚贝娜重新找到自我，变得自信起来。

"破锣嗓子"

考入武汉音乐学院附中通俗唱法专业，姚贝娜的专业老师就是她的爸爸姚峰。

武汉音乐学院通俗演唱专业创建于 1989 年，是经教育部批准，在全国高校最早设立的拥有艺术学士学位授予权的新兴专业，这标志着长期被学界、业界一些权威人士冷眼相待的通俗歌曲和演唱终于走进了高等艺术院校，通俗唱法与民族唱法、美声唱法获得了平起平坐的地位。姚峰就是这个专业的首创者，而强力支持他探索创新的是时任武汉音乐学院院长、著名音乐家童忠良教授。

第一次上专业课，姚贝娜迈着轻快的步伐走进教室，看到姚峰正在调试音响，她高兴地叫了声："爸爸——""叫'姚老师'，这是在课堂。"姚峰抬起头来，纠正了她的称谓。看着"姚老师"

严肃的样子，姚贝娜忍不住笑了起来。

在姚峰的调教下，姚贝娜的演唱技能得到了快速提升。

这期间，姚贝娜还首次与父母一起，一家三口同时登上了舞台。

1998年5月4日，一台纪念知识青年上山下乡30周年，主题为《我们曾经年轻》的文艺晚会在武汉剧院举行，参演者全都是当年的知识青年。

姚峰担任晚会的音乐总监，他把作家胡发云创作的诗歌《我们曾经年轻》谱曲，作为晚会的主题歌，由李信敏和武汉歌舞剧院男高音歌唱家赵刚担任领唱。

晚会结束时全体演员表演大合唱《手挽手，迎接一个新世纪》，其中的领唱由姚峰和姚贝娜担任，在演唱之前姚贝娜有一大段朗诵，代表知青后代向父辈们致敬。

这台晚会产生了很大影响，尤其是在有过上山下乡经历的知青群体中反响强烈，《我们曾经年轻》这首歌被广泛传唱，姚贝娜作为全场年龄最小的演员，唯一的知青后代，她稚嫩的演唱和清脆的朗诵也给大家留下了深刻印象。

正当姚贝娜顺着通俗唱法之路稳步前行时，姚峰的工作发生了重大变动，他从武汉音乐学院调往深圳市群艺馆。

这一变故给姚贝娜造成了双重困扰。姚峰调走后，通俗演唱专业没有了任课教师，姚贝娜不得不转向学习民族唱法。同时，一家人从此分居两地，让从小跟着父母生活的她在情感上颇有一些不舍和失望。

　　由通俗唱法改为民族唱法，姚贝娜的专业老师换成了冯家慧教授。这个频道转换让姚贝娜经历了一个特别痛苦的煎熬过程。因为，她内心最喜欢的是流行音乐，所追求的是做一名流行歌手。

　　冯家慧是看着姚贝娜长大的，两家人再熟悉不过了，平时姚贝娜称冯家慧为"冯伯伯"，把一位女性长辈称为"伯伯"，是武汉人的习俗，以表达尊敬之意。

　　然而，第一次上专业课时，彼此熟悉得像母女一样的师生却一下子变得生疏起来。冯家慧教得别扭，姚贝娜学得也别扭，两人根本找不到感觉，无法形成共通共鸣。

　　在冯家慧眼里，姚贝娜就是自己的孩子，她忍不住开了一句玩笑："姚贝娜，你怎么像个'破锣嗓子'啊？"言者无心，听者有意，冯伯伯的话让姚贝娜彻底懵圈了。

好容易把一节课上完了。走出教室，置身于炙热的阳光下，姚贝娜却感觉到了一丝清冷，步子也变得沉重起来。无精打采地回到家里，看到正在做饭的母亲，她再也忍不住了，急得大哭起来："冯伯伯说我是个'破锣嗓子'……"看着女儿可怜兮兮的样子，李信敏也心疼地掉下了眼泪。

姚贝娜第一天上课表现不佳，是有主观和客观两方面原因的。

主观上，姚贝娜换专业是不得已而为之，思想上没转过弯来，她的注意力和兴趣点仍在通俗唱法上，对民族唱法兴趣不大甚至存在抵触情绪。

客观上，在演唱技巧上民族唱法与通俗唱法是存在"打架"现象的。

通俗唱法是以真声为主，假声为辅，而民族唱法强调真假声结合。姚贝娜天生一副好嗓子，唱通俗时在班上的声乐专业考试总是排第一。改学民族唱法后，必须拓展音区，对真假声比例作大幅度调整，加大假声比例，重新调整因唱通俗歌曲长期形成的肌肉记忆力。这就存在真假声结合的问题，这是一个技术难题，技巧掌握不好，就很容易出现破音。因此，冯家慧调侃她是个"破锣嗓子"。

看着女儿哭得梨花带雨，李信敏给远在深圳的姚峰打电话，埋怨他："你自私啊，你说跑就跑了，姑娘怎么办呢？她回来就哭，我又不便跟冯老师说……"姚峰在电话那头马上提醒李信敏："你千万别说，要相信冯老师，听冯老师的！"

的确，在教学上李信敏不好插手，虽然李信敏也是歌唱演员，但是既然把姚贝娜交给冯家慧了，就得相信冯家慧。实际上，姚贝娜在武音附中读了两年，李信敏和姚峰对姚贝娜的专业学习的确放手了，全是听冯家慧的调教。

高二放寒假，姚贝娜回到深圳。知道女儿心里不爽，在机场接到她之后，一家人特意先去逛了世界之窗。回到家里，姚峰笑着问她："小姑娘，期末专业考试考得怎么样啊？"听到这话，李信敏狠狠地瞪了他一眼，心想有什么好问的，这不是故意找不自在吗？果然，姚贝娜脸色一沉："考了个倒数第二。"姚峰接着问倒数第一是谁，她气鼓鼓地回答说："是个'茗'！"随即一头躲进房间里了。

从正数第一变成倒数第二，这种反差的确很大，整个寒假，姚贝娜的情绪都不算太好。

但是，冯家慧的教学水平确实很高。

她首先帮姚贝娜捋清了专业思想，让姚贝娜明白了一个道理，各种唱法有区别，但又是相通的。她举例说，位列世界三大男高音之一的意大利著名歌唱家多明戈主业是美声唱法，但他的流行歌曲也唱得非常棒；中国有很多优秀的流行歌手最初也是学民族唱法或美声唱法的，比如她的学生朱桦当年在武汉音乐学院就读时学的是民族唱法，民歌唱得非常好，但毕业之后却走上了流行歌手之路，在国际流行歌手大赛上获得大奖，成为一名著名歌星。冯家慧用不容置疑的语气激励她："姚贝娜，学好民族唱法对做流行歌手有益无害，我教给你的东西，都是为你将来成为流行歌手打基础。你的师姐朱桦是一个榜样，能不能超过她，看你的本事！"

为了调动姚贝娜的积极性，冯家慧还给了她一项"特别许可"：姚贝娜只在上课时学习民族唱法，课余时间尽可以听流行音乐，唱流行歌曲。

冯家慧采取了非常有效的教学方法，尽可能地提高专业课的效率，加上姚贝娜出众的音乐悟性，终于解决了真假声结合问题，让姚贝娜取得了明显的进步。

等到再次放暑假归来，姚贝娜首先在情绪上就已判若两人，姚峰打开家里的钢琴即兴伴奏，姚贝娜唱起了《清粼粼的水来蓝莹莹的天》，她的演唱字正腔圆、声情并茂，姚峰、李信敏这才彻底放下心来：不错啊，真假声混上去了呢！得到父母的肯定，姚贝娜也很开心。

高一下学期，海军所属的一个军级单位到武汉音乐学院附中招文艺兵，听到消息，姚贝娜和几个同学去看热闹，站在人群中，她出众的气质一下子吸引了招兵负责人，这位负责人就主动提出让她表演一下，听完她的演唱感到非常满意，便有意招她入伍。

当姚贝娜通过电话把这件事告诉姚峰时，姚峰想都没想就果断地封了门："坚决不能去，一定要读大学！"听到父亲在电话里急迫的语气，姚贝娜调皮地回答："爸，你急什么啊？我说了我要去吗？我就知道你们不会让我去的，我也没打算去啊，只是给你说说而已。放心好了，我牢记爸爸的教导，要考大学，星海音乐学院的通俗唱法专业还等着我呢！"

区别于姚峰的刻苦、李信敏的认真，姚贝娜在学业上更多的是凭聪明和悟性一路绿灯，对不喜欢的课，她甚至会耍小聪明，蒙混过关。

比如，姚贝娜从小学习钢琴，对一个非钢琴专业的学生而言，她所掌握的钢琴技能完全可以应付各种考试，所以她对练琴就很不上心。

有一天，她的同学李琳上姚贝娜家里玩，发现她家里的钢琴有一只白键的表皮掉了，便好奇地问是怎么回事，姚贝娜得意地笑了："我爸妈让我练琴，我就不停地抠抠抠，结果把这只键给抠下来了。怎么样，我狠吧？"

让人难以想象，一副乖乖女模样的姚贝娜还糊弄过钢琴老师。在读附中时，她的钢琴老师是一位记忆力不太好的老太太，每次布置作业都习惯于用铅笔在教材上做记号，姚贝娜每次上课前就把老师作的记号偷偷地擦掉，这样，老师再次布置作业的时候问她这条曲目弹过没有，姚贝娜的回答永远是"没有"，结果，整个一学期，姚贝娜练的几乎是同一条曲目。

糊弄老师这种调皮捣蛋的事儿姚贝娜早在读小学五年级时就干过。当时，老师要求家长在家庭作业本上签字，可父母经常不在家，于是，胆大机灵的姚贝娜心生一计，她每次就模仿妈妈的笔迹签名，直到有一天被老师发现了……

第二部

筑 梦 北 京

图片来源：
《我们的街拍时刻》

第3章　雏燕初展翅

我站在你后面
我陪在你身边
当你遇到任何困难
我会与你分担
——《连心》

有惊无险，如愿叩开中国音乐学院的大门，迎接姚贝娜的是一马平川。

大学5年，她得到了老师们太多的关爱，也得到了同学们由衷的喜爱。

她算不上是一个勤奋的学生，但极高的音乐悟性让她顺风顺水。

十分罕见的是，她学的是民族唱法，但在参加艺术实践时却大多以流行歌手的身份亮相。

摄影：江俊民

报考中国音院

　　进入高三，姚贝娜的演唱功力得到了更多的提升，重新回到声乐专业的排名榜首。在这个过程中，冯家慧也更清楚地看出姚贝娜是一棵好苗子，她那种与生俱来的优秀的音乐基因、超凡的音乐感悟能力，不是一般人所能比拟的。令冯家慧惊讶的是，课堂教学的一般规律是老师激发、带动学生，可是，姚贝娜演唱时迸发出的音乐情感，常常反过来激烈地带动了冯家慧，这非常少见。

　　姚贝娜在专业上突飞猛进似的进步，让李信敏对她考大学萌生了新的想法：应该报考中国音乐学院声乐歌剧系。

　　此前，姚峰希望姚贝娜能在广州或武汉读大学，这样离深圳更近一些，因此，他们最初把报考的大学锁定在武汉音乐学院、星海音乐学院，而姚贝娜自己更是一门心思地想进星海音乐学院通俗唱法专业，为此，姚峰还特地向星海音乐学院的相关老师推荐过姚贝娜。

看到她一个学期一个学期地在快速进步，李信敏觉得以姚贝娜的嗓音条件、音乐感觉和外在形象，完全可以冲刺一下中国音乐学院。于是，李信敏把这一想法先告诉了姚峰。

姚峰对姚贝娜考大学并没有太多的想法，他更多的是顺着姚贝娜的意愿，她想考哪里就考哪里。这期间，姚贝娜因为喜欢流行音乐，得知中央戏剧学院开办了音乐剧专业，姚峰、李信敏还特地带着姚贝娜去中戏见过相关老师，接受专业辅导。因此，对李信敏的提议他最初抱着不置可否的态度，但最终又被李信敏说服了。两人统一意见后，李信敏通过长途电话联系上了冯家慧，才知道冯家慧也有同样的考虑，冯家慧甚至很肯定地认为，姚贝娜只要正常发挥，考上中国音乐学院没有太大问题，并主动提出由她来给姚贝娜做工作，鼓励她去考。

虽然姚贝娜始终是把考进星海音乐学院通俗唱法专业作为最高目标，但冯家慧劝她不管结果怎么样，中国音乐学院可以去试一下。而且冯家慧很明确地告诉她："从未来着想，如果想成为全国有名的流行歌手，你必须进北京！"这样一说，姚贝娜也就答应了，毕竟，她还是蛮乖的，"冯伯伯"老师发了话，岂敢不听。

有一天，姚贝娜陪爸爸的学生刘牧上街时，在路边遇上一个算卦先生，刘牧是特地从深圳来武汉参加武汉音乐学院艺考的，便顺势算了一卦，姚贝娜觉得挺有趣，也跟着算了一卦。回到家，她很高兴地告诉李信敏："妈咪，那个师傅给我算了一卦，他说我'瓮中捉鳖'。"姚峰听到这话，马上鼓励她："那好啊，明年你就'捉'三次'鳖'嘛！"意思就是鼓励她分别去考中国音院、武汉音院、星海音院。

转眼到了2000年，姚贝娜只捉了两次"鳖"，星海音乐学院报了名但没有参加考试。

姚贝娜首先参加了武汉音乐学院艺考招生。这一站很顺利，姚贝娜发挥得很好，拿到了专业排名第一的成绩，这意味着她已考上了武汉音乐学院声乐系民族唱法专业。

有了武汉音乐学院"保底"，姚贝娜参加中国音乐学院艺考就减轻了许多压力。毕竟，大学有得上了。

然而，在中国音乐学院，姚贝娜再次经历了一次既有惊喜，又出险情的艺考。

到北京赶考时，李信敏要给学生上课，姚峰要上班，都没空陪姚贝娜去北京。于是，姚峰便把相关事情都替姚贝娜安排妥当了，请学生黄鹤翔接站，住在另一个学生徐春雨家里，由徐春雨帮她化妆，陪考。

然而，姚贝娜对这个安排却并不满意："啊？你不去吗？"

"嗯！我有工作，走不开呢。"姚峰解释道。

"如果你不去，那我也不去！"姚贝娜使起了小性子。

姚峰永远都是顺着女儿的。听姚贝娜这样说，姚峰只好向市文化局请了假，放下手头的工作专门陪她上北京。

按常规做法，很多考生在艺考前都至少要提前半年请专业老师上课，接受考前辅导。当时，李信敏也提出提前去中国音院请老师指导一下，但姚峰觉得没必要，他很自信地认为姚贝娜肯定没问题。当了这么多年的声乐老师，姚贝娜唱得怎么样，他能听不出来？何况哪个学校、哪个老师不想招好学生？所以，姚峰果断地把这个环节给省了，只想到赶在考前临时找老师听一听，让老师了解一下姚贝娜的实力就足够了。

姚贝娜先从武汉乘火车出发，同行的还有报考北京舞蹈学院的同学杨静枫。

车抵北京，走出北京西站之前，姚贝娜还特地叮嘱杨静枫要注意安全、考试要注意什么细节，巴啦巴啦地讲了一大堆。这让杨静枫有如做梦一般，因为平时这些生活琐事都是她经常提醒姚贝娜的，还因此被姚贝娜嘲笑为"杨婆婆"，何承想大大咧咧、没心没肺的姚贝娜在关键时刻居然如此暖心，也有变成"姚婆婆"的时候。

姚峰晚一天坐飞机从深圳出发，但人算不如天算，遇上了沙尘暴天气，航班不得不改降郑州，等姚峰最终赶到北京时，已是开考的前一天傍晚，也就完全没办法请老师上课了。

初试时间定在上午。

当天，姚贝娜穿着妈妈事先为她准备的一套黑色修身西装，配一双厚底的高跟鞋，显得身材高挑，而一双清澈的大眼睛则给人以单纯端庄机灵之感。更与众不同的是，她扎着一个高高的马尾辫，显得格外俏皮。

也算是见过世面的人了，走进考场，姚贝娜微笑着向考官们鞠躬行礼，然后平复了一下呼吸，清唱起《叫一声哥哥你快回来》。这是电影《人生》中一首带有浓郁陕北民歌特色的插曲。

姚贝娜刚一开口，她纯正的音色就吸引了主考老师们，很多考官不由地抬起了头。虽然《叫一声哥哥你快回来》算不上大作品，但她唱得很自然完整，音乐感觉非常好，唱出了陕北民歌特有的韵味。

身为陕西人的董华副教授就坐在考官席上，她对陕北民歌有着独特的理解和喜好。虽然姚贝娜的专业程度在所有考生中不是最高的，但董华敏锐地发现了姚贝娜身上的艺术潜质，顷刻间产生了眼睛一亮的感觉，也就萌生了做姚贝娜老师的想法。

李信敏没有去北京陪考，留在深圳的她有一种提心吊胆、如坐针毡的感觉。所以她特地嘱咐姚贝娜每次考完后都要给她打个电话。

走出初试考场，姚贝娜非常兴奋地给李信敏打电话："妈，我一定要考上中国音院。"

第一次听姚贝娜这样说，李信敏喜出望外："你不是不愿意考的吗？怎么一下子突然变了？"

"我也不晓得，反正我一来就喜欢上这所学校了。"

姚贝娜在电话里还告诉李信敏，她在考场上唱哭了。李信敏听了这话，心里又是一喜："这样好啊，说明你动了感情。"

复试名单公布，姚贝娜榜上有名。

姚贝娜复试演唱的是《故乡是北京》，再次顺利过关。

从复试考场出来，姚贝娜神秘兮兮地给姚峰讲了一个细节："我进考场时，金铁霖老师看着我笑。我从考场出来时，坐在门口的一位女老师也一直盯着我笑。这是不是说明我唱得蛮好啊？"

闻言，姚峰模棱两可地笑了笑："不要骄傲啊，还没考完呢！"

这位一直盯着姚贝娜笑的女老师就是董华，两人算是第一次对上了眼。不过，此时姚贝娜并不知道，未来的5年她将成为董华的学生，更没有想到她俩会结下深厚的师生情、姐妹情，甚至情同母女。

三试结束之后，姚峰返回深圳，姚贝娜留在北京，继续住在徐春雨家里，等待面试发榜。

本以为一切都在顺利推进之时，"险情"又出现了。

面试当天，远在深圳的姚峰突然接到中国音乐学院教师周强的电话："面试都快结束了，怎么没看见姚贝娜啊？"原来，是邹文琴教授在候考的考生中没有见到姚贝娜，便向周强询问是怎么回事。

接到周强的电话，火急火燎之际，姚峰赶紧联系上了徐春雨，才知道她们出门前化妆耽误了一些时间，又由于住地与中国音乐学院相距甚远，交通特别拥挤，她俩被堵在了路上。

姚峰连忙给周强回电："对不起，对不起！周老师，她们堵在路上了。"

万一错过了面试，那将前功尽弃！

过了一会儿，周强又给姚峰打来电话："让她抓紧时间。"显然，姚贝娜已引起了中国音乐学院声歌系老师们的注意，大家都很喜欢她，认可她是一棵好苗子。

终于，姚贝娜赶到了面试考场。

最终的结果是，中国音乐学院声歌系民族声乐演唱专业当年招收15名学生，姚贝娜总成绩排名第七。

艺考家史

"姚贝娜同学，祝贺你被录取为中国音乐学院声歌系音乐表演专业，本科五年制一年级学生。"8月的一天，收到入学通知书，一家人高兴得简直就是手舞足蹈。正逢2000年，这意味着姚贝娜成了一名"千禧年大学生"。

姚贝娜在第一时间把这个好消息告诉了冯家慧。

姚贝娜能由一个通俗唱法学生向民族唱法实现华丽转变，冯家慧居功至伟。在姚贝娜眼里，"冯伯伯"的教学水平是可以封神的。那一年，包括姚贝娜在内，冯家慧有三个学生一起考进了中国音院声歌系。来自全国各地的大几千名考生聚集中国音乐学院，声歌系民族声乐演唱专业只录取15名学生，可谓优中选优，冯家慧的学生竟占了五分之一，这个录取率之高是惊人的。

考上中国音乐学院，姚贝娜有点小骄傲的还在于这一结果是在没有找任何老师培训、补课的情况下取得的，不像很多考生为了艺考，要提前请老师补习，来来回回地四处奔波，吃了不少苦头。

录取通知书显示，姚贝娜参加中国音乐学院艺考的成绩分别是：主课 90.71 分，乐理 82 分，视唱练耳 78 分，面试 95 分。

相对而言，视唱练耳考得不好，这不是姚贝娜的真实水平，原因就是主课初试、复试发挥得都不错，她思想上就放松了，没有沉下心来好好复习准备，就在参加视唱练耳考试的前一天晚上，姚峰还把她训哭了。但姚贝娜却狡黠地把责任全推到了爸爸身上："就怪你！要是那天你不骂我，我至少要考 87 分，你一骂，就成了 78 分！"

望着女儿得意的神态，姚峰、李信敏给她讲起了他俩当年考进湖北艺术学院的往事。

1972 年，黄石市群艺馆开办了一个歌曲创作培训班，姚峰作为红旗水泥厂的文艺活动骨干成为培训班的一员，同班同学中还有著名演员陈数的母亲李克立。

有一天，负责培训工作的刘运理告诉姚峰："湖北艺专来招生了，你可以去考一考啊。"在那个资讯极不发达的年代，这一句话简直不啻"春雷一声震天响"，仿佛久旱的禾苗逢甘霖，深感前途迷茫的姚峰发现前方忽然亮起了一盏指路的明灯！

兴奋无比的姚峰赶紧跑到湖北艺术专科学校招生小组下榻的招待所，见到了负责招生的梁沛新老师。

接下来，姚峰一口气参加了作曲、竹笛两个专业的考试。

让姚峰记忆深刻的是作曲考试。考题是给王民基老师写的一首词谱曲。

面对决定自己命运的时刻，姚峰表现出前所未有的紧张，但又想尽量展示自己的作曲技能，于是他写的这首歌里居然同时出现了二四拍、三四拍、四四拍、五四拍。显然，姚峰落入了所有初学者都难以避免的一个窠臼：尽可能地在谱面上表现得复杂一些，以显得自己有学问。交卷时，监考老师肖生看了一下手表，考试用时 1 小时 25 分钟，他一边收卷一边称赞道："你写得很快嘛。"但殊不知事实刚好相反，这是姚峰写得最慢的一次，只因为他的想法实在过多了。

焦急地等待了几天，姚峰终于获悉，他被音乐系作曲专业录取了。

就在姚峰得到这个好消息的第二天，情况又发生了变化。当天晚上，负责招生的三位老师在招待所附近散步时，被不远处工人文化宫传来的歌声所吸引。他们走近一看，这里正在举行一场文艺演出。于是，三位老师坐了下来。这时，他们看到，那个叫姚峰的考生登台表演了笛子独奏，接着又听见报幕员说民乐小合奏的作曲是姚峰，梁沛新想，嗯，不错，他报考的就是这两个专业嘛。但让三位老师感到惊喜的是，过了一会儿，姚峰又上台表演了男声独唱。

这一下，三位老师产生了一个新的动议：姚峰形象很好，唱得也不错，而且台风显得活泛自信，要不，干脆就让他去戏剧系学声乐吧？

第二天，梁沛新找到姚峰征求他本人的意见。梁沛新话音未落，姚峰就满口答应了。他当时只有一个念头：只要能进湖艺，只要能学音乐，学什么专业都行。

　　湖艺戏剧系72级一共招了24名学生，其中只有8个男生。进校后，得知男女生比例如此悬殊，姚峰似乎明白了当初为什么会把他从作曲专业调到声乐专业。

　　与姚峰梦想成为一名音乐家截然不同的是，那个时候李信敏对音乐知之甚少，她走进湖北艺术专科学校只是因为天生一副好嗓子，喜欢唱歌而已。

　　同年，湖艺招生组也到了宜昌制药厂。化工车间女工李信敏以一首《山丹丹开花红艳艳》引起了负责招生的肖漱芸老师的注意。一个月后，李信敏收到了录取通知书。录取通知书上载明，她被录取到湖北艺术专科学校戏剧系。

　　相信绝大多数考生收到大学录取通知书都会很高兴，但李信敏却是另外一种表情，她根本高兴不起来，甚至有点失望，因为她不会唱戏，却偏偏把她录到了"戏剧系"，这与她喜欢唱歌的初衷相去甚远。她把自己的想法告诉了母亲，母亲也很干脆："你这么大了，还去唱戏？练功可是需要从小练的呢！不想去就不去吧。"于是，李信敏很诚恳地给学校写了一封信，大意是她只喜欢唱歌，不会唱戏，现在年龄也大了，不适合学戏。因此，谢谢学校的好意，决定把录取通知书退给学校。然后她把这封信和录取通知书一并寄给了湖北艺专。

　　把录取通知书退回后，李信敏一如既往地上班、下班、排练、演出、打球，一切都显得波澜不惊。

然而，大约三个月后，李信敏又收到了湖北艺术专科学校寄来的入学通知书，这让她感到很奇怪：录取通知书不是已退回去了吗？怎么又寄来入学通知书？

"去不去上学呢？"拿着入学通知书，李信敏再次犯难了。"去！一定要去！"她的姐姐替她做了主。

李信敏不知道的是，湖北艺术专科学校在"文革"后期刚开始恢复招生，只开设了音乐系、戏剧系，戏剧系虽然冠名为"戏剧"，实际上是声乐专业。

报到后的第二天，很多同学围在教室里看张友瑜老师弹钢琴，李信敏也凑上去了，张老师弹完一曲，回头看到李信敏穿的工作服胸前印有"宜昌制药厂"，就问她："你就是李信敏吧？"李信敏一下子愣住了，这位老师怎么知道我的名字啊？后来她才知道，学校收到她退回的录取通知书后，又专门做了研究，所以，李信敏在人没到校之前，名声早已在老师中间传开了：戏剧系有个叫李信敏的考生竟然把录取通知书退回来了！

听父母谈起考学的往事，姚贝娜来了一番神点评："爸爸你是'广谱生'，三个专业随便进；妈妈你最牛，居然把学校'开除'了；我嘛，胆子也蛮粗，我是'迟到生'，让考官等考生。我们这是'异曲同工'吧？"

摄影：黄欢

有约在先学做人

　　转眼到了开学的日子，姚峰、李信敏一起送姚贝娜去中国音乐学院报到。

　　2000 年 9 月，再次走进中国音乐学院，没有了忐忑，取而代之的是兴奋，姚贝娜穿着一双球鞋走在校园的水泥路上，步子都似乎变得富有音乐节奏了，显得格外轻盈流畅，犹如一个登山者穿过叠嶂层峦，终于看到了云蒸霞蔚的天际。

　　收拾好行李、床铺，把一切都安排妥当后，傍晚时分，一家三口来到了天安门广场，虽然他们都曾多次唱过《雄伟的天安门》，可全家齐聚天安门广场还是第一次，那种轻松舒坦自然非同以往，仿佛空气都是甜的。他们很开心地拍了不少照片。

　　第二天，姚峰、李信敏要返回深圳了，中午在学校附近的小餐馆吃饭时，姚峰意味深长地对姚贝娜说了一席话："姑娘，人家都说艺术院校是个大染缸，男孩呢，如果没钱可能还是没钱；女孩呢，如果没钱可以很容易变得有钱。我觉得是这样，你呀，如果没钱了，一定是第一时间给爸爸打电话。当然，你现在已经这么大了，都上大学了，成年了，应该知道节约是什么含义，你爸妈是工薪阶层。"

"嗯，知道啦，爸爸。"姚贝娜微微一笑。

到大学报到之前，李信敏也跟姚贝娜谈过一番话。李信敏叮嘱她："俗话说'三个女人一台戏'，声歌系里女生多，容易出现这样那样的各种问题，但是不管你们当中有任何人说别人的闲话，你都不要参与这些事，哪怕你知道了也不要从你的嘴巴里传出来。"

李信敏一直不清楚女儿在读大学期间做到了没有，直到姚贝娜去世后，看到姚贝娜的大学同寝室同学、全总文工团演员张芷�写的祭文《致娜娜》，才感觉到姚贝娜做得挺好的，她的同学们都很喜欢她。

的确，姚贝娜是同学们的"开心果"。她的单纯善良、率性风趣，犹如春天里的一缕缕阳光给人以温暖舒适之感。

大学期间的姚贝娜是一个不太善于言辞的女孩子，尤其是在生人面前更是显得腼腆。当同学遇到不高兴的事时，她的安慰不是用语言，而是体现在表情和行动上。一方面，她的一双大眼睛会滴溜溜地快速转动，表达出一份惊慌和关切；另一方面，她会不动声色地递过一杯水，给一个轻轻的拥抱。

她总是善待他人，从不惹是生非，受到误解、冤枉时也不反驳、不争吵，反而是用一种自虐的方式和自己较劲，发泄内心的不满。

有一次，姚贝娜突然拿着两罐啤酒气鼓鼓地回到寝室，一边嚷着"老子气死了！"一边打开啤酒，一口气把一罐啤酒全灌进了肚子里，又从抽屉里拿出一把水果刀，在桌子上不停地划拉。同寝室的3个同学第一次看到姚贝娜这样，都被吓住了，连忙关切地问她是怎么回事，并好言相劝。可正在气头上的姚贝娜并不领情，反而瞪大眼珠表现出一脸的嫌弃。大概过了10分钟，姚贝娜自己平静下来，望着大家不好意思地笑了。她告诉3个小伙伴："我生气时，你们该干什么就干什么，不要管我，我过一会儿就好了。"从此，大家知道了姚贝娜的一个习性：心情不好时，她拒绝安慰，会采取自己的方式快速地自我疗伤。

附：《致娜娜》（节选）（作者：张芷琛）

你那么与众不同，我第一次看见爱玩滑板的女生，太可笑了！而且梳的发型不是冲天炮式的"盆栽"，就是"铁臂阿童木"，因为嘴巴长得大，我们宿舍的女孩都叫你姚大嘴，你居然欣然接受。

你在宿舍很活泼，可在外面话可少了。是啊，那时候你还稍显羞涩嘛，胆儿小，可脾气大，有时在外面受了气不敢发作……你用你自己独特的方式发泄心里的愤怒。第一次看到时，我震惊了……你轻轻淡定地告诉我，你就这样……

你为人仗义，真实，善良，爱恨分明，在女生扎堆的艺术院校里，我居然都没印象谁说过你的坏话。

你是罕见的固定音高，作曲理论系也不见得有几个。你总是能神奇地听出某个钢琴上的音是降 A 或是升 D，随便听一首 CD 里的歌，就能轻松说出那是哪个调。太牛了！

更叫我大开眼界的是，一个学声乐的学生，还会弹奏肖邦的《革命》，原来，你从四岁就开始枯燥地练琴了。我服了……

你并不是学习很刻苦的人，但是奇怪所有科目的老师都喜欢你，专业老师天天待你如亲闺女，连舞蹈形体课老师也对你青睐有加。也是，你的舞蹈表演天赋我是只有观望的份儿的……大二的时候，学校"青歌赛"选拔，你唱李玟的《我的情人》，那歌声，那表演，那电臀，不选你选谁啊！

你最可爱的地方，就是真实，总是毫不介意和我们分享自己的糗事，虽然那样会让我们笑晕过去，而且永不忘记。

娜娜总是特别 sweet，第一次被学校派去香港演出，回来不忘给宿舍每个女孩送小礼物，我记得那是一瓶小香水，礼轻情意重，我很感动。

虽然获奖无数，演出不断，经济宽裕，你的生活却简单简朴。你从不盲目跟风追求大牌，更不屑使用假名牌，你说："宁愿买大众品牌，也不会学人用假货！"

娜娜，现在想来，你的优点怎么这么多！你唱歌好，跳舞棒，音准强，钢琴还顶呱呱！你还写得一手好字，是特意为日后签名做的准备吗？

这些硬性优点不说，关键为人十分低调，从不主动张扬自己的成绩，大学那些年，你录制了多少影视歌曲，拍摄了多少MV，获过多少奖，除了我们自己宿舍，隔壁没有多少人知道的！

你为人慷慨仗义，绝不吝惜自己的社会资源，我第一次为影视配唱插曲，就是你介绍我去的，而且是和著名的作曲家捞仔合作，因此我还获得了不菲的经济报酬。

善良的娜娜，我生病的时候，也是你陪我去的医院，我没哭，你反而满脸泪水，你叫我怎么忘记？

声歌系的另类学生

　　一个有成就的学生，背后一定有很多老师在帮他（她）。姚贝娜考入中国音院后，包括金铁霖院长在内的好几位老师都想教她，最终董华成了她的专业老师。

　　对姚贝娜而言，这是一个绝好的安排。

　　在校期间，金铁霖院长、马秋华教授都十分关心姚贝娜。马秋华多次给姚贝娜上过课，金铁霖身为一院之长，工作虽然繁重，可在学校里遇见姚贝娜时，时常会主动地说："姚贝娜，来，我给你听一听。"能得到金铁霖院长的点拨，这种机会不是每个学生都有的。因此，姚贝娜非常幸运。

　　当然，最大的幸运在于姚贝娜成了董华的门生。

　　在董华的教学生涯中，姚贝娜是她带的第一批具有完整意义的两个学生之一，从一年级入学一直带到五年级毕业。

董华对姚贝娜音乐艺术之路所起的巨大作用还在于她对姚贝娜的宽容和理解。她把因材施教这一教育理念运用得炉火纯青，在具体的教学实践中给姚贝娜提供了最开放、最有效的教学环境。

董华是喝着黄河水、听着秦腔长大的。她13岁入伍，成为一名文艺战士，后来转业至陕西省交响乐团，19岁出演歌剧《兰花花》。这期间，她虽然是民歌手却也特别喜欢流行歌曲，是邓丽君的忠实歌迷，为了学邓丽君的歌，曾反反复复地听邓丽君的磁带，竟把磁带都听断了。后来考入中国音乐学院声歌系，师从著名声乐教育家金铁霖。在校5年，她的专业成绩始终保持全系第一，先后拿了二十多个奖。毕业后进入东方歌舞团，再后来考取中国音乐学院研究生班，毕业后留校任教。

丰富的从艺经历让董华具备了全面的演唱技能，也让她更了解基层，知道用人单位需要什么样的人才，听众欢迎什么样的歌手。因此，当她从一名歌唱演员转型为声乐教师时，她在教学上就特别鼓励学生兼收并蓄，突出自身特长，形成演唱特色，避免千人一嗓。

当董华第一次给姚贝娜上课时，率真的姚贝娜就很直白地告诉她："老师，我不喜欢民族唱法，我就想当一名流行歌手。"听到这话，董华先是一愣，又马上释然了。她带着一丝笑意明确地说："只要你喜欢，你就去做。"

听老师这样说，姚贝娜也开心地笑了。

董华告诉姚贝娜，不同的唱法之间并不存在鸿沟。一个歌唱演员如果解决了演唱的基本问题，无论什么作品就都能唱，而不会拘泥于唱法。因为，在具体的演唱中，是作品决定了歌唱者需要使用什么声音，而不是声音决定作品，否则只能说明歌唱者的适应性很弱、局限性很强。

董华的这番高论，令姚贝娜有醍醐灌顶之感，也庆幸自己在自己喜欢的学校遇见了一位喜欢的老师。

人们常用"三分长相，七分打扮"来描述一个人漂亮与否，在董华看来，一个歌唱演员是否优秀，却是"七分长相，三分打扮"，天生的嗓音条件是决定一个人能否成为一名优秀的歌唱演

员的最重要条件，而教师能做的就是通过有效的教学，帮学生完成"三分打扮"。

在众多的学生中，能碰上一个嗓音条件、音乐感觉都特别出众，具有"七分长相"的苗子也不是一件很容易的事。因此，董华十分看好姚贝娜，在她眼里，姚贝娜与迈克尔·杰克逊、莎拉·布莱曼、帕瓦罗蒂、邓丽君是同一个量级的天才型歌手。

客观地说，读大学一年级时，与其他同学相比，姚贝娜的专业成绩并不起眼，她演唱的歌曲大多是一些基础曲目。但是，这恰恰成了她的一个优势，为她积聚了足够的后劲。因为就读于武汉音乐学院附中时，冯家慧没有盲目地给她上难度，而是着力于在基本功上精雕细凿，确保她音色干净、技巧纯正。这就好比烧制瓷器，冯家慧把一个优质的磁坯交给了董华，董华再进行施釉、煅烧。

在中国音乐学院，姚贝娜的演唱技能得到了充分的训练和开发，她的进步是呈加速度的。到大二时，她的同学们看到了她的明显变化，并很快形成了一个共识："别的同学不好说，但姚贝娜将来一定是一个明星。"到大五时，她的演唱与进校时相比已判若两人，如果说进校时她给人的印象是"唱歌"的话，那么，毕业时她已迈入了"歌唱"的境界，尤其是演唱西北民歌，再高的音，可以张口就来，而且唱得声情并茂。这对她演唱流行歌曲有如神助，能够很自如地飙高音。因为，西北民歌更偏向于原生态，其音域很宽，高音特别高，真声多，而流行唱法也恰恰是强调真声。

所以，后来音乐圈和歌迷们都认可姚贝娜的唱功，她既能丝丝入扣地演唱诸如《红颜劫》这类情感细腻的抒情歌曲，又能游刃有余地演唱诸如《也许明天》这类情绪激越的动感歌曲。

　　姚贝娜在同学们的眼里属于声歌系的"另类"，除了她率真阳光的性格，还因为在专业上她给大家留下了"学用相悖"的印象。她学的是民族唱法，但在校期间她参加演出、录音、比赛，绝大多数时候却是以流行歌手的身份出现的。在寝室里，她的录音机整天播放的都是流行歌曲，而且往往是一整天循环播放同一首歌曲，结果，不仅她自己唱会了，同寝室的三个同学也跟着听会了。这种学与用的反差，在全国所有的声乐专业的学生中十分罕见。当然，这离不开董华的首肯和支持，否则，姚贝娜将寸步难行。可以这样说，是董华与姚贝娜这一对师徒共同创造了一段传奇。

　　在姚贝娜眼里，董华是老师，也是姐姐，有时候还扮演了一个母亲的角色，两人建立了深厚的感情，她俩边教边学边唱边吃边玩地度过了五年愉快的时光。

　　当时，董华也没成家，姚贝娜进校后就经常住在董华的宿舍里。师徒二人整天泡在一起，一有时间董华就给她上课，上完课就开着一辆富康车带着她出去吃饭，只要听说北京哪有好吃的，两个"吃货"必然不请自到。

　　大快朵颐之后，姚贝娜还总不忘自我夸奖："老师，你看，我身材好吧？我吃不胖呢！"

　　的确，姚贝娜从小就特别能吃，而且不挑食。见她的食量挺大，武汉音乐学院舞蹈教师周翔还曾善意地提醒李信敏："对贝娜的饮食要适当控制一下。"但幸运的是，好吃的姚贝娜没有长胖。

姚贝娜具有超乎寻常的音乐悟性。在食堂吃饭时，姚贝娜常常表演自己的一项"绝活"，她用勺子把碗或玻璃杯轻轻地敲一下，就能立刻准确地说出这是一个什么音，这种"固定耳朵"引得大家啧啧称奇。

董华还惊叹于姚贝娜极强的音乐感悟力，称她为"百里挑一"。每次给她上课都显得很轻松，一点就通，而且，课堂上总是洋溢着欢歌笑语的气氛。

姚贝娜的肠胃不是太好，很容易打嗝。这个毛病却成了她搞怪的素材，常常出其不意地弄出一些冷幽默。正在上专业课时，唱着唱着，她突然停下了："老师，不好意思，我打个嗝……"于是，安静的教室里响起了她的打嗝声，引得大家哄堂大笑。

姚贝娜是个"玻璃人"，永远把喜怒哀乐写在脸上。

新生军训期间，作为班主任的董华也与学生一起住进了军训基地。

有一天，她发现姚贝娜噘着嘴，瞪着眼，气呼呼地坐在石凳上生闷气。董华连忙问她："宝贝，怎么了，谁惹你了？"

姚贝娜双眼一瞪："就他！班长，笑话我是女生，不让我玩篮球。凭什么啊！"

"好，我找他算账去！"董华一边说一边转身。

不料，姚贝娜一把拽住董华："老师，算了算了，没事没事……"

舞台是最好的课堂，只要有机会，董华就会带着姚贝娜去演出。

　　有一次，董华带着她一起到外地演出，晚上睡觉时，董华居然被姚贝娜的鼾声吵醒了。看着她熟睡的样子，董华不忍心叫醒她，但自己又被吵得睡不着，便只好坐在床边看着她，直到天亮。

　　姚贝娜早上醒来，见董华坐在床边，不明就里的她问道："老师，你怎么这么早就起床了？"看着这个单纯得像一张白纸的女孩，董华无可奈何地说："姚大小姐，你以为我愿意这么早起床啊？"

　　回到北京，董华特地带姚贝娜去看了医生，检查发现她的扁

桃体特别大，后来又与姚峰一起，陪她做了扁桃体摘除手术。

当然，大学5年，姚贝娜也没少挨董华的批评，睡懒觉、迟到、丢三落四……一大堆小毛病，屡教不改。

虽然姚峰在声乐教学方面颇有口碑，培养了一大批知名歌手和歌唱家，李信敏曾是独唱演员，又在深圳艺校当声乐老师，但与在武汉音乐学院附中时一样，姚贝娜大学5年，对她的专业他们基本上没操心，当了"甩手掌柜"，而且姚贝娜生活上的很多问题实际上也由董华分担了。

经过长达5年的专业学习与实践，姚贝娜犹如一只雏燕，在音乐艺术的天空自由地扇动着翅膀，越飞越高。她的专业成绩从进校时的排名第七，攀升到毕业时的排名第三，对民族唱法的精髓有了充分的理解和掌握，也为以后的多种形式的艺术实践练就了扎实的基本功，进而有了"百变歌手"之美誉。

比如，《红军阿哥你慢慢走》是流传于江西革命老区的一首民歌、红歌。很多歌唱家都唱过，但姚贝娜与孙维良合作，在为电视剧《井冈山》配唱这首歌时，把这首经典民歌变成了一首民通歌曲，显得别有风味。

尤其令人称道的是，姚贝娜充分发挥了自己民族唱法的功底，除了对这首歌曲的整体风格拿捏得十分到位，还特别注重音乐细节的把握，对一些关键字的处理显得别出心裁，比如，其中有一段歌词是这样的："红军阿哥你慢慢走勒，小心路上有石头，碰到阿哥的脚指头，疼在老妹的心里头。"对这个"碰"字，姚贝娜以极强的叙事性，唱得似有非有，细腻之极，一下子烘托出了一个信念坚定却又饱含柔情、依依不舍的老区细妹子形象，令人闻之动容，难以自持。

同样是家喻户晓的经典民歌，姚贝娜对《山歌好比春江水》的艺术处理却是别有洞天。

她充分发挥了她音域宽广、音色高亢的特点，对这首流传甚广的民歌作了颠覆性的通俗化演绎，既挖掘了山歌的灵性，又增添了浓郁的现代感，整个演唱很放肆、很嚣张，还带有一丝性感。

姚贝娜对这首歌最完美的演唱版本，当属在央视 2011 元旦特别节目《我们的生活充满阳光》上的表演，堪称惊艳。面对中国文艺界近千名德高望重的前辈、风头正劲的同辈，她身穿一袭大红色裙子，俏皮地站在圆形小舞台上，面前银色的立麦既是扩音器，又成了她手中的道具，一开口就是无敌脆，狂野奔放，热情似火的气息扑面而来，尤其是转调之后音调如此之高，音色如此之美，令听者激动不已，仿佛有一种欲飞欲仙之感。

"好啊，我们深圳的小姑娘……"

2002 年深圳市主办广东省第十一届运动会，主管这项工作的时任常委、副市长的王顺生交给时任深圳文化局艺术处处长姚峰一个任务：负责开幕式上会歌的创作演唱的组织协调工作。

王顺生曾先后成功地策划组织创作了《走进新时代》《迎风飘扬的旗》等在全国产生巨大影响的歌曲。显然，尽管他自己不会唱歌，但他是一位深谙歌曲这种艺术形式所蕴含的无穷力量的领导，因此，他对省运会的会歌创作格外重视，还特地邀请总政歌舞团著名作曲家印青担任开幕式的音乐总监和作曲。

姚峰把征集来的四首会歌歌词转交给了印青，印青从中选定了《广东步步高》。随后，王顺生指定姚峰去北京了解一下印青的创作进展。

从北京回来，姚峰如实向王顺生做了汇报：会歌已经写好了，开幕式的音乐也全都写好了。

王顺生关切地问："会歌由谁来唱？"姚峰告诉他，印青推荐了一位全国著名的歌唱家。

王顺生对此并不满意，又问："我们深圳或广州有没有能唱的？"

姚峰想了想，便推荐了深圳、广州的两位歌唱家。

王顺生仍不满意："有没有年轻一点的呢？"

姚峰又想了想，说："有一个年轻人可以唱。是我女儿，姚贝娜。"

"你女儿？你女儿多大了？"

"读大二了，在中国音乐学院。"

听到这话，王顺生大为吃惊，对在座的一位市政府副秘书长说："啊，姚峰的女儿都上大学了？好，你记住，这事就这样决定了，姚峰是很谨慎的人，他敢说他的女儿行，就一定行。"

王顺生既没见过姚贝娜本人，也没听姚贝娜唱过，真的就这样定了？姚峰带着一丝疑惑离开了王顺生的办公室。

两天后，正在考核深圳音协合唱团新团员的姚峰突然接到了王顺生的电话。

"姚峰，你说的那个中国音乐学院的歌手啊，现在能不能来一下？"

"啊？您在哪里？"

"我在北京啊，和印青在一起。"

王顺生在电话里特地让姚峰叮嘱姚贝娜，见到他们时，只说自己是中国音乐学院的深圳籍学生，不要暴露"姚峰的女儿"这一身份。

于是，姚峰赶紧联系上了姚贝娜。

放下电话，姚峰心里七上八下："我推荐了自己的女儿，领导亲自去考察，她到底行还是不行呢？"

过了大半天，姚峰又接到了王顺生打来的电话："刚才我们听了你女儿的演唱，可以的啊！"这样，由姚贝娜演唱省运会主题歌的事才最终敲定了。

随后就是录音，一切顺顺当当。

12月3日，广东省第十一届运动会开幕。当天，姚贝娜盛装亮相。她和著名歌唱家戴玉强乘着一辆敞篷车缓缓驶进深圳体育场，三万多名现场观众报以热烈的掌声和喝彩声。姚贝娜的表现非常抢眼，深圳市的主要领导也非常高兴，开幕式结束后，特地把姚贝娜叫到身边："好啊，我们深圳的小姑娘……"

借助广东省第十一届运动会这个平台，借助深圳卫视和广东卫视的现场直播，姚贝娜的形象和歌声首次传送到了广东省的千家万户。《广东步步高》也是目前能找到的姚贝娜在上大学期间录制的唯一一首完整的MV。

第4章 《金沙》声浪高

年轻就是舞台
打破常规就会被崇拜
要作亮眼的油彩
不最精彩不痛快
——《Beautiful light》

得益于捞仔的推荐，三宝的赏识，一个尚未毕业的大学生，能担纲音乐剧《金沙》女一号Ａ角，姚贝娜的运气好得没法说。

除了运气，还凭实力。初次见面，三宝不动声色地给她挖了一个"坑"。

《金沙》是姚贝娜的第一部大戏，音乐圈从此知道有一个女歌手叫姚贝娜。

《金沙》还是姚贝娜的一块"金"砖，她趁势敲开了海政文工团的大门。

最早的"贝壳"

在中国音乐学院学习期间，姚贝娜参加各种演出、比赛、录音，获得了大量的艺术实践机会，更重要的是开始积累了大量的人脉资源，结识了音乐界的许多名家大腕，这为她以后的音乐艺术之路创造了很好的条件。

其中最为重要的是，姚贝娜结识了著名音乐人捞仔。

捞仔早年有"华南第一吉他手"之美誉，曾为陈明、孙悦等一线歌手编曲和制作音乐，后来从广东北上，属于音乐圈里举足轻重的大咖。他惜才爱才，热心提携后辈，是很多年轻歌手的"伯乐"。

2003年8月，为参加文化部举办的全国声乐新人新歌比赛，姚峰的弟子、湖北卫视的音乐编导祁迹与词作家陈道斌合作创作了一首新歌《香格里拉》。他特地赶到北京，约请捞仔配器，姚贝娜录唱。

捞仔在录音棚把制作好的音乐一轨一轨地全部导入 Pro Tools，这是当时最先进的数字录音设备。

每一个音乐人都是很有性格的，捞仔也不例外。虽然他很愿意提携后辈，但一般的歌手又很难入他的法眼，也许是这个原因，他养成了一个很拽的习惯，一般不会去听歌手录音。但那天兴许是有点空闲时间或者是心情不错，在完成了自己的工作后，捞仔一反常态地在录音台前坐了下来。

"师兄，我来了！"背着双肩包的姚贝娜出现在录音棚。她一边和大家打招呼，一边取下耳机。

短暂交流之后，姚贝娜走进录音间，戴上耳麦，向录音师点了点头。"……天上的孤本画卷，遗落在彩云之南，你从画中悄悄出走，隐身山水之间隐千年……"姚贝娜歌声响起，捞仔和录音师立刻被这个声音吸引住了，两人不由得睁大了眼睛，对视了一眼，流露出赞许的神色。

"这女孩谁啊？唱得不错啊！"捞仔小声地问祁迹。

"姚贝娜，中国音乐学院声歌系的学生，我老师的女儿。"祁迹的回答明显带着一丝得意。

"这是我到北京之后听到的最好的歌和最好的演唱！"捞仔毫不掩饰自己的好感。

等姚贝娜录完之后，捞仔主动和她聊了一会儿。得知眼前这人就是大名鼎鼎的捞仔，姚贝娜也非常高兴，她更高兴的是初次见面，捞仔能这般欣赏自己的演唱。道别时，捞仔特地留下了她的联系方式。也许，从这时起，捞仔就认可了姚贝娜的实力。

也就是在这次见面不久，捞仔为电视剧《浪漫的事》作曲，其中有一首无字歌，捞仔马上想到了姚贝娜，便交给她录音。这是一首时长近三分钟的插曲，全曲只有一个"啊"字，姚贝娜以其明亮的声线、平稳的气息加上情感的变化，把这首插曲哼唱得扣人心弦。

《浪漫的事》在各地卫视播出之后，姚贝娜引起了很多导演的注意，从此一发而不可收，先后为《家有九凤》《大浴女》《铁梨花》《建党伟业》《打狗棍》等数十部影视剧用哼唱的方式录制了背景音乐，她也因此有了一个"哼唱娜"的别称。

大约又过了半年，捞仔为电视剧《风筝奇缘》作曲，在创作片头曲《风筝颂》时，他的脑海里很自然地出现了姚贝娜的声音，也就写得飞快，近乎是为她量身定做。拿到谱子，姚贝娜只试唱了一遍，捞仔便很满意地说："挺好！就是这种感觉。"

从此之后，捞仔把自己创作的很多歌曲都交给姚贝娜来演唱。其中，可以称之为姚贝娜代表作之一的《冈拉梅朵》就出自捞仔之手。

《冈拉梅朵》是同名电影的主题曲，这部电影讲述的是三位藏族、汉族歌手之间的爱情故事，虽然这部电影拍摄耗时三年，经历了换角、车祸等意外事件，但由姚贝娜与有"高原歌王"之称的亚东合作演唱的主题曲却好听极了。姚贝娜的明亮空灵与亚东的粗犷豪迈在这首歌里相得益彰，很好地描绘了雪域高原的安详神秘、宁静质朴，为影片增添了不少光彩，并获得了 2006 年

CCTV 年度最佳 MTV 奖。

与姚贝娜接触多了，见多识广的捞仔认定，姚贝娜是华语歌坛非常难得的歌手，她的音色、乐感十分少见，她具备的先天条件、艺术修养，从小接受的音乐教育令其他歌手望尘莫及。在他看来，流行歌手十年一个周期，80 后歌手当中出现了很多偶像派歌手，但缺少实力派歌手，而姚贝娜具备这种绝对实力，是其中的佼佼者。

捞仔丝毫不隐藏他对姚贝娜的欣赏和偏爱，他希望也相信姚贝娜能够取得成功，这种渴望甚至有时显得比姚贝娜本人还急迫。他曾很期待却又很无奈地告诉姚贝娜："你需要一个机会，但机会什么时候来，谁都不知道。"

然而，机会是可以创造的。于是，捞仔有意识地带着姚贝娜频繁出现在北京音乐圈里，把她推荐给了很多知名的音乐人。

2004 年的一天，几位好友在刘欢家里聚会，捞仔特地叫上了姚贝娜，宾主一起听了姚贝娜演唱的小样。沉稳的刘欢不动声色，微笑着听完了，虽然他记住了中国音乐学院声歌系有一个会唱流行歌曲的女学生，却没作任何评价。几个大老爷们喝酒，姚贝娜喝茶，大家东一句西一句地聊着，这让坐在一旁的姚贝娜备感局促。离开刘欢家后，姚贝娜忍不住问捞仔："师傅，我是不是唱得不行啊？刘欢老师没说话呢。"对此，捞仔笑着安慰她："没事的，他就是这种性格。你要对自己有信心。"

的确，捞仔对姚贝娜始终是充满信心的，他曾多次公开表示："无论怎样夸奖姚贝儿都不过分，她就是最好的！"在百度贴吧上，姚贝娜刚刚有一点名气时，曾有网友质疑姚贝娜的演唱实

力，捞仔二话不说，直接与人打赌："如果你能找到第二个像姚贝娜这样的歌手，我跪！"

所以，姚贝娜尊称捞仔为"师傅"，捞仔自称是最早的"贝壳"。

作为"师傅"，捞仔不仅不遗余力地向他熟悉的音乐同行推荐姚贝娜，为她创造了很多艺术实践的机会，而且从音乐理念上给了她很多具体的指导。

捞仔对姚贝娜说得最多的是关于她的定位。他认为姚贝娜是流行歌坛的"首席女高音"。

有一次，姚贝娜应邀参加了一场演出，但唱的是一首很一般的歌曲。当她兴冲冲地告诉捞仔这次演出她很受欢迎时，捞仔却给她泼了一瓢冷水："你不是偶像派歌手，不要什么都唱，尤其是唱那些莫名其妙的东西！"

看着姚贝娜似信非信的神色，捞仔又给她细细地作了一番分析。在捞仔看来，流行音乐的包容性很强，是歌手音色与扩音艺术的融合。演唱纯流行风格的作品，并没有真正发挥出姚贝娜的全部潜能，"你要做的是扩大流行音乐的外延，把自己的优势融会贯通，彰显出唯一性和不可替代性。"他直截了当地提醒姚贝娜："就好比一个人一样，你是高个子，就不要矮化自己，要演唱一些高于纯流行音乐的作品。"

再后来，姚贝娜成名后，曾经有一些国外的唱片公司找到她谈合作，这让姚贝娜既兴奋难捺又犹豫不决。于是，她又找到了师父。了解了事情的来龙去脉，捞仔毫不隐瞒自己的观点："不切实际！"他坚决地阻止了她的冲动。

捞仔告诫姚贝娜，不同于歌剧演员有一个世界公认的标准，流行歌手和时尚文化、本土文化有着十分紧密的联系。任何一个国际化流行歌手，必须立足于本土，唱英文歌曲不可能在华人中火起来。他还举例，邓丽君最火的时候是在中国，而不是日本。大陆有一位女歌手当年已经很火了，却放弃了上升势头转而去了台湾，一下子变得籍籍无名，白白地荒废了宝贵的十年时间，直到重返大陆歌坛才再次火起来。

捞仔的肺腑之言，让姚贝娜茅塞顿开，她笑嘻嘻地说："谢谢，我明白了！"

三宝"挖坑"选角

2004年，成都市文化局、成都市广播电视局、成都日报报业集团等单位共同投资打造一台音乐剧《金沙》，著名音乐人三宝应邀担任总导演、作曲和制作人。

这部音乐剧取材于举世瞩目的"三星堆文明遗址"，讲述了川蜀大地上一个穿越3000年的爱情故事。3000年前，一对情侣"金"和"沙"在金沙王国无忧无虑地生活着，然而，一场突如其来的战争打破了金沙王国的宁静，他们从此天各一方。3000年后，考古学家"沙"在金沙王国遗址发现了太阳神鸟金箔的残片，又找到了"金"。随着时空的穿越，"金"和"沙"经历了人生的生离死别，留下了一段凄美的旷古绝恋。

《金沙》堪称大制作，1600万元的投资，确保了剧组创作班底的高水准，在编剧、导演、演员、服装、化妆、道具各方面都集中了一批优秀人才，也让全剧充满了艺术想象力。

为挑选女一号太阳神鸟"金"的扮演者，三宝约见了很多歌手，其中包括以演音乐剧而闻名世界的日本四季剧团的演员，还有来自音乐剧最为流行的英国的歌手，但是，他都不太满意。

有一天，三宝到捞仔家串门。

两人一块喝酒时，三宝谈起了选角的焦虑和困惑："现在这些年轻的女歌手怎么都不行呢？"

听到这话，捞仔呵呵一笑："你肯定是没找到好歌手吧？"

三宝听出了捞仔的话外之音，连忙问他："看来你手上有好歌手哦？"

捞仔起身打开音响，播放了姚贝娜录制的电视剧《大浴女》主题曲《原谅》的小样。三宝眼前一亮，听完之后马上说："这是谁啊？你把她叫过来吧。"

于是，捞仔很郑重地向三宝推荐了姚贝娜，末了，他特地强调说，姚贝娜的演唱功底很扎实，是难得的"固定耳朵"。

第二天，捞仔如约把姚贝娜带到了三宝的录音棚。

三宝与姚贝娜的首次见面颇有点"高手过招"的意味。

见到赫赫有名的三宝，姚贝娜很客气地打了招呼，两人并没有多说话，三宝像对待所有前来面试的演员一样，把《金沙》中的一首歌的谱子交给了姚贝娜。

"你先准备一下吧。给你30分钟时间，我再听你唱。可以吧？"

"好的。"姚贝娜接过谱子，乖乖地退到了一边。但只过了七八分钟，她就返回来了。

"怎么了？有什么问题吗？"三宝奇怪地问。

"没问题啊，准备好了，我唱给您听吧。"

"哦？好了？那就唱吧。"

三宝在电子合成器上弹起了前奏，姚贝娜一气呵成，完整地演唱了这首歌。

一边伴奏，一边听姚贝娜的演唱，三宝大喜过望。

姚贝娜唱完之后，三人在一块聊天，三宝的话也明显多了起来。在收拾乐谱时，三宝不动声色地在电子合成器上用钢琴音色碰响了一个琴键。又过了一会儿，他突然问姚贝娜："哎，我刚才碰到的那个音是什么音？""啊？刚才碰到的音？"姚贝娜一愣，但她马上给出了答案："哦，是 a！"姚贝娜准确地报出了三宝碰出的那个音的音名。

这一下，三宝在心里拿定了主意:《金沙》的女一号 A 角就是这个小姑娘了！

目睹了这一幕，捞仔觉得太有趣了，他对三宝说："嘿，我的话你居然不信？"

三宝为什么要这样挖个"坑"，考一下姚贝娜呢？

虽然捞仔说过姚贝娜是难得的"固定耳朵"，但以三宝的个性，他对这一说法是存疑的。钢琴手称得上是"固定耳朵"，小提琴手、大提琴手有"固定耳朵"，但搞声乐的是"固定耳朵"，他没见过，何况面前的这个小姑娘还只是中国音乐学院声歌系的一名在校学生。

因此，当姚贝娜准确地说出那个音的音名时，三宝就彻底地认可了姚贝娜。后来，他曾告诉《金沙》的制作人杨羚："这个女孩一唱，我就知道这是我心目中想要的声音。"

姚贝娜十分珍惜这次难得的机会。正好进入毕业季，面临找工作，姚贝娜便向学院办理了请假手续，来到成都参加《金沙》的排练，由此也结识了男主角"沙"的扮演者、著名歌星沙宝亮。

排练非常辛苦，但姚贝娜始终保持着旺盛的创作劲头。让三宝感动的是，这个漂亮的女孩子对自己要求极高，每次排练结束，姚贝娜都不会马上离开，而是主动找到他："导演，您看有什么需要改进的？"

演出前偷偷地哭了

在北京正式公演之前,《金沙》剧组决定先在成都做两场非正式的推介演出。

这一刻终于到来了!排演持续了两个多月,姚贝娜早已铆足了劲,只待一展歌喉。然而,就是在推介演出的前两天,执行导演突然宣布,首场演出的女主角由谭维维出演,姚贝娜演第二场。乍一听到这个决定,姚贝娜以为自己的耳朵出了问题:"怎么会这样呢?"

谭维维加盟《金沙》剧组也是捞仔引荐的。在确定了姚贝娜出演 A 角之后,考虑到《金沙》最终是要在位于成都的"三星堆文明遗址公园"长期驻场演出,三宝便向捞仔提出让他再推荐一位人在成都的女歌手,打造一个 B 角,于是捞仔很自然地想到了刚从四川音乐学院声乐系毕业的谭维维。当谭维维进到剧组时,姚贝娜已经和大家排练了一个多月。

深感委屈的姚贝娜独自一人躲在剧场后台伤心地哭了。毕竟她是一个还没有毕业的学生，不知内情、不谙世事的她很担心：这样安排是不是暗示自己不是 A 角了？

哭完了，姚贝娜拨通了远在深圳的李信敏的手机："妈，我刚才哭了一场……"

得知女儿的担心，李信敏便安慰姚贝娜："没有关系的。一部新剧上演，肯定需要扩大影响，你还是个学生，大家对你不熟悉，虽然谭维维也只比你早毕业一年，但这一年里她已有些名气了，加上她又是四川本地人，方方面面都更有优势，导演让她演第一场就很正常啊。你做好自己的事，认真准备就行了，后面多的是演出机会呢。"

"好的，妈，我知道了。"挂掉手机，姚贝娜又恢复了常态。转过身，像什么事都没有发生一样，她主动找到谭维维："我们今天中午去吃火锅吧。"

其实，三宝是很看好姚贝娜的，他眼光也很准，让姚贝娜、谭维维分别担任"金"的 A、B 角，是一个非常正确的选择。

第一场是媒体专场，谭维维出演"金"，演出结束，各家媒体对这位"本土金"褒奖有加。第二场是观摩演出，换姚贝娜出演，很多观众是来自全国各地演出公司的经理们。"北京金"的临场表现让这些阅历丰富的艺术行家们清晰地触摸到了《金沙》的市场前景。

姚峰、李信敏特地从深圳赶到成都观看了姚贝娜的演出。坐在观众席上，作为母亲，李信敏感到很自豪；作为歌唱家出身的声乐教师，李信敏又感到很惊讶，女儿怎么就唱得那么好呢？

在此之前李信敏虽然知道姚贝娜喜欢唱流行歌曲，但却很少在现场听她完整地唱，尤其是像这样大段大段地集中演唱。高兴之余，李信敏也注意到一个表演细节，姚贝娜演唱到高潮部分时，在台上的肢体语言不丰富。

演出结束后的第二天下午，在下榻的宾馆母女俩聊开了。

李信敏毫不掩饰自己的赞美："姑娘，你怎么唱得这么好啊！"

"是吧？嘿嘿……"姚贝娜也笑了。

凭着丰富的舞台经验，李信敏指出了姚贝娜存在的不足："从演唱上看，无论技术还是情感都没有问题，但视觉上给人的感受是情绪显得不够饱满。为什么在演唱到最有激情的时候，你还是那样一动不动地站着呢？这个时候一定要通过一些肢体语言来衬托人物的情感。"

姚贝娜觉得母亲说得对，她为难地回答："现场导演要求我这样保持不动的状态呢。"李信敏仍坚持自己的看法：尽管是导演要求的，但你怎么着也得根据当时的演唱情绪有一点点形体变化，尤其是到该张扬的时候，随着旋律的变化，双手稍微有一点点动作，头稍微抬一下，或者双脚稍微移动一下，这种即兴表演能形成情绪共鸣，带给观众更多的舞台满足感。"你想想看，你唱到很激动的时候，双臂仍然下垂一动不动，那个样子是不是有点傻啊？"

听母亲这样一分析，姚贝娜若有所思地点点头，又冒出了她的口头禅："好的，妈，我知道了。"

2005 年 4 月 8 日晚，《金沙》剧组移师北京，在保利剧院首次公演。

坐在化妆间里，化妆师仔细地给姚贝娜上妆。姚贝娜努力控制着自己的心情，与其说是紧张，不如说是兴奋，音乐剧、女主角、首演、保利剧院……这些关键词来来回回地在她脑海里打转，就像浮在水面上的葫芦，按下一个，另一个却又冒了出来。她曾经无数次想象过在全国一流的舞台上唱歌的情景，现在这个梦想就要实现了，那一刻，她突然有一丝恍惚眩晕之感。

"好了，真漂亮！"化妆师给她化好了妆，一边说一边站起身。姚贝娜一个激灵，思绪一下子收了回来，看着化妆镜里的自己，她在心里悄悄地嘀咕了一句："真没出息！现在没有姚贝娜，只有太阳神鸟'金'。"

当天的首演成了首都文艺界名流的大聚会，观众席上高朋满座，著名作曲家、总政歌剧团团长王祖皆和她的夫人、著名作曲家张卓娅，著名作曲家姚明、戚建波，著名节目主持人敬一丹、音乐剧科班出身的著名影视演员孙红雷等悉数到场。

捞仔也来了，他和刘欢坐在一起，并特地提醒刘欢："这个女主角就是在你家里见过的那个歌手。"

海政文工团的领导也观看了首演，马秋华特地请他们注意姚贝娜的表演。

姚峰特地买了四张票，邀请中央歌舞团副团长陈维亚、著名

作曲家王佑贵等人观看首演。当时姚贝娜面临大学毕业找工作，姚峰希望通过这台戏让他们了解姚贝娜。

铃响三遍，剧场的灯光暗了下来。深沉浑然的音乐声中，大幕渐启，斑驳的灯光与浮动的干冰营造出天地混沌、氤氲弥漫的场景，一下子把观众带回到了3000年前的古蜀大地。

头戴羽翼凤冠、身着一对带有斑斓翅膀的羽衣，姚贝娜化身美丽的太阳神鸟"金"出现在舞台上。她与汪珂屹扮演的鱼的化身"小鱼"不期而遇，两个分别象征着天上、水中的精灵，以女声二重唱的形式唱起《飞鸟和鱼》，舒缓深情的歌声，表达着对生命的依恋："本来我在天上，本来我在水里，并无心看见你，天上飘着细雨，水中荡起涟漪也不是因为你，突如其来的相遇，在无尽岁月里，让我停下来爱你……"

在长达两小时的演出中，包括

独唱、重唱在内，姚贝娜一共演唱了 14 首歌曲。当天晚上，她的临场发挥无可挑剔，每一首都做到了收放自如，该轻的轻，该重的重，刚柔相济，把人物刻画得非常细腻。

这其中，最能体现她的表演水平的是《当时》。

随着剧情展开，考古专家"沙"穿越回到了 3000 年前的金沙王国，与"金"重逢，那一瞬间，沉睡的记忆被重新唤醒了，然而情浓之时，他们又再次穿越回到了古战场，金戈铁马、风沙呼啸之中，"沙"再次错失了记忆，华贵温情的"金"通过《当时》这一唱段表达了对爱情的憧憬与回味。

《当时》是一首难度较大的歌曲，唱段的前半部分是 b 小调，使用了大量的切分音，而且音域呈现从低到高的变化，以表现"金"在对"沙"的回忆的过程中内心情感的变化。随后，唱段在后半部分转为降 A 大调，此时，随着"金"的主旋律再次响起，"金"的情绪呈现出排山倒海般的宣泄，那是对爱情的向往，对爱人的思念。姚贝娜很好地驾驭了这一情感爆发点，她的演唱把音乐性与戏剧性准确地融为一体，给人以酣畅淋漓之感。

坐在观众席上，听完这一段，董华的眼眶竟变得湿润了……

演出结束，一边鼓掌一边看着舞台上的女儿与演员们一起谢幕，李信敏极度舒适。她注意到，与在成都的演出相比，姚贝娜又有了很多的进步，无论是演唱还是表演都更加自如，对人物的刻画显得更加丰满，表现出很强的舞台掌控力。

《金沙》在北京的公演轰动一时，成为当年的一个"现象级"文艺事件，原定的 3 场演出之后，又不得不加演了一场。

虽然从排练到公演一共花了三个多月的时间，姚贝娜加在一起总共只演了 3 场，但这种付出无疑是值得的。因为，这是一次非同一般的艺术体验，不仅获得了一次绝好的毕业实习机会，更重要的是她作为《金沙》的第一代女主角得以脱颖而出，首次进入公众视野，极大地提升了她在音乐圈的知名度。

也正因为如此，姚贝娜曾多次动情地说过，成都是她的音乐梦开始的地方，《金沙》增强了她实现音乐梦想的信心。

"金"砖叩开海政大门

对大学毕业后的工作去向，姚峰、李信敏还有姚贝娜本人都特别希望能留在北京，北京是中国文艺的中心，在这里最有可能让艺术才华得到更好地展现。而他们还有一个想法，在北京最好的去处是部队文工团。

在姚贝娜忙于《金沙》排练的同时，姚峰也开始动用各种资源为女儿寻找一个合适的工作岗位。他首先找到著名作曲家、空政文工团创作室主任，被他尊称为"家门大哥"的姚明。姚明并没见过姚贝娜，听了姚峰的介绍，觉得还不错，就很爽快地答应向空政文工团领导推荐。

但是，当年遇到一个政策性难题，赶上大裁军，除非是解放军艺术学院的毕业生，部队文艺团体对地方院校的艺术生一概不招，空政文工团也不例外，没有招兵指标。

这个时候，古道热肠的马秋华出面了，她很喜欢也很看好姚贝娜，主动给姚峰打电话过问姚贝娜的毕业去向。随后，她向海政文工团的领导推荐了姚贝娜，海政方面表示有兴趣，答应让姚贝娜去试一下。

姚贝娜学的是民族唱法，她唱西北民歌都不用练声，可以做到张口就来，声情并茂。可是，她唱带有民族风格的创作歌曲，声音还有点晃。姚峰有一点担心，如果姚贝娜去海政考民歌演员，是存在很大的不确定性的。

然而，运气就是这样好，马秋华向海政文工团郑重推荐了姚贝娜之后，赶上《金沙》首演，海政的领导看了演出，当即决定让姚贝娜以通俗歌手的身份加入海政。

正在办理去海政的手续时，姚峰接到了姚明的电话，空政领导看了《金沙》后改主意了，同意姚贝娜加入空政文工团，也不用考试。

听了这话，姚峰只好实言相告："大哥，谢谢您，谢谢您！海政已同意要她，我们也答应海政了，正在办理入伍手续……"

事后，有朋友埋怨姚峰说他们真傻，这是可以两边讲条件，争取更好的待遇的机会。可姚峰、李信敏包括姚贝娜根本没往那方面想，在他们看来，能进入顶尖级文艺团体就很好了，没必要挑三拣四，何况也不能让人家说他们脚踩两只船啊！

女儿能进入海政文工团，姚爸姚妈是很高兴的，因为，他们都有过军营梦。

李信敏在宜昌制药厂当工人时，参加了工厂业余文艺宣传队。有一次宣传队演出前，厂领导很认真地通知大家，说有部队文工团来招兵，让大家好好表现。当天，李信敏的演唱得到了文工团领导的认可，决定录用她，可是，在政审时因为她档案中家庭成分填写的是"地主"，就给刷下来了。

本来，李信敏的父亲是老八路、老党员，从抗日战争一路走来。一个老八路的后代参加人民解放军居然政审没通过，这够滑稽的了。这事只能怪李信敏的母亲自摆乌龙，当初李信敏填写个人履历表时，家庭成分本该填"革命干部"，可李母说李信敏爸爸家是地主，便把家庭成分填成了"地主"。然而，就是这一次失误给李信敏带来了好多麻烦，她与部队有缘无分。

姚峰也有很深的部队情结，当时他的好朋友，后来成为著名歌唱家的熊家源、著名作曲家的雷远生都参军了，他十分羡慕，心想为什么我不能当兵呢？正当红旗水泥厂军代表推荐他去15军文艺宣传队时，湖艺来黄石招生先把他录取了，参军也就成了一个梦想。

所以，当得知姚贝娜可以去海政时，他们两人非常开心。但是，姚贝娜本人一开始是很犹豫的。于是，姚家李家的亲戚们，还有在广州军区战士文工团工作的师哥刘罡等很多朋友都给姚贝娜做工作。

最终，姚贝娜自己做出决定：到海政去，当一名文艺兵。

收到入伍通知，李信敏再次告诫姚贝娜："到了部队，不管做任何工作都要服从安排，做好自己，不要在乎别人说什么。"姚贝娜就像当年刚考上中国音乐学院时一样地回应母亲："好的，妈，我知道了。"

摄影：刘喆尧　于川 图片来源：新浪时尚

第5章　海政女歌手

你是月光里的海
日夜澎湃我的爱
有你花在岸边鲜艳已开
你是我生命骄傲的所在
——《你是月光里的海》

板凳都还没坐热，新兵姚贝娜居然当了"逃兵"。

辛亏领导惜才，她得以重返军营。

音乐天才、单纯、善良、率真，这是战友们给她贴的标签。

上高山，下海岛，姚贝娜敬重蓝色的海洋，还有那些年轻的水兵。

"汶川大地震"重重地撞击了她年轻的心，也让她加深了对生命的理解。

新兵姚贝娜逃跑了

姚贝娜最初不想去部队文工团，并不是不热爱军队，而是担心她的演艺活动会受制于部队严格的纪律。

事实也的确是这样。

姚贝娜到海政文工团报到后，被统一安排到位于北京郊区的一个海军基地接受新兵训练。

几乎就在同时，电影《冈拉梅朵》约她去试镜女一号，三宝的电视剧《阮玲玉》等着她录主题歌，还有其他的一些演出活动也在找她。本来，团领导事先承诺过，受训期间如果有事可以请假，但真正开始训练了，请假却因为种种原因无法批准。毕竟是部队，纪律严明是必须的。这让姚贝娜感到很纠结，一夜之间竟急得满脸起了疹子。

但是，让人大跌眼镜的是，姚贝娜居然闹出了一起"逃跑事件"。

由于请不了假，姚贝娜束手无策却又心有不甘，有一天晚上，她悄悄地换上便装，乘着夜色离开了军营！

　　得知这个消息，远在深圳的姚峰一下子傻眼了。李信敏尤其难过，作为母亲，她考虑得更实际，只希望女儿有一个很稳定的工作。虽然选择在社会上独自打拼也是一条路，但"北漂"是很艰辛的。今天有人请你唱歌，可以挣一点钱，但明天呢？生活没有保障，医保、社保等等怎么办？何况加入海政文工团是多少人梦寐以求的事啊，无数人削尖了脑袋都想往里钻，姚贝娜却不当一回事，轻易地放弃了。

　　那几天，李信敏想到这事就忍不住默默地流眼泪。以自己的心态去分析姚贝娜的情绪，李信敏又很为女儿担心。当时深圳艺校已放暑假了，李信敏就和姚峰商量："姚贝娜这一次从部队跑出来，不管怎么说都不是一件好事儿，她一个人在北京，心里肯定也不好受，要不然我去北京陪陪她吧。"

　　第二天，在动身去机场之前，李信敏突然对姚峰说："有没有这种可能性：海政文工团的领导看了《金沙》以后认为姚贝娜是个人才，会不会挽留她呀？"姚峰一听，像见了外星人一样地看了她一眼，很坚决地说："怎么可能呢！多少人想进去啊，她一个自己偷跑出来的新兵，人家还会来找她，让她回去？不可能！你这种想法简直就是天方夜谭！"李信敏无意与丈夫争论，很漠然地回答他："我也不知道结果会怎么样，只是有这种感觉。"

　　客机平稳地降落在首都国际机场，然而，李信敏的内心却一点也不平静。她疾步走下飞机，刚走出到达大厅，就听见一个熟悉的声音在叫："妈——"，循声望去，姚贝娜正在向她招手。看着女儿一副喜笑颜开的样子，李信敏稍稍放下心来："你这么开心啊？我还以为你会因为是偷跑出来的，心里多多少少会有点不舒服呢。"

坐上出租车，李信敏把离开深圳时与姚峰的谈话重复了一遍，"部队会不会来找你要你回去？"听到这话，姚贝娜也是一口否定，连说话的语气都几乎与姚峰一样："这怎么可能呢，绝对不可能的事！"

可是，话音刚落，姚贝娜的手机突然响了！

谁来的电话呀？姚贝娜掏出手机一看，是著名歌唱家吕继宏，他当时是海政文工团演出队队长。

"小姚，你在哪儿啊？为什么从部队走了呢？"吕继宏告诉姚贝娜，"海政宣传部邱副部长希望找你谈谈，你考虑一下吧。"

姚贝娜回答说："我妈妈到北京来了，我刚接到她，从机场出来。"

吕继宏给出了一个建议："那好啊！你和你妈妈商量一下，如果你愿意谈，我就和部长约时间；如果你还是不想留在部队，不谈也行。我等你电话吧。"

挂掉电话，姚贝娜对李信敏说："妈，这下好了，电话真的来了，被你说中了呢！"

其实，他俩的对话李信敏听得一清二楚。

接到吕继宏的电话后，姚贝娜仍没有回心转意。李信敏觉得这是最后的机会，于是就分别给董华、万首、刘罡打电话，请他们出面劝劝她。

但是，姚贝娜仍不为所动。

办法用尽了，李信敏只好换了一副口气，很严肃地告诉女儿："姚贝娜，如果你真的不想留在部队，我们也不会强求你。但是，你作为一名新兵不是通过正规途径和部队说好后离开，而是偷跑出来的，这相当于是'逃跑'，就完全是你的不对了。"李信敏又说："你实在想出来也未尝不可，但是一个人做事，要有理、有节、讲规矩，你为什么要出来，应该把原因给首长解释清楚。既然部长主动提出找你谈，你就谈嘛。我陪你去谈，你向部长讲清楚你为什么要走，为什么不想留在部队。即便要走也要光明正大、堂堂正正地走。偷偷地跑了，这算怎么一回事啊？这样搞，多多少少就是给你的人生留下了一个污点。我相信，如果你真想走，部队也不会强行挽留。"

李信敏这番话终于把姚贝娜说动了："那好吧，我去谈谈吧。"

和邱副部长的见面时间安排在了一个星期三的下午。大概三点多钟，李信敏陪姚贝娜去了海军大院，姚贝娜穿着白色的夏季短袖海军军服，显得十分精神，看着她英姿飒爽的样子，李信敏更不希望她离开部队。

姚贝娜进了办公楼，李信敏在外面树荫下等着。过了半个小时也没见她出来，李信敏心里直打鼓，便给姚峰打了电话，姚峰安慰说："别着急，时间越长越好，越长就说明越有希望。"

又过了大约10分钟，姚贝娜终于走出来了。李信敏急忙迎

了上去："谈得怎么样呀？"

"哎呀，真不愧是宣传部的领导啊！"姚贝娜发出一声感叹。原来，邱副部长把她的工作做通了，她决定返回训练基地。

李信敏长长地松了一口气，心里的一块石头总算落了地。

回到住地，李信敏又不忘提醒姚贝娜："你一定要有思想准备，这个样子从基地跑出来，是违反了纪律的，回去后肯定是要作检讨的。"

果然，返回训练基地后，姚贝娜写了检讨书并公开作了检讨，然后投入到新兵训练中。

训练期间，姚贝娜和新兵、教官们建立了很融洽的战友情。训练结束离开基地时，大家都流下了惜别的眼泪，看着新兵们依依不舍的样子，基地的一位教官还开起了玩笑："唉，你们看，姚贝娜哭得最动情！"

　　本来，按规定完成基地训练之后，从军艺来的新兵走上各自岗位，从地方院校入伍的，还要到东海舰队再受训3个月，但团里考虑到姚贝娜的特殊情况，把舰队受训给免掉了，让她直接回海政文工团报到，正式开始工作。

　　"逃跑事件"能得到妥善解决，吕继宏功不可没，也多亏了邱副部长。正如李信敏猜测的那样，邱副部长的确看过姚贝娜主演的《金沙》，所以，他得知姚贝娜擅自离开训练基地的消息后，考虑了两天才作了一个决定："姚贝娜是个人才，让她写个检讨认识错误，然后回团里。"

　　后来，得知姚峰、李信敏到了北京，邱副部长和海政文工团新上任的团长高山还特地宴请了他们俩。席间，邱副部长一句话说得特别暖心："你们把孩子送到部队，部队就要把她当成自己的孩子一样去照顾她、培养她。"

登山上岛一路歌

虽然闹了一起"逃跑事件"，但海政文工团对姚贝娜并没有另眼相待，姚贝娜也很积极主动地投入到工作中，尽心尽力地完成各项任务。她友善地对待每一位战友，赢得了大家的赞许，当年就被团里评为先进个人。

战友们对姚贝娜的认可不外乎两点：一是性格，二是能力。

作为同是毕业于中国音乐学院声歌系的师姐，刘玮很看好这个小师妹。在她眼里，姚贝娜很单纯，待人很真诚，不会弯弯绕，在业务上自我要求很高，总是在不停地琢磨作品，有超强的艺术驾驭能力。

同为流行歌手，顾莉雅很认可姚贝娜的演唱实力，她印象最深的是，任何一个作品交给姚贝娜，她都能演绎得非常完美。

率真是姚贝娜给著名歌唱家吕薇留下的第一印象。2007年，她俩同时参加央视春晚，最初两人被安排在同一个节目里，在排练时，姚贝娜就很大胆地向编导提出了不同意见，丝毫没有觉得自己属于"春晚新人"而盲从，这让吕薇感到非常惊讶。她毫不吝啬对姚贝娜的赞美："姚贝娜很有音乐天赋，属于不可多得的天才。"

很快，姚贝娜在团里崭露头角，越来越多地出现在各种舞台上，成为央视和各地方电视台晚会、庆典演出的常客，尤其是每逢元旦、春节、中秋、建党、建军、国庆等重大节日的重要晚会上，都有她的身影，所担任的角色也由最初的重唱、小合唱逐渐变成了独唱。

在部队的日子，姚贝娜与著名音乐家付林成了忘年交。

因为姚峰的原因，姚贝娜很小的时候就知道付林，到后来，姚贝娜在参加一些声乐比赛时常常会遇上当评委的付林，而付林对姚贝娜则是先闻其声，后识其人。但付林注意到，这个小姑娘从来不找自己开后门，完全是凭自己的实力参加比赛，这让付林对她又增添了几分好感。姚贝娜加入海政文工团后，时任海政文工团艺术总监的付林，对姚贝娜超强的音乐素养和嗓音条件有了更多的了解，也就有意识地把自己的作品交给她演唱。姚贝娜也十分信任付林，时间久了，她便尊称付林为"付爸爸"，而付林也乐得有这么一位简单善良做人、精益求精唱歌的"女儿"。

海军大多驻防于沿海，身为海政文工团的一名文艺战士，姚贝娜深知"上高山、下海岛"是自己的本分，作为年轻的业务骨干，她每年都承担了大量的演出任务。在将近 5 年的时间里，她把足迹留在了万里海疆。

　　很多海军雷达站都建在高高的山上。只要一声令下，她就和战友们无条件地顶着烈日，沿着崎岖的山路爬上去，为长年驻守在雷达站的官兵们送去欢乐。

　　2008年的一天，她随慰问演出小分队前往位于东海的某边防雷达站，通勤车在山间七弯八拐地转了一个多小时，终于到达了位于半山腰的营地，演出结束之后，得知山上的哨位上有两个战士在值守，姚贝娜主动提出去哨位上给战士唱歌。站长劝她别去了，车开不上去，人要在山路上走四十多分钟呢。姚贝娜一听，敢作敢为的劲头就上来了："没事，那我就爬上去呗。"征得分队长的同意，在两位战士的陪同下，她径直向山上的哨位出发了。果然，山坡太陡了，路又窄，险峻之处人都不敢低头往下看。

　　姚贝娜的出现，让哨位上两位年轻的战士有喜从天降之感。用手机放伴奏，姚贝娜给他们唱开了，从邓丽君的老歌，到最新潮的流行歌，还有她自己的歌，姚贝娜全唱了，到后来，成了"点唱"加"齐唱"，战士们想到一首歌，姚贝娜就在手机上找伴奏，然后就唱，大家开心极了。分别时，四位战士齐刷刷地站成一排，向姚贝娜行了一个标准的军礼。那一刻，姚贝娜感觉自己辛苦这一趟真的很值得。

　　与汗流浃背地登上雷达站不同，下海岛则常常要面对惊涛骇浪，尤其是到南沙、西沙慰问演出时，就不得不忍受晕船的痛苦。

在普通人的眼里，南沙、西沙有碧蓝的天空、浩瀚的大海、起伏的波涛，美丽的珊瑚……那是一个令人向往的神秘旅游地。然而，在海军战士眼里，南沙、西沙就是一个意志品质的大考场。

每次出海慰问演出，都要先乘坐补给船或舰艇，到达岛礁时，由于岛礁附近的水位很浅，大型船只靠不了岸，就必须换乘快艇，快艇到达岸边，如果不具备停泊条件，就得跳进海里涉水登岛。

然而，这一切，对并不娇气的姚贝娜来说，就不是个事。

2009年7月2日，海政文工团以中央电视台"心连心"艺术团的名义到西沙慰问演出，同时也是为央视八一晚会录制节目。姚贝娜随团乘坐大型补给舰驶向永兴岛。出海后遇上了恶劣天气，大风大雨中，补给舰仿佛成了汪洋中的一片落叶，随着波浪起伏飘荡，为了躲避风浪，本来笔直的航线不得不走成了S型，补给舰在茫茫大海上整整航行了36个小时。与很多同行的战友一样，姚贝娜承受着晕船的痛苦，坐在船舱的地板上，她抱着垃圾桶不停地呕吐，一边吐，还一边不忘开玩笑："肠子吐出来不要紧，千万别把歌词吐出来了……"

虽然晕船十分厉害，但上岛后，姚贝娜仍然精神饱满地投入到工作中。在营地高高的椰林下，她和水兵们一起联欢，表演独唱、重唱，在以大海和战舰为背景临时搭建的舞台上，和吕继宏、吕薇一起表演了反映海岛官兵生活的小品《水中情》。在这个小品中，她憋着"武汉普通话"，反串一位海军小战士，非常出彩。走下舞台，吕薇称赞说，姚贝娜是个纯粹的艺术家，她的表演是具有颠覆性的。

站在舞台上，置身于海防一线，在把欢乐带给海军官兵的同时，姚贝娜很快乐，很开心，忘却了所有的烦恼。

完成演出任务，船队返航。大海换了一副面孔，海面微风习习，碧波荡漾，海鸥飞翔，宽广的大海与辽阔的天空构成了海天一色的景象。夜幕降临，躺在甲板上，映入眼帘的是满天的星星，仿佛置身于一个童话般的世界，姚贝娜感觉自己的心也飞起来了……

泪洒汶川

2008 年汶川大地震震惊世界。面对这一场突如其来的灾难，姚贝娜迅速行动起来，以自己特有的方式，全力投入到抗震救灾之中。

5 月 17 日晚，姚贝娜参加了"爱的奉献"宣传文化系统大型抗震救灾募捐电视直播演出。在央视一号演播大厅，她与部队歌唱家一起合唱《祖国在召唤》，还现场捐献了 3 万元。她当时并没有什么积蓄，得知她要参加这场演出，李信敏立刻给她转了一笔钱。

5 月 27 日，姚贝娜参加了在中国人民大学举办的"为了灾区的孩子·抗震救灾大型主题诗歌晚会"，她与师鹏合作演唱了《生死不离》。

5 月 28 日，姚贝娜接到命令，随海政文工团赶赴灾区慰问演出。这是海政文工团派出的第一支汶川抗震救灾慰问演出小分队，其中包括宋祖英、吕继宏、吕薇、霍勇、甘萍、闫学晶、陈笠笠等人。

小分队风尘仆仆，直抵重灾区。

5月31日，姚贝娜随演出小分队首先来到海军援建的绵竹市天河海军小学。开学典礼上，她亲手把崭新的书包、文具、电子琴、口琴等儿童节的节日礼物送到了孩子们手上。随后，赶到绵竹市东北镇海军陆战队驻地为官兵慰问演出。

6月1日，姚贝娜又随小分队进入受灾最严重的地区之一汉旺镇，为部队官兵加油，为受灾群众重建家园鼓劲。当天下午，又马不停蹄地赶到什邡市师古镇慰问抗震救灾的部队官兵。

一路歌声，一路热泪。

姚贝娜有生以来第一次置身于这种巨大的灾难现场，所看到的惨烈场景，重重地撞击着她年轻的心灵。这期间，舞台上激情四射的姚贝娜内心却非常压抑，情绪糟糕透了。她常常睡不着觉，眼睛一闭，脑海里就闪现出残垣断壁、灾民的哭声，还有孩子们惊恐的眼神。无法排遣内心的忧郁，她便经常和妈妈打电话，讲述她看到的、听到的人和事，语调中充满了哀伤，她感叹生命之脆弱、世事之无常，讲到动情处，常常泣不成声。李信敏在电话里一边陪着她流泪，一边耐心地安慰她、开导她。听到母亲的抽泣声，姚贝娜又反过来安慰李信敏："妈妈，我知道了，你放心，我会调整好自己，做好我自己的工作的。"

第一次灾区之行，给姚贝娜造成了很大的心理压力，留下了很重的心理阴影。完成任务回到北京后，她把手机关了，谁都不联系，谁也不见，独自躲进了位于北京郊区的一座山庄。不料，就在这时，海政文工团接到上级命令，又要派人再赴灾区慰问演出，团领导联系不上姚贝娜，就把电话打给了姚峰，李信敏急得四处找她，同样也联系不上，只好给她手机留言，不停地拨打她的手机。

直到第二天下午，待心情稍微平稳一些，姚贝娜才打开手机，这时她已在床上躺了一天一夜。刚一开机，屏幕上就不停地跳出一大串未接电话和短信。她先拨通了母亲的电话。接到电话，李信敏也顾不上问她在哪里，连忙告诉她团里有行动。听到这个消息，姚贝娜也顾不上和母亲多说，匆忙挂掉电话，转身和团领导联系上了。

这一次，姚贝娜是作为中央抗震救灾"心连心"艺术团的成员赴甘肃陇南、天水灾区慰问演出。虽然生活条件十分艰苦、演出条件十分简陋，但她毫不退缩，无论是什么场合，只要需要她演唱，她就以最好的状态放歌，以极大的热情投入到演出中。7月5日，在成县抛沙镇举行的万人慰问演出现场，她再次唱起了姚峰与词作家周石星合作，为抗震救灾创作的新歌《中国英雄》。穿着迷彩服的姚贝娜边唱边走进观众席，不停地与观众握手，与战友握手，互致军礼，情绪饱满的她感染了在场的所有人，气氛十分热烈。

退场之后，她给父亲发了一条短信："爸爸，我刚才又唱了一遍《中国英雄》，这代表着我们父女二人一起在赈灾。想念你们！"

不完全统计，在汶川地震发生后的短短两个月内，除了完成部队下达的慰问演出任务外，姚贝娜还应邀参加了在北京、四川、湖北、广东、广西、辽宁、浙江、湖南等地举行的赈灾义演。那段时间，她像一个"空中飞人"，在全国各地到处奔忙。

　　后来，姚贝娜离世后，姚峰在清理她的遗物时，发现了她的一份手稿，是在完成汶川赈灾慰问演出之后随手写的。这不是一篇完整的文章，更像是一份发言提纲，真实地记录了当时的场景和她的心情，也记录着她的成长。

关于他们，他们是大山的儿女，勤劳、善良质朴的人们，他们是团结的，有力量的，他们中有老人、孩子、女人、男人，相亲相爱，不离不弃。

我们的车在落满黄土的山中迂回颠簸，不知过了多久，终于到达目的地，最先映入眼帘的是他们质朴的笑容、洁白的牙齿，还有黝黑的面庞。

站在如此灼热阳光下的人们，坐着的、站着的、蹲着的，黑压压的一片。我站在搭建的简易舞台上，激动不已，大声地唱着，这期间有好多女孩子上来送我花和小国旗。看得出他们都很害羞，但内心的喜悦就像鲜花一样绽放着。那样的喜悦深深地触动着我这个"大人"，我用力地给他们每一个人来了一个抱抱，那一刻我很快乐。

感谢。每一次慰问演出都有与乡亲们、战友们离别的时候，我体会到原来那是怎样的一种依依不舍。我们紧紧握住双手，他们说得最多的就是那一声"谢谢"，多么平常的一句话，但在那一刻却显得很重很重。

第三部
声 名 鹊 起

摄影：黄欢

第6章　三战"青歌赛"

每当我站在
舞台中央的时候
幸福随着空气在摇动
灯光一直洒在我脸上
有你的笑容
我就很激动
——《我要的很简单》

从中学生、大学生到海军军官，姚贝娜的年龄在增长，身份在变化，但执着不变的是她对音乐艺术的追求。

从父亲参赛，到女儿夺冠，姚家父女留下了长达20年的"青歌赛"佳话。

在中央电视台这个堪称中国最大的舞台，姚贝娜完成了从青涩到成熟的嬗变，也登上了歌唱生涯的第一座艺术高峰。

摄影：贝壳青莲

父女接力"青歌赛"

姚家父女与中央电视台青年歌手电视大奖赛是有缘分的。

1988 年，姚峰报名参加了第三届"青歌赛"湖北赛区选拔赛。那年姚峰 35 岁，是参加"青歌赛"的年龄上限，过了这个年龄就没有参赛资格了。

当时，姚峰的主业是在武汉音乐学院从事美声唱法教学，但他已经开始着手对通俗唱法进行专业研究，所以他选择参加通俗唱法专业组的比赛。

姚峰是以挑战自我的勇气报名的。那时的他已有 13 年的从教经历，他深知参加这样的比赛是很有"风险"的，一旦没选上或者名次不是很靠前，面子上就有点挂不住。但是，他又特别想参加，特别希望能在央视这个超大平台上唱一次，通过这种方式表达他对通俗唱法的理解，哪怕名次一般也无所谓。为此，他还特地创作了一首以对越自卫反击战为内容的歌曲《你从战场上归来》。

结果，姚峰排湖北赛区第二名，录像送到了北京，但最终没被选上，他的梦想没能实现，与央视"青歌赛"决赛舞台失之交臂。

又过了 10 年，姚贝娜开启了"青歌赛"之旅。

1998 年，在武音附中高一年级就读的姚贝娜报名参加了第八届"青歌赛"湖北赛区选拔赛。经过初赛、复赛，她闯入了决赛。复赛结束后，评委、著名歌唱家王丹萍特地称赞她的演唱很有特点。

决赛时姚贝娜选择的参赛曲目是修修作词、方石作曲的《多了少了》，这是一首以环保为题材的创作歌曲，无论是歌曲题材还是创作手法都很新颖，姚贝娜唱得也很有感情。

决赛定在 1998 年 5 月 6 日。那天，姚贝娜情绪有一点低沉，她本来以为爸爸能看着她参加比赛的，不巧的是当天恰好姚峰因调动工作，要到深圳群艺馆报到。

姚峰又何尝不想看着女儿比赛，那个时候没有卫星电视，在深圳无法看到湖北电视台的直播，因此，轮到姚贝娜比赛时，姚峰从深圳把电话打到武汉的一个朋友家里，朋友把电话听筒对着电视机，让远在深圳的姚峰听湖北电视台的现场直播。

结果，姚贝娜获得了第二名。然后，她随湖北代表团去了北京，参加央视决赛，最终获得荧屏奖。

姚贝娜当时还不满 17 岁，小姑娘能首次参加这种高规格的比赛，并拿到荧屏奖，她自己很满意，周围的老师同学朋友也替

摄影：贝壳青莲

她高兴。毕竟，在这么小的年纪，一个高中生能够有这样的锻炼机会和成绩，已经很不错了。

姚贝娜第二次参加"青歌赛"是在中国音乐学院读大学的时候。在校内举行的选拔赛上，她报名参加通俗组比赛，但中国音乐学院是以学校的名义组团参赛，除了姚贝娜，没有其他通俗选手，因此，也就没有办法组成代表队，姚贝娜也就没能参赛。但是，这次校内选拔赛让姚贝娜在校园里名气大涨，全校师生都知道了声歌系的姚贝娜通俗歌曲唱得很溜。

与冠军只差0.8分

转眼之间到了 2006 年，第十二届"青歌赛"开赛在即。这时姚贝娜 25 岁，已经进入海政文工团，团里决定她代表海军政治部参赛。

其实，早在 2005 年海政文工团决定录用姚贝娜时，就有一个考虑：为即将到来的新一届央视"青歌赛"进行人才储备。

经过了二十多年的发展完善，央视"青歌赛"已成为全中国最权威、最具影响力的声乐赛事，既是青年歌手追逐艺术梦想的舞台，又是各地展示自身艺术实力的重要窗口，各省级电视台和文艺团体都十分重视，部队文工团更是如此。海政文工团专门成立了以业务指导、著名音乐家付林为首的专家组对参赛选手进行赛前培训，从组队、选歌、演唱、素质提升到整体包装都做了十分细致的准备。

在这个过程中，最重要的事项是确定选手的参赛曲目。然而，连姚贝娜自己都不会想到，这一次她会唱着自己的歌站上"青歌赛"的舞台。

一天上午，姚贝娜有事到团里去找团长高山，赶上团领导在开会，她只好坐在车里一边听歌一边等待。忽然，她来了灵感，顺手拿起一支圆珠笔在纸上记下了一段旋律，然后又作了一点修改。修改完之后，她自我感觉挺满意，于是，她抑制不住内心的激动，拨通了姚峰的电话。

"爸，我写了一首曲子。"

"啊？你会写歌了！"姚峰很惊奇。

姚贝娜把曲子哼了一遍，问："你觉得怎么样？"

"很好啊！"正在开会的姚峰不便多说，挂了电话。

又过了半小时，姚贝娜的电话又来了，姚峰只好拿着手机离开了会议室。

"爸，我把词填好了，我给你唱一遍，你听一下。"

"哦？好啊！"

"捧在手心里的那朵花，感动着最后的温暖啊，也许会在转眼一瞬间，叹息它一生的恋。多想留住那一天的美，多想你也能跟随，多想把爱刻在心里边，多想你也能体会……"

唱完之后，姚贝娜急切地问："怎么样？"

"太好了，姑娘，好，好，好！"

"这是不是写得太像器乐了？"

"是啊！"

"那这样写是不是不好？"

"太好了！这种大七度的旋律大跳，我们写不出来。"

"好，我知道了。谢谢爸爸！"

后来，姚贝娜把这首歌又作了一些修改，取名为《花愿》。

《花愿》同样得到了高山、付林的认可，被列为姚贝娜的参赛曲目之一。

过了不久，著名作曲家王西麟在姚峰的办公室偶然听到了这首歌，这位时年70岁的音乐前辈竟然被感动得泪流满面。本身不太喜欢流行歌曲的王西麟对身为深圳市文联副主席的姚峰说："姚主席，如果说这是流行歌曲的话，我喜欢啊，真的喜欢啊！"

第十二届"青歌赛"在赛制上有一个重大变化，取消了专业组、业余组之分，所有选手在同一个平台上竞争。

通俗组个人赛第一轮30进20比赛时，姚贝娜演唱的是《无处躲雨》；第二轮20进12比赛时，演唱的是《花愿》；在第三轮12进9比赛时，演唱的是《当时》；最后一轮决赛时，演唱的是《落雪》。

从这些曲目不难看出，除了《无处躲雨》是一首听众很熟悉的流行歌曲外，另外三首都是创作歌曲，《当时》出自音乐剧《金沙》，《花愿》是姚贝娜自己创作的第一首歌曲，《落雪》的歌词也出自她之手。

这些歌曲一个共同的特点就是调性复杂、音域宽广，放在现场直播的环境下，对演唱者是一个巨大的考验。但是，姚贝娜认为这些歌可以很好地展示自己的演唱实力，因此她不是选择以稳取胜，而是甘愿冒着风险去挑战自我。在与团领导商定参赛曲目时，姚贝娜明确地表达了自己的见解："青歌赛鼓励原创，鼓励选手演唱新作品，这么难得的机会，我没理由放弃。"

最终，姚贝娜以195.94分的总成绩夺得通俗唱法个人赛银奖第一名，仅与金奖相差0.8分，这也是"青歌赛"历史上金银奖之间最小的分差。

虽然很多朋友为她高兴之余又带有一丝惋惜，但姚贝娜自己没觉得有什么缺憾，反而特别开心，她和获得金奖的师鹏也从此成了好朋友。

因为这个优异的成绩，海军政治部给姚贝娜记三等功一次，她获得了第一枚军功章。

唯一的"百分冠军"

时间过得真快，两年一度的"青歌赛"再次临近。海政文工团重新行动起来，以海军政治部的名义组团参加 2008 年举行的第十三届"青歌赛"，姚贝娜也就顺理成章地被列入参赛选手名单。也是从这一届开始，沿用已久的"通俗唱法"改成了"流行唱法"。

依姚贝娜的本意，她并不想再次参赛，因为这项比赛赛制复杂，既有团体赛，又有个人赛，准备工作繁重，持续时间长，一旦绑上这辆"战车"就没有退路，令人身心俱疲。何况在她看来，亚军与冠军没有什么区别，已经拿到银奖了，为什么一定要去争金奖呢？把舞台让给其他人不也挺好吗？

然而，当时正是电视剧《亮剑》风头正劲的时候，团长高山便动员她："姚贝娜，不要有畏难情绪，也不要有什么顾虑，到了该你'亮剑'的时候了！"

军人以服从命令为天职，姚贝娜迅速调整心态，重新开启"青歌赛"时间，全身心地投入到这项工作中。

尽管姚贝娜本人并不过于看重结果，但是，身披上一届银奖第一名的光环卷土重来，目标肯定是夺取冠军，至少，团领导是这样认为的，姚峰也是这样认为的。

整个比赛期间，与姚贝娜的洒脱形成鲜明对照的是姚峰十分紧张。

复赛开始的当天晚上，姚峰受深圳市委宣传部领导的委托，正好赶到北京总政歌舞团录音棚，为著名歌唱家戴玉强、王莉录制深圳词作家田地创作的一首新歌《爱你比永远多一天》监棚。

录音时，姚峰显得有点心不在焉，戴玉强看出来了："姚老师，我看你挺紧张的，有什么好紧张的啦？放心好了，姚贝娜肯定第一！"

姚峰在心里苦笑了一下，戴玉强的话是真的。复赛还没有开始，姚贝娜就已经拿了两个"第一"。进入复赛的选手分为两组，安排在两个晚上比赛并进行电视直播，姚贝娜抽签抽到了第一天的第一个出场演唱。这"第一"的运气也是没说得了。

当姚贝娜上场开始演唱时，姚峰停下手头的工作，目不转睛地盯着电视直播。她演唱的曲目是她自己作词作曲的《两个人的世界》，最后得分是97.97分，不低，但考虑到她是第一个上场，这个分数也不算太高。

等到这边录音工作结束，那边所有的选手也全部唱完了，得分没有超过姚贝娜的，姚峰才松了一口气。第二天比赛，所有选手的得分也都没有超过 97.97 分。这样，姚贝娜便以复赛第一名的身份闯入决赛。

这称得上是一个不大不小的奇迹。一般来说，各种由评委打分决定名次的比赛，无论文艺比赛还是体育竞技，评委很容易随着比赛进程产生情绪波动，导致分数会越打越高，这也是很多选手更愿意选择在后面出场的原因。

以第一顺位出场最终成绩排列第一名，这种情况在歌唱比赛中非常少见，但姚贝娜做到了，实属难得。

参加第十三届"青歌赛"，姚贝娜给自己埋了两个"雷"。

第一个"雷"是她的高音要唱到"high e"。

"high e"有多高呢？这样说吧，中国的通俗女歌手当中能够唱到"high e"的，除了所谓的"海豚音"，好像只有姚贝娜一个，或者保守一点的说法，到目前为止除了姚贝娜，没有第二个人在公开场合演唱过。

"high e"已经相当高了，而且还要在现场唱，这可是世界上最大的电视直播现场啊，万一唱破了怎么办？因此，这是一个非常冒险的选择。

第二个"雷"就是唱英文歌曲。

姚贝娜非常喜欢一首美国流行金曲 *Ain't No Sunshine*（《逝去的阳光》），这首歌是美国黑人歌手比尔·威瑟斯在 20 世纪 70 年代创作演唱的，风靡全球。姚贝娜决定把它搬上"青歌赛"舞台，为此特地请捞仔重新进行了编曲。

对姚贝娜的这个举动，姚峰没有强硬地阻止她，但给了她一个建议，认为没有必要非唱这首歌不可。因为，在过往的历届比赛中，"青歌赛"有一个奇怪的魔咒：选唱外国歌曲的通俗歌手，大都早早地被淘汰了。但姚贝娜不以为然，她很得意很自信地给姚峰发了一条短信："爸，你先过来听听吧。"

于是，姚峰专程去了一趟北京。坐在她的车里，她给姚峰唱了 *Ain't No Sunshine*。听完之后，姚峰的顾虑打消了："感觉还不错，可以试试。"

最终，面对 11 位挑剔的评委，姚贝娜对 *Ain't No Sunshine* 这首美国歌曲成功地做了中国化演绎，令人耳目一新。她也就此打破了通俗歌手在"青歌赛"舞台只要唱外文歌曲就走不远的"魔咒"，印证了"实力比选歌更重要"的准则。

越是大的演出场合，歌唱演员的音准越容易失控。但姚贝娜不然，她的现场控制音准的能力极强，这一特点在"青歌赛"上体现得纤毫毕现。

现在很多音乐选秀娱乐节目为了播出效果，对歌手的音准都做了修饰，但"青歌赛"保持了原汁原味，一是现场直播没办法修音，二是当时也没有这种技术条件，或者说央视压根就没打算去做修音处理，既然是比赛，选手唱成什么样就是什么样，行的晋级，不行的淘汰。

姚贝娜还有一个最大的优点就是她在现场演唱时对歌曲的最后一个音控制得极好。

从演唱的角度看，通常，最后一个音，无论是高音还是中音，无论是强音还是弱音，都是很难唱准的。这个音并不是歌曲的最高音，比如美声，最高音往往是倒数第二个音。从某种程度上说，如果嗓音条件好，掌握了基本的演唱技巧，最高音要唱准并不是特别难，难的往往是紧接着最高音之后的那个音，这个时候有可能是在最高音唱准之后，演唱者心情瞬间放松导致声音控制出问题而跑调。事实上，很多演唱者都容易在这个地方栽跟头。

但是，姚贝娜完美地避开了这个"陷阱"。她任何时候现场演唱任何一首歌，有可能在中间某个地方偶尔音准会出问题，但最后一句却总能做到用非常好的呼吸控制，唱出精准的乐音。

这一特点，在最后一轮总决赛她演唱《日月凌空》时，得到了充分的展示。

《日月凌空》是著名影星刘晓庆主演的同名电视剧主题歌。2007年《武则天》剧组找人录这首歌时，著名歌手张行推荐了当时名气并不大的姚贝娜。这不是姚贝娜第一次给电视剧配唱，但这是她产生了较大影响的一首电视剧插曲。《日月凌空》属于难度极大的艺术类通俗歌曲，除了歌者要具有超凡的嗓音条件，还需要具备高超的演唱技巧，非一般人所能驾驭的。

虽然一路领先，但姚贝娜并没有背上想赢怕输的思想包袱，相反，她保持着举重若轻的心态。

总决赛现场，她唱完《日月凌空》之后，在等待评委打分的间隙，大赛主持人董卿和她聊起了两次参加"青歌赛"决赛的心情，姚贝娜现场清唱了两年前参加上一届"青歌赛"时自编的一段歌谣："吃不好，睡不着，每天为比赛烦恼。下一站还能有我吗？只能为自己祈祷，为自己祈祷。"这引得大家哄堂大笑。然后，董卿又让她现场即兴编唱一段，描述一下参加本届比赛的心情。姚贝娜随口唱出："祝我能吃得消，祝我能睡得着，结果不太重要，唱吧……"这种心态和才气，赢得了全场观众包括评委在内的一片掌声和笑声。

以参加第十三届"青歌赛"为标志，如果说在此之前，姚贝娜在演唱时还显得不那么自信，旁人一句不中听的评价，甚至一个不经意的眼神都可能直接影响她的演唱情绪，那么到参加第十三届"青歌赛"时，姚贝娜已变得成熟自信。开赛之前，她的闺蜜及同学张芷瑢曾关切地问她准备得怎么样了，她自信地回答："没问题，放心吧！现在的声音是我自己的了，我的歌已刻在了我的骨子里，溶在了我的血液中。"

这一轮比赛，她得到了 99.33 分，其中，有"港台音乐教父"之称的刘家昌给她打了满分 100 分，这是"青歌赛"历史上前所未有的高分。这个分数亮出来后，全场一片惊呼，姚贝娜也从此有了一个特别的称谓："百分歌手"。

本来按比赛约定，评委不允许给选手打满分。后来，刘家昌对自己的"违规"之举是这样解释的："我当时戴着耳机，不听音乐，只听姚贝娜的声音。从头到尾她都唱得很好，真的没有半点瑕疵，我不能不给她打 100 分。"

还有一个比赛细节印证了姚贝娜扎实的音乐素养。

"青歌赛"设有综合知识考试环节，虽然这个环节设定的分值只有一分，但这更像是一个大坑，令很多选手望而生畏，实际上很多选手也真的是掉进去了，曾经有观众在网上调侃说："我就喜欢这个环节，我就是来看选手出丑的。"然而，姚贝娜却表现得很自信。

她随机抽中的是一道视唱练耳题："先由钢琴演奏员现场弹奏两段比较长的旋律，请选手说出其中有什么不同。"姚贝娜听完钢琴演奏后，十分肯定地给出了答案："两段是一样的，没有区别！"对此，负责这一环节的评委、中央音乐学院赵易山教授给予了很高的评价。在这种大型直播现场，选手是很紧张的，能在规定的时间里果断地说出正确答案，除了心理素质过硬，不得不说与她从小受到过严格的音乐训练有很大关系。

最终，姚贝娜以199.19分的总成绩获得了流行唱法个人单项金奖，并为海军政治部代表队获得团体组银奖立下了汗马功劳。

其实，这一届"青歌赛"，姚贝娜是披着第一名的光环走上最高领奖台的。从第一场比赛占据第一开始，她得到了评委们的一路好评，半决赛、决赛都是第一名，没有选手能超越她。

4月27日晚，第十三届"青歌赛"举行颁奖晚会，姚贝娜捧得金奖奖杯，并与往届的金奖获得者雷佳、师鹏、刘和刚一起演唱了《同一个梦想》。

比赛结束后，姚贝娜参加总政治部组织的"青歌赛部队获奖选手汇报演出团"，深入基层部队演出，然后又马不停蹄地作为海军政治部组织的"走下赛歌台，回报军营来"——央视"青歌赛"获奖选手汇报演出团成员，沿着祖国的海岸线向海军基层官兵作了巡回演出。海军政治部给她荣记二等功，这是她获得的第二枚军功章。

2010年，姚贝娜出现在第十五届"青歌赛"赛场，与前三次不同的是，她的身份发生了变化，由参赛选手变成了流行组复赛评委，也由此成为"青歌赛"历史上最年轻的评委。在决赛时，她还与著名歌唱家李双江一起担任了现场点评嘉宾。

经过10年不懈努力，在央视"青歌赛"这个万众瞩目的舞台上，姚贝娜把最初的荧屏奖一步一步地换成了银奖、金奖，留下了一段佳话。

夺得央视"青歌赛"金奖，标志着姚贝娜登上了歌唱生涯的第一座艺术高峰。

如今，"青歌赛"停办了。这项专业性、权威性、娱乐性俱佳的音乐赛事推出了包括姚贝娜在内的一大批优秀的歌唱家和歌星，极大地丰富了中国的音乐文化，令人回味。

摄影：陈少琪

第7章 人生新选择

随它吧随它吧
一转身不再牵挂
悬崖上让我留下
随它吧随它吧
反正冰天雪地我也不怕
——《随它吧》

著名音乐人刘家昌培养了很多明星，其中最有名的当属邓丽君。然而，刘家昌极其赏识姚贝娜，甚至称姚贝娜唱得比邓丽君好。

香港红磡体育场，姚贝娜没有让刘家昌失望。

因为无比喜欢演唱流行歌曲，姚贝娜始终向往一个更自由的舞台。

几番挣扎，她在众人不解的目光中告别了海政文工团，即便放弃了军官身份也在所不惜。

"姚贝娜，你比邓丽君好！"

　　刘家昌在华语流行乐坛有着广泛的影响，邓丽君、凤飞飞、费玉清、刘文正、翁倩玉等一大批华语歌坛顶尖歌星都出自他的门下。在担任第十三届"青歌赛"评委时，他十分欣赏姚贝娜，居然突破规则，现场打出了100分的满分。

　　坐在评委席上，刘家昌当时就萌生了一个想法：把姚贝娜带走，把她推广到香港、台湾地区以及东南亚。他认定，姚贝娜完全可以走出去，是可以接替邓丽君的位置的。因为，姚贝娜很全面，"她非常会唱歌，她是多元的，她可以唱拉丁，她可以唱Swing、Jazz，她可以唱R&B，她也可以唱小调。"

　　2009年年底，在深圳罗湖口岸的香格里拉酒店，刘家昌特地约请了姚贝娜和她的父母，这一次聚会，相谈甚欢。

　　席间，刘家昌成了谈话的主角。他再次说起"青歌赛"上的

"百分歌手"："姚贝娜唱得很好，我听了四天，这四天当中她是唱得最好的一个，我不知道该怎么扣分了，就打了100分。"

刘家昌很明确地提议，让姚贝娜改名"姚百娜"，跟着他去香港地区发展。那时，恰好有个机缘，他要在香港红磡体育馆举办"刘家昌2009音乐会"。

刘家昌也是性情中人，对姚峰和李信敏，他只知道他们是姚贝娜的父母，却对他俩的职业和成就一无所知，性格耿直的他对他俩说："你们别管姚贝娜，只负责她的生活就行了，音乐上你们不够资格管她，你们不是一个层级的！"他还不容置疑地表示："这些业务上的事，你们不要管，听我的，姚贝娜也要听我的。"听到这些话，姚峰和李信敏默然一笑。

接着，刘家昌又突然转过身对姚贝娜说："邓丽君我太熟悉了，她16岁就到我身边了。我跟你说，姚贝娜，你不要学邓丽君啊，你比邓丽君好，你知道吗？"

如果说前一段话让姚峰、李信敏无言以对的话，那么后一段话则让他俩还有姚贝娜着实愣住了。

姚峰在音乐上从来都是充满自信的，对女儿的演唱功力也充满自信，但是第一次听到有人说姚贝娜比邓丽君强，这超出了他的认知，因为姚峰曾经在各种流行音乐讲座、论坛中多次说过："邓丽君是前无古人的，至于有没有来者？一定是有的，但是我到了这个年龄，我可能看不到来者了。"而且，在从事通俗唱法的教学中，姚峰一直在强调："中国的通俗唱法女歌手一定要学习邓丽君。"

然而，现在突然有人告诉他，他的女儿不要学邓丽君，甚至比邓丽君好，当然就十分惊讶。

　　刘家昌的这番话也促使姚峰更细致地去比较她们两人。

　　邓丽君和姚峰是同时代的人，她的演唱非常完美，在姚峰看来，准确地说邓丽君不是流行歌手，而是通俗歌手，她演唱的是港台的"时代曲"。"时代曲"是受20世纪30年代上海滩百乐门歌舞厅音乐的影响，结合了美国的爵士等音乐形成的时尚音乐，具有轻盈曼妙、温柔婉约的特征。但邓丽君的地位无可置疑，她已经形成了一种独特的音乐形态和一个鲜明的文化符号，并深远地影响着大众生活。而姚贝娜从小就是邓丽君的粉丝，对邓丽君的那种小弯小调，姚贝娜模仿得非常像，语气、行腔几乎到了真伪莫辨的程度。

　　仔细一想，刘家昌说姚贝娜比邓丽君唱得好，是有一定道理的。

　　姚贝娜的嗓音条件要比邓丽君好。姚贝娜音域更宽，高音富有张力，可以唱到"high e"，而且表现力丰富。邓丽君虽然唱不了"high e"，但她的优势在于嗓音富有磁性，声线多样，擅长颤音，感情充沛。

　　嗓音条件决定了姚贝娜可以唱更时尚、更具有国际范的作品，而且作为后辈，她可以把邓丽君的经典作品演绎得更富有现代气息。

　　也正因为如此，姚贝娜在演唱流行歌曲时，接受了姚峰的建议，去掉了许多传统的颤音、抖音，让声音显得更洋气、更现代，这既区别于邓丽君，也区别于王菲、张靓颖等女歌手，形成了属于姚贝娜独有的"姚氏唱法"。

世界各地只要是有华人的地方，就有邓丽君的歌声。邓丽君的影响力和象征意义不是别的歌手能比的。因此，准确地理解刘家昌的话，那就是姚贝娜具有超越邓丽君的潜质，她需要时间。然而，可惜的是，天妒英才，这个机会永远失去了。

《独上西楼》惊红磡

香格里拉酒店见面之后，姚贝娜投入到"刘家昌 2009 音乐会"的排练。当时，姚贝娜是海政文工团的现役军官，她特地向团里办好了请假手续，以便于往来于深圳、香港之间。这期间，刘家昌给她做了很多具体的辅导。

正式演出的当天中午一点钟左右，姚峰突然接到了姚贝娜的电话，她在电话里不说话，只是一个劲地哭，很大声地哭，抽搐地哭。

姚峰一下子紧张了："怎么了？姑娘，怎么了？你说话啊！"

"刘老师骂我！"

"他怎么敢骂我的姑娘呢！"姚峰一听就火了，"姑娘，你回来！不唱了！"

平时看起来温文尔雅的姚峰，一旦急眼了是什么都不管不顾的。

姚峰这样一吼，电话那头反而没有哭声了，显然，姚峰暴怒的情绪一下子影响了姚贝娜。姚贝娜给姚峰打电话的本意不过是向父亲诉说一下心里的委屈，却没料到姚峰会让她打道回府，她一下子傻了。

也就在把话说出口的一刹那，姚峰立刻意识到不能这样做，红磡体育馆可是香港地区最有名的演出场馆，一万多个座席，要是现场放了鸽子那还了得？

于是，姚峰迅速调整情绪，换了一种语气："哎，姑娘，这样这样，你先好好平静一下，今天晚上好好演，我和你妈马上就过去，好不好？"

放下电话，姚峰心里急啊，也不知出了什么大事，刘家昌居然把她骂得哭成这个样子。姚峰又不敢告诉李信敏，一旦她知道了，也会紧张着急。然后，他们两人提前走出罗湖口岸赶到了香港，但仍联系不上姚贝娜，姚峰的心就一直揪着。

终于捱到晚上，演唱会开始了。香港的几位歌手、影星先出场，然而他们的演唱很一般，现场观众反应平平。

轮到姚贝娜出场，刘家昌亲自报幕，他特地介绍说，这是中央电视台"青歌赛"的冠军姚贝娜。坐在看台上，听到刘家昌的介绍，姚峰悬着的心稍微放下了一点。

这时，全场灯光暗了下来、静场，前奏响起，穿着一身黑色礼服的姚贝娜出现在舞台上，随即亮嗓清唱："无言独上西楼，月如钩……"

场内响起掌声，但姚峰紧张的心情仍没有改变。

"……剪不断，理还乱，是离愁，别有一番滋味在心头。"姚贝娜的音准极好，全场热烈鼓掌。

紧接着，间奏响起。直到这时，姚峰才激动起来，他无法表达自己此时此刻的心情，竟狠狠地拍了一下李信敏的大腿，搞得李信敏莫名其妙，她小声问姚峰："你打我搞么事？"她不知道此前发生了什么事，更不知道姚峰此时心里是怎么想的。

这一段完全是清唱，但姚贝娜的音准极好，没有一丝瑕疵，完美地展现了"固定耳朵"的风采。

"我的天呐，她下午给我打电话是那样一种状态，晚上演出却能做得如此完美！"姚峰能不激动吗？他所有的担心都化作了骄傲。

那场演出，观众们并不认识姚贝娜，但每当姚贝娜唱完，全场便响起热烈的掌声，这是对一个新人的充分肯定。刘家昌事后回忆说，有那么多的歌手，但姚贝娜上台唱《独上西楼》，那一段清唱唱完的时候，赢得的掌声多过两个小时的音乐会上所有节目的掌声。

后来，有网友把邓丽君、王菲、张靓颖、姚贝娜四个人唱的《独上西楼》视频剪辑在一起，发到了网上。同样的歌，同样的开头，同样在红磡体育馆，客观地说，四个人的演唱各有所长，但姚贝娜的演唱音准极好，她给这首经典通俗歌曲注入了更多时尚、流行元素，也就显得更高级、更完美。

音乐会结束之后，姚峰才搞清楚了姚贝娜挨骂的原因。

刘家昌是很看好姚贝娜的，所以，当天在走台时，他就向乐队介绍说，她是 NO.1，中国内地最好的流行歌手。但合伴奏时音响不太好，影响了姚贝娜的发挥。这样一来，刘家昌就很生气，他恼火的是：我告诉大家你是最好的，你却唱成这个样子，这不是搞得我很没面子了吗？于是，他一下子毛了，在现场发了一通脾气。姚贝娜听了这些话，当然觉得是受了天大的冤枉。

"刘家昌 2009 音乐会"在香港连演三场，后来又转场去了澳门。舞台上，姚贝娜激情演唱，刘家昌亲自用手鼓伴奏，场面十分火爆。

为了把姚贝娜打造成国际流行歌手，刘家昌特地找过华纳唱片，签了为期 6 年的合约，而且为姚贝娜创作、录制了 12 首新歌，但没有来得及发布，姚贝娜却走了。因此，刘家昌在 2015 年把这 12 首歌曲制作成纪念姚贝娜专辑《永存》公开发行，并把版权以姚贝娜的名义捐给了慈善公益组织。

向往更自由的舞台

因为无比喜欢演唱流行歌曲，姚贝娜始终向往一个更自由的舞台。

在海政文工团工作期间，姚贝娜虽然很好地履行了职责，但想离开部队的心思仍不时浮上心头。她曾好几次想找领导谈，但每当看到团领导那种期待的眼光时，她又不好意思开口，话到嘴边却又一次次咽了回去。

个人喜好与职业责任之间存在的矛盾，让姚贝娜的心理与行为长期处在一种分裂状态。她陷入一个纠结、自我调整、再纠结、再自我调整的怪圈之中。

2007年，她独自度过了一个孤独的元旦假期。

没有演出任务，姚贝娜足不出户，整整把自己关了3天。

元旦之夜，在位于珠江绿洲27层的家里，她慵懒地半躺在沙发上，透过落地窗，望着夜幕中京通快速公路上来来往往的车辆，暗自思忖：这些亮着灯、移动着的小小的物体，承载的是快乐还是不快乐呢，是快乐多一些还是不快乐多一些呢？他们和我一样，活着，期望着，感叹着，绝望着，幻想着，理性地思考着，感性地笑着，哭着，甚至没有表情地接受着……

当意识到自己在胡思乱想时，她努力地把思绪拉了回来，借助微博给自己一个强烈的心理暗示："今天是个好日子，你应该快乐，忘掉痛苦吧！我是真实的，我是快乐的！"

元旦当天恰好是沙宝亮的生日，她给沙宝亮发去了一条短信："祝宝哥生日快乐，身体健康，阖家幸福！感谢宝哥对姚贝的帮助！以后还得多向你学习！"

放下手机，她又在电脑上随手写道："我把自己形容成行走在沙漠里的骆驼，我把我的追求想象成自己生命中的绿洲，也许我这辈子都无法生活在绿洲里，可我还是希望她一直存在着，一直为我存在着，哪怕我看不到她，我也能感觉她在前方！"

写到这里，她似乎突然发现自己的思绪又脱轨了："怎么越写越悲凉？不是说了今天是个好日子吗？"

这种低沉的情绪一直持续到了1月7日，姚贝娜在博客里留言："再一次心情不好，我和我自己的世界离得太远，确实有些偏离，不知该去想些什么，该去做些什么，该和谁交流，眼前只有一面镜子，镜中人呈现出灰色，镜面透出刺眼的光，只有镜中的影子是暗的，柔软的。"

她把这比喻成"彩色的人们和灰色的我"。

摄影：卤煮的天空

最为诡异的是，姚贝娜居然写下了这样一段文字："希望自己变成鱼，浅蓝色的一潭干净的水把我包裹着，我再也不用穿着那种重重的盔甲，轻轻的软软的身体，在被阳光亲吻得很暖的水里游着，幸福着……"

谁能想到，7年后，她竟会唱着那首与此刻的心境十分相近的《鱼》告别舞台？难道真的有一只无形的大手掌控着人的命运吗？

这段日子，姚贝娜一直在理想与现实中挣扎。

最终，抵挡不住内心的冲动，她坚决要离开海政文工团，是在获得央视"青歌赛"金奖，又到香港参加了"刘家昌2009音乐会"之后。

这期间，有一件事情强烈地刺激了她。

获得第十三届央视"青歌赛"冠军后，也是同一年，姚贝娜在第九届 CCTV-MTV 音乐盛典上获得"内地最具潜力歌手奖"。对一个新人来说，这个奖的分量很重，与她竞争同一个奖项的是李冰冰、孙俪、黄晓明、谢娜这些名气很大的影视明星，她能从中独自胜出，足见其实力不凡。

然而，颁奖晚会上的遭遇却让姚贝娜备感失落和尴尬，原本十分高兴的劲头消失殆尽。

姚贝娜是极少数在颁奖现场没有获得热烈掌声的获奖者之一，而且在随后举行的获奖者媒体见面会上，记者们争先恐后地向其他获奖者问这问那，却无视她的存在，根本没有人向她提问，直到最后才有一位认识她的记者礼节性地向她提了一个可问可不问的问题，算是没让她彻底沦为背景板。

也难怪，毕竟这是一个流行音乐的盛典，姚贝娜长期生活在部队，与这个圈子有一定距离，大家根本不了解她。能拿到这个奖，也只是源于她在"青歌赛"上的优异表现。

这段经历对她产生了强烈的心理冲击，也激发了她的斗志和勇气。因为，她坚信受到冷落并不是自己唱得不好，而是由于大家不了解她。她更加清楚地意识到，她需要更大的能尽情演唱流行歌曲的舞台。

最初，姚贝娜离开海政的打算没有得到任何人的支持，在这个问题上她就像一个"独行侠"，她的父母也一直在苦口婆心地劝说她。

最后一次劝阻是 2008 年 8 月，姚贝娜回到深圳休假，一家三口促膝谈心，仔仔细细地分析了利害得失。假期结束，姚贝娜启程返回北京，姚峰、李信敏把她送到机场，一直目送着她过了安检门。他们转身正要离开时，姚贝娜却突然从安检通道折返回来，跑到他俩面前，非常认真地说："爸爸，妈，我想通了，我不离开部队了！"听到这话，李信敏激动得眼泪都流出来了，连声说："好啊好啊，姑娘，你就在部队好好干……"等她转身再次过了安检，姚峰用十分肯定的语气告诉李信敏："我不信，她还要变的！"

知女莫如父。果然，过了不久，姚贝娜又反悔了，仍打算离开部队，态度非常坚决。

也许很多人无法理解姚贝娜为什么非要离开海政不可。的确，能在海政文工团这种顶尖文艺团体工作本身就是一件很体面的事儿，何况，除非有演出任务，平时的工作十分轻松，既不需要出操，也不需要训练。

说到底，姚贝娜想离开部队的最主要的原因是她有一颗热爱流行歌曲的艺术之心。

她很愿意为部队官兵服务，尤其是对普通战士充满了敬意，然而部队文工团负有自己的特殊使命，她作为歌手，最多只是有一些唱通俗歌曲的机会，却几乎不可能去唱流行歌曲。为此，她

觉得在部队不能够尽情发挥自己的演唱才能，或者说不能尽情释放自己的艺术潜能，唱自己想唱的流行歌曲。

她常常不得不面对一种尴尬：在台上她演唱的大多是抒情嘹亮的歌曲，可她私底下练声时唱的全是节奏强烈的外国流行歌曲。工作与兴趣的错位令她焦灼不安却又无力自拔。

准确地讲，与其说姚贝娜想离开部队，不如说她是想脱离体制。她特立独行的性格决定了她必然选择自由放飞，这与是否在部队并无必然联系。

早在姚贝娜还在上大学时，著名歌手顾莉雅就偶然得知这个学民族唱法的女大学生酷爱摇滚。两人成为战友后，她发现看起来文静温顺的姚贝娜的确有一颗不安分的艺术之心。有一次，她俩一起参加一个演出，在路上姚贝娜突然把耳机递给她："姐，你听听，这首歌多好听啊！"顾莉雅一听，居然是一首节奏非常强烈的朋克风格的英文摇滚歌曲。这让顾莉雅大为惊讶，仿佛偷窥到一位斯斯文文的漂亮公主居然暗地里在狂灌烈性白酒。

姚贝娜虽然外表给人开朗热情、温顺宽容的印象，但单纯的外表下包裹的却是内心的寂寞孤独，甚至有一丝忧郁缠绕着她，她过得并不快乐。她不太喜欢交际，也不擅长交际。只有和朋友们在一起，处于无拘无束的环境时，她才会很活跃很轻松，甚至表现得古灵精怪，尽情地释放自己。第十三届"青歌赛"结束后，所有的获奖选手和节目组的工作人员在一起聚餐，大家玩得很嗨，姚贝娜兴奋得站在椅子上即兴高歌，唱着唱着仍嫌不过瘾，她竟一步跳上了桌子。目睹了这一幕，自认为最懂姚贝娜的顾莉雅仍不免大惊失色：这才是真实的姚贝娜呢！走出宴会厅，顾莉雅仍未回过神来："姚贝娜，你今天把我吓住了！"

姚贝娜是能喝酒的，但她只愿意与朋友们相聚时喝，一旦遇上那种可有可无的应酬场合，姚贝娜就感到特别的别扭，也就不愿意端杯。但是，又难免有应酬的时候，遇到这种场合，她就显得很不自在。姚峰也曾多次教她："姑娘，你也太傻了吧，你不能喝酒，难道就不会以茶代酒，给人家解释清楚吗？"但是，她就是这种性格，不是不会，是不愿意。"付爸爸"付林就曾当众调侃过她："姚贝娜透明得很，总是有什么说什么，领导说错了也不知道顺着领导的意思走，偏要纠正过来。"

姚峰、李信敏虽然本意上不赞成她离开部队，但毕竟是姚贝娜在选择自己的人生之路，所以，在留下与离开的长期博弈之中，他们站在姚贝娜的角度渐渐地理解了女儿，转而倾向于同意她退伍，让她放手去做自己想做的事，唱自己想唱的歌。

然而，申请退伍的报告递上去后，团里迟迟不批。

在姚贝娜陷于左右为难的关键时刻，姚峰飞到了北京，父女俩一起拜访了海军政治部姚副主任。

交谈中，姚副主任回忆起当年他在总政具体办理某位著名歌星退伍的事情："虽然我批准她退伍了，但我至今不明白她为什么非要离开部队不可，在部队多好啊！"

姚峰接过话茬："那位歌星在总政的时候多红，老百姓那么喜欢她，家喻户晓。她从军区歌舞团调到总政歌舞团，进一步确定了她在中国流行歌坛的地位。但是退伍后，她加盟香港地区的一

家娱乐公司，重心转向海外发展，但这次转型显然是失败的，海外歌迷不认识她，国内歌迷渐渐忘了她。"

姚峰坦率地告诉姚副主任，姚贝娜当年进海政非常不容易，为争取入伍指标，团里费了很大的周折。在海政的这几年，姚贝娜得到了很多锻炼，"青歌赛"先后拿到银奖、金奖，都是部队悉心培养的结果。我们甚至还和她谈过，海军大院多好啊，将来结婚成家，生了小孩可以直接上海军幼儿园，多方便啊！

姚峰在说这番话时，姚贝娜趁着续茶的功夫，狠狠地瞪了姚峰一眼，那眼神分明是说："你是来帮我做工作的，怎么说起团里的好来了？"

姚峰没搭理姚贝娜，话锋一转："但是，请您理解，姚贝娜不是说海政不好，也不在意生活条件如何，她的目的就是想能多唱一些流行歌曲。她就是喜欢流行歌曲，可在部队呢，有机会唱通俗歌曲，但唱流行歌曲的机会很少，她的很多心愿实现不了。所以，她想离开部队，去做自己喜欢的事情。作为她的父母，我们也觉得这没什么错，也希望首长能理解、支持她……"

听了姚峰这一番话，姚副主任很爽快地说："你这么说，我明白了，我支持。让她打报告，我批！"

这次见面之后，退伍报告很快就批下来了。

但是，此时，当年的军官退伍工作已经结束了，如果要走的话，只能按战士办理退伍手续。虽然得到这个消息，但姚贝娜铁了心，没有一丝犹豫，就像破釜沉舟一样，最后便放弃了军官身份，按战士的身份办理了退伍手续。

直到拿着档案材料到广东兵站办理相关手续时，他们才知道军官转业与士兵退伍两者之间的待遇差别特别大。兵站的一位工作人员在仔细看了姚贝娜的材料后，出于好心就建议她回部队重新按干部转业办理手续。

坐在兵站大厅，李信敏征求姚贝娜的意见，要不要重新去办？姚贝娜思考了一下，说："妈妈，我可是没有什么办法能够重新办这个事，再说了，我就是想当一个自由歌手，管他什么身份，无所谓的。"

就这样，在海政服役四年多后，姚贝娜脱下军装，以普通士兵的身份退役。

姚贝娜离开海政时，团长高山无不惋惜地说："姚贝娜啊，人家撞了南墙才回头，你是撞了南墙都不回头。"著名歌唱家、副团长吕继宏很欣赏姚贝娜的才华，但也丝毫不隐瞒自己的不满："姚贝娜太任性了，怎么就不听劝呢？部队培养了你，怎么说走就走了？"

直到 2014 年 4 月 22 日，姚贝娜做客央视《艺术人生》，才揭开了她选择离开部队的心路历程，回答了很多的疑问和不解。

在接受朱军访谈时，姚贝娜说，由于太喜欢唱流行歌曲，在部队又没有太多的这种自由发挥的机会，她常常处在一种焦虑、压抑、灰暗的状态，下意识地把自己封闭起来，不愿意与人交流。严重到在坐飞机的时候会胡思乱想，首先想到的是希望飞机掉下去算了，一了百了。好在她又想到我若掉下去了我爸爸妈妈怎么办，接着又想到我若掉下去了，同在飞机上的那么多乘客就都跟着我一起倒霉了。这表明，姚贝娜当时处在一种抑郁状态，但旁人肯定都没有意识到这是心理疾患，只以为她是不安于现状，喜欢折腾。

姚峰以嘉宾的身份参加了这一期节目的录制。听到女儿这样袒露心迹，他才真正意识到，虽然他们一同经历了这种转变，最终支持她走出了这一步，但在这个过程中，姚贝娜所承受的心理压力之大是他们远远没有估计到的。所以，姚峰、李信敏很庆幸的是他们最终做对了，尊重了姚贝娜的选择，让她得以从抑郁、灰暗的心态中走了出来。

摄影：贝壳青莲

　　这一期节目还有一个值得玩味的细节。节目开始，姚贝娜是唱着《随它吧》这首歌微笑着上场的。"随它吧，随它吧，一转身不再牵挂，悬崖上让我留下。随它吧，随它吧，反正冰天雪地我也不怕……"此情此景，她的歌声不仅美妙，而且意味深长。

摄影：陈少琪

第8章 "北漂"为逐梦

准备好了要出道
唱歌是我的爱好
不是追求名和利
只是想把歌唱好
全心投入音乐里
带给人希望欢笑
——《靠自己》

离开海政文工团之际，姚贝娜谢绝了充满诱惑力的橄榄枝。不为别的，她就是想做一个自由的歌手，无拘无束地唱自己想唱的歌。

于是，她成了一枚快乐自在的"北漂"，再后来，成为沙宝亮旗下的签约歌手，向职业流行歌手的目标大步迈进。

姚贝娜江湖号称"姚一遍"，她录音既快又好，是录音棚里的红人，无论新歌老歌，她的演唱都是高水平的二度创作。

艺术是相通的，除了唱歌，姚贝娜还是一位优秀的小品演员。

"宝贝之约"

　　姚峰一边帮姚贝娜办理退伍手续，一边着手考虑她的工作去向。

　　这时，姚峰的学生，时任中国煤矿文工团歌舞团副团长的黄鹤翔知道这事了。

　　黄鹤翔毕业于武汉音乐学院通俗演唱专业，他是中国第一个在音乐厅举办个人演唱会的流行歌手，也是中国第二个拿到通俗演唱专业本科文凭、获得学士学位的流行歌手，曾经因演唱《一生离不开的是你》《九妹》风靡全国。

　　黄鹤翔给姚峰打来电话，说他向瞿弦和团长报告了姚贝娜的事情，瞿团长委托他转告：欢迎姚贝娜到煤矿文工团来，给她提供三项条件，第一是办理北京户口，第二是分配住房，第三是职称定为国家一级演员。

这是极具诱惑力的三项条件，有一项都不得了，何况是三项呢，多少人求之不得。

姚贝娜听说了这个好消息，一方面感谢煤矿文工团的好意，另一方面她不想去："爸，不去吧，我好不容易从体制内出来了。"

姚峰也很冷静，说："好！"

几乎就在同时，著名歌唱家魏金栋得知姚贝娜要离开部队的消息，也给姚峰打来电话："到我们'广播'来吧。"

魏金栋时任中国广播艺术团电声乐团团长，给姚贝娜提供的待遇包括：进京指标、国家一级演员。

可姚贝娜不愿意啊，姚峰只好实话实说，谢绝了他的好意。

既然铁了心想当"北漂"，档案总要找个地方落户吧。姚峰便和姚贝娜商量："姑娘，我去给深圳市文化局领导报告一下，你拿过'青歌赛'冠军，看能不能作为特殊人才挂靠在深圳群艺馆，也不领工资，群艺馆如果有重要活动，你就从北京回来服务一下。这样有一个好处，便于办理社保。"

对姚峰这个想法，姚贝娜倒是考虑了一下，但最终还是说："爸，算了吧，我不要了。"

姚峰仍表示了理解："行！"

怎么办呢？总得找个地方接受她的人事档案吧。于是，姚峰再次找到广州兵站，兵站得知这个情况后，热情地把他介绍到深圳市民政局。最终，姚贝娜的户口和档案落在了深圳市民政局。

从此，姚贝娜成了一个"北漂"着的深圳市民。

开始"北漂"时，姚贝娜身心是自由的，但身体是劳累的。

由于没有经纪公司，从联系演出到签订合同，从曲目准备到服装、化妆，甚至交通，所有的事情都需要自己独自打理，常常疲惫不已，她也就很羡慕那种一心一意只管唱歌，别的事情都不用操心的工作状态。

其实，早在姚贝娜大学毕业进入海政文工团不久，华谊兄弟音乐公司总经理袁涛就找到她，希望她加盟华谊音乐，并且把合同都交给她了。姚贝娜当然很乐意，但是，华谊音乐要的是全职歌手，合约有一个前置条件，姚贝娜必须离开部队。当时姚贝娜的第一反应就是如果要退伍的话，部队不会同意，爸爸妈妈也肯定不会同意。这样，她与华谊音乐擦肩而过。

从海政退役以后，她最想签的还是华谊音乐。但是华谊音乐这个时候没有联系她。

就在姚贝娜独自"北漂"时，著名音乐人三宝向陷于单打独斗的姚贝娜伸出了援手。

因为音乐剧《金沙》，三宝对姚贝娜赞许有加，于是，爱惜人才的他主动向沙宝亮提出一个建议：乐巢音尚签下姚贝娜。这样既可以帮到姚贝娜，也可以增强乐巢音尚的实力。

沙宝亮与姚贝娜是《金沙》的第一任男女主角。当年合作《金沙》时，沙宝亮已是名声在外，姚贝娜还只是一个没有出道的大学生，但第一次排练，沙宝亮听了姚贝娜的演唱，就感觉这个女孩唱得真的很棒，他俩在《金沙》的合作中结下了深厚的友谊。

沙宝亮创办北京乐巢音尚文化传播有限公司的初衷是为自己的演艺活动打造一个平台，当时尚不具备足够的实力去包装其他的歌手，但对三宝提出的建议，沙宝亮几乎没怎么犹豫就答应下来了。一来，三宝是他尊敬的老师级人物；二来，沙宝亮了解姚贝娜。

于是，选择在 2010 年元旦，一个万象更新的日子，姚贝娜与沙宝亮签约，正式加入北京乐巢音尚文化传播有限公司。后来，有粉丝称之为"宝贝组合"。

"老板"沙宝亮对旗下的"歌手"姚贝娜确实挺好的，公司的 CEO 段沫然亲自兼任了姚贝娜的经纪人。

在乐巢音尚这一时期，沙宝亮起到了一个很好的推手作用，凡是有演出的机会他必然会推荐姚贝娜，也催生了两人间很多的完美合作。比如，沙宝亮把电影《刘三姐》的插曲《世上哪有树缠藤》重新进行了编曲，两人在很多大型歌会和庆典上演唱，产生了很大的影响。

《阆中之恋》则是"宝贝组合"的又一经典之作，也是体现姚贝娜演唱风格的一首代表作。

四川省阆中市是中国保存最完好的四大古城之一，《美在中国》系列经典城市电视作品特地制作了一部《阆中之恋》，这部纪录片拍得十分讲究，流畅地展示了阆中的风情神韵。而姚贝娜和沙宝亮为这部作品配唱的同名主题歌，一改高亢奔放的曲风，选择了轻唱慢吟的处理方式。娓娓道来的歌声从唯美的画面中飘过，仿佛天籁一般，给人以沉醉之感。

摄影：贝壳青莲

　　沙宝亮对姚贝娜的艺术成长十分用心。从《只因为爱》这首单曲的问世过程就可以看出端倪。

　　《只因为爱》由段沫然作词、沙宝亮作曲，为姚贝娜量身定制。为拍好《只因为爱》EP 的宣传照，他特地邀请了台湾著名摄影师江俊民掌镜，化妆师则邀请了有"中国十大化妆师"之称的张帅。在拍完 MV 之后，沙宝亮却不满意，于是，他决定按照他的创作思路重拍，为此，一波人马专门去了一趟四川甘孜取景。这是姚贝娜第一次走进藏区，独特的藏族风情带给她别样的创作灵感，也为她以后的演唱留下了新的积淀。

　　完成《只因为爱》的所有工作，懂得感恩的姚贝娜曾告诉沙宝亮："做音乐让我找到了自己，这次拍摄《只因为爱》你又让我发现了自己。"

作为姚贝娜的经纪人，段沫然认为，姚贝娜的确是一个各方面都很优秀的女孩，她要强上进，富有才华又充满个性，而且她的这些品质无时无刻不在影响着其他人。

2011 年 11 月 11 日，"一沙一世界"沙宝亮全国巡回演唱会在北京万事达中心举行首演。沙宝亮作为演唱会的主角自然是光芒四射，成为当晚最亮的明星。姚贝娜以助演嘉宾的身份登场，完美地演唱了《小头发》，并与沙宝亮合作演唱了《世上哪有树缠藤》。

在首演结束后的庆功会上，这场演唱会的制作人段沫然告诉大家，首演成功的首功应归于姚贝娜。

原来，由于这个场地很大，规格很高，投入也会很大，此前还没有内地歌手在这里举办过个人演唱会。因此，在策划筹备之初，段沫然感到心里没底，颇有一些游移不定。有一天，他把自己的担心告诉了姚贝娜，姚贝娜却十分肯定地说："没问题的！沫哥，你尽管放心，我觉得咱们行！"那种语气和眼神，那种坚定和积极的心态给了段沫然极大的信心，也最终促使他拍板做了这场演唱会。

江湖传说"姚一遍"

2009 年的一天，姚峰在深圳遇见时任中国音协分党组书记、著名音乐家徐沛东。

两人刚一见面，徐沛东就告诉姚峰："我昨天在人民大会堂碰见姚贝娜了，她选择离开海政是可以理解的，但我跟她说了，还要继续努力，别把自己荒废了。这孩子不错，大家都说她是'姚一遍'。"

啊？梅艳芳是"百变歌手"，"姚一变"是什么意思？姚峰一时语塞。

看着姚峰疑惑不解的样子，徐沛东大声地赞叹："你不知道啊？姚贝娜在录音棚里一遍就过！"

原来，离开海政之初，姚贝娜几乎天天泡在录音棚里，应邀为音乐新作配唱，录制了很多音乐小样。凭借扎实的基本功和出

摄影：王博

众的嗓音条件，姚贝娜的录音既快又好，北京音乐圈里的人很快认可了她，时间一久，大家就都叫她"姚一遍"。

"姚一遍"可以做到"随叫随到，说录就录"，任何情况下都不需要热身，拿起谱子看一遍，或者是听一遍，她就能够马上进入状态，准确地演唱。

比如，宋小明作词、王备作曲的《生命之城》是为纪念唐山大地震34周年而创作的。录制这首歌时，王备把电话打给了姚贝娜。不巧的是，正赶上姚贝娜在深圳休假，还患了重感冒。接到电话，姚贝娜二话不说，马上买了机票就飞回去了。下了飞机，已是晚上11点多，她先给姚峰打了个电话："爸，我到了，我去录音棚了。"姚峰一边回答她"我知道了"，一边在想：重感冒，这怎么唱啊？可后来听了她传来的音频，感觉唱得非常棒，根本听不出来是在重感冒的状态下唱的。

"姚一遍"不仅是说姚贝娜录音很快，而且还在于她有很强的二度创作能力，能准确地用声音塑造音乐形象，给人以不同的音乐感受。

有一次，姚贝娜在北京接到作曲家沈丹打来的电话约她去录一首歌，沈丹是姚贝娜最喜欢的作曲家之一，她演唱的很多作品的配器都出自沈丹之手。李信敏陪她到了沈丹的录音棚，才知道是描写湘西凤凰古城的一首歌，叫《唱给沱江》。

姚贝娜拿着谱子，先听湘西本地的一位歌手唱了一遍。李信敏在旁边听了，感觉这首歌地方特色非常鲜明，带有明显的湘西民歌味道，很好听，而且这个歌手也唱得挺不错。听她唱完了，姚贝娜应了一句："好，我知道了。"然后就进棚去了，很快，歌录完了，作者非常满意。

回家路上，李信敏忍不住夸她："哎，姚贝娜，这种风格的歌你怎么听一遍就掌握了？"姚贝娜也不解释，只是一如既往地淡淡一笑："是不是啊？妈，呵呵……"

说起"姚一遍"，姚峰也曾在女儿面前自我表扬："小姑娘，你不知道吧，我可是最早的'姚一遍'。"听到这话，姚贝娜睁大了眼睛："爸，吹吧？"

无论是自己求学，还是后来从事教学时，姚峰都很注重培养视唱能力，他要求自己和学生都要做到拿起谱子就能唱。

1990年湖北省音协举办了一个歌曲创作比赛活动，为了保证比赛的公平性，主办单位想了一个很绝的办法，先把入围的60首歌曲的作者名字全部抹掉，然后请姚峰一个人演唱，全部录成小样，再由评委会根据小样进行终评。

这场录音持续了8个小时，姚峰拿着歌谱，每录完一首就把谱子随手一扔，等到60首歌曲全部录完，录音棚里满地都是乐谱。

但姚贝娜"青出于蓝而胜于蓝"的地方在于她即使没有谱子，听几遍小样就能完美地演唱。

毫不夸张地说，姚贝娜继承了父母所有的音乐艺术之长。

以真乱假引发"抗议"

有些电视晚会为了保证转播效果，常常采取事先录音，现场播环音、对口型的办法。但姚贝娜总是希望在现场真唱，因为她具备这个实力。

2012年6月14日，电影《画皮Ⅱ》在成都举行盛大的全球首映礼晚会，姚贝娜现场演唱了影片的宣传主题曲《画情》。

《画皮Ⅱ》被称为"中国版"的《人鬼情未了》，讲述了"人妖殊途、你心换我颜"的爱情故事，而担负着影片市场推广重任的《画情》要尽情渲染的就是一种执着而悲凉的观影情绪。

姚贝娜以其独特的嗓音条件，把这首歌演绎得深情阴柔却又不失妖气，充满了画面感和诱惑力，成功地褪去了它的"广告色彩"，使之成为一首受听众喜爱的独立存在的爱情歌曲。

可是，由于她在首映礼上的演唱过于完美，居然有网友怀疑甚至直言她是假唱，有的网友还很过分地涉及到了人身攻击。为此，姚贝娜很无奈地发了一条微博："动情用力地真唱却能被人说成假唱！无语！这个世界怎么了？？请不要把屎盆子往我身上扣。我只是用心在唱歌，如果不喜欢大可不必费尽周折绞尽脑汁地进行攻击。对不起，我还不会也不屑玩这些……"

姚贝娜的回应得到很多"贝壳"的点赞和转发。"深圳小春"安慰她："那是因为你唱得太好了，没有瑕疵，有放录音一样的效果啊，不用太介意，自己问心无愧就好了，有我们支持你哈！""鎏伟"跟帖："那是你唱得太好，别人羡慕嫉妒恨，唱功好的人无论现场还是录音棚都能让人身心愉悦。""我是大雁你是谁"则直言："如果姚贝娜开始假唱了，那中国已经没有实力唱将了。"

后来，有细心的"贝壳"发现，她现场演唱时有一句歌词与录制的不同，这一点差别成了她现场是真唱的最好证据，假唱之说不攻自破，姚贝娜则因此自嘲是"忘词娜"。

为真唱假唱之争，还曾闹出了一起有趣的"抗议事件"。

2009 年，中国音协主办"全国优秀流行歌曲创作大赛"，比赛规定，参赛者提交伴奏碟，由歌手现场演唱。

姚贝娜应邀一共唱了四首歌，其中难度最大的一首是予子作词、胡旭东作曲的《心如明月》。这首歌音域很宽，高音很多，但她的现场演唱无懈可击。

然而，决赛正在进行的时候，有人找到活动组织者、时任中国音协副秘书长韩新安，很严肃地提出抗议：

"说好了要现场真唱，不许对口型的，为什么还是有人使用环音呢？"

"不可能！所有参赛者提交的都是伴奏碟，不可能有环音啊！"

"那你去看！现在还在唱，就是台上的那个！"

韩新安一看，"台上的那个"正是姚贝娜。他知道他们搞误会了："哎呀，她就是现场真唱啊！"

说姚贝娜的唱功很厉害，其中最突出的一点就是在她现场演唱的时候音准极好。网友真假不分倒是情有可原，但这么重要的一次全国性比赛，参加者都是内行，居然也会误以为她使用的是环音，这足以说明她厉害到了"以真乱假"的地步。

姚贝娜功底深厚，还表现为无论是首唱还是翻唱，她都能给歌曲重重地打上她自己的烙印。

2010年9月，为纪念深圳经济特区成立30周年，深圳文联主办了一场全国流行音乐盛典"1978—2008流行金曲授勋晚会"，邀请了包括徐沛东、李谷一、张千一、雷蕾等在内的一大批知名音乐家。

演唱会上，姚贝娜先翻唱了《追寻》《我不想说》，又演唱了《青藏高原》。听完姚贝娜特点鲜明的演唱，《青藏高原》的作者张千一很兴奋，他高兴地说："好！这又是一版。"他的意思是，虽然《青藏高原》这首歌很多歌手唱过，但在他看来，李娜的首唱属于第一个版本，韩红的演唱属于第二个版本，姚贝娜的演唱则属于第三个版本。

姚贝娜的演唱不仅得到了国内音乐界的赞美，而且取得了国外音乐界的认同。

2014 年美国 3D 动画电影大片《冰雪奇缘》风靡全球，迪士尼公司对该片在中国的上映表现出前所未有的重视，对于中文版主题歌《随它吧》的演唱人选进行了多轮严格挑选，最终确定为姚贝娜，并录制 MV。

姚贝娜也十分投入，她多次观摩英文版《冰雪奇缘》，揣摩故事情节和人物形象，又细心品味美国女歌手演唱的英文版 *Let It Go*，最终找到了最合适的处理方式，完美地展现了影片的意境。当她演唱的小样送到迪士尼总部时，得到了迪士尼高管的高度评价，称赞姚贝娜的中文版版本与包括英文版、法文版在内的任何一个版本相比都毫不逊色。

如今，随着《冰雪奇缘》的上映，中文版《随它吧》也成了一首"神曲"，深受观众尤其是少年儿童的喜爱。

被耽误的小品明星

都说艺术是相通的，这在姚贝娜身上体现得很充分。

除了唱歌，姚贝娜喜欢表演，其中，小品表演是她的长项，常常给人惊艳之感。

"青歌赛"有一个"观众最喜爱的歌手"评选环节，每位选手进行才艺展示，由观众投票。参加第十二届比赛时，姚贝娜本来想表演舞蹈，可团里经过讨论，决定让她表演一个小品，于是，邀请了武汉人艺的著名小品演员、参加过央视春晚的余信杰，两人合作表演武汉方言小品《罚款》，姚贝娜在剧中反串一个不拘小节的男孩子。

这是姚贝娜第一次公开演小品，无论是现场评委、观众，还是电视机前的观众、亲友，大家无不感到吃惊，她竟然能演得这么好。表演结束时，打量着戴一顶鸭舌帽、穿一身篮球服的姚贝娜，主持人董卿赞叹："要是不告诉我，我都不敢相信这个假小子式的姑娘就是姚贝娜。"著名小品演员郭达在现场这样点评她："非常精彩，出乎意料。姚贝娜的表演很生活化，台词清晰，逻辑重音准确。"他还说："希望有更多的像小姚这样的新人加入小品队伍中来。"

对姚贝娜的表演才能，徐春雨一点没觉得惊讶，她知道，姚贝娜从小自带表演基因。让这位女高音歌唱家、中央歌剧院国家一级演员记忆犹新的是，11岁的姚贝娜曾用不露痕迹的表演把她吓得个半死。

当时，徐春雨就读武汉音乐学院声乐系，师从姚峰。有一天晚上，李信敏有演出任务，姚峰要去录音，就委托徐春雨到家里帮忙照看一下姚贝娜，督促她写作业、练钢琴。

写完作业，姚贝娜正准备练琴时，她突然倒在了沙发上喊头疼，接着非常艰难地从沙发上爬起来，却又倒在了地上，时而翻滚时而不动。

徐春雨哪里见过这种阵势，被吓得手足无措，连忙说："娜娜，你怎么了？我送你上医院吧！"说着就把她从地上抱起来。

姚贝娜有气无力地说："姐姐，我……头晕，站不住，胸口……疼，我这是美尼尔氏综合征犯了，不用去医院，你让我躺一下……就会好的。"

看着她痛苦的表情，听着她虚弱的声音，徐春雨赶紧让她好好躺着，琴也不练了。

过了一会儿，姚贝娜拿起手边的玩具鼓捣起来。

徐春雨关切地问她："好些了吗？"

"躺着没事，就是不能坐起来。"姚贝娜回答。

徐春雨只好由着她躺着玩。

姚贝娜一边玩，一边叮嘱徐春雨："你别告诉我爸妈，要不然他们会担心的。"

回到寝室后，徐春雨想姚贝娜小小年纪怎么就得了这么奇怪的病，她查了一下资料后，觉得还是要把她的病情告诉老师。

不料，第二天，姚峰听完徐春雨的讲述，流露出诧异的神色："她挺好的，没有病呀？从来没有晕过呀？"

直到这时，徐春雨才猛然意识到她上当了，姚贝娜装神弄鬼的目的就是不想练琴。但她装得实在太逼真了，居然一点破绽都没有！

虽然被姚贝娜骗惨了，但徐春雨很喜欢这个小师妹，尤其是佩服她的舞台表现力，更没有想到有朝一日，姚贝娜会帮自己摆脱艺术上的困惑。

作为一名歌剧演员，需要在舞台上准确地表现人物情感，更好地展现音乐的张力以此来推动剧情发展，又由于舞台和观众之间存在距离，演和唱都往往需要有一定程度的夸张。但生活中的徐春雨是一个性情温和、真诚内向的人，性格与角色之间存在的差异，令她曾经很长一段时间找不到着力点，甚至一度感到一筹莫展。

得知她的苦恼，姚贝娜出了一个主意：

"姐，这个简单啊，你找一盒酸奶，软包装的那一种，把它用力地砸在地上，酸奶在地上炸开的时候，你就可以体味到情感爆发的那种感觉。"

"一定要用酸奶吗？沙发垫行不行？"

"不行不行，沙发垫没有能够刺激情绪的爆破感。"

徐春雨将信将疑，回到家里按照姚贝娜讲的办法，把一包酸奶使劲摔在了地上。果然，当酸奶砸在地面奶花四溅的那一瞬间，徐春雨真的找到了爆发和释放所产生的特别过瘾的感觉，这是一种从未有过的体验，仿佛淤积于心的情感得到了尽情释放，也突然找到了情绪的爆发点！

2010 年，徐春雨在根据经典歌剧《伤逝》精简而成的歌剧《紫藤花》中饰演女主角子君。徐春雨就是用这个办法很快找到了人物感觉，当得知涓生要离开子君时，徐春雨将子君的震惊、失望、痛苦、绝望诠释得淋漓尽致。在排练时，她把导演唱哭了；合乐时，她把乐队指挥唱哭了；演出时，她把观众唱哭了。姚峰观看演出后，徐春雨忐忑地问："老师，您掉眼泪了吗？"姚峰先是平静地回答了两个字："没有。"然后提高了嗓门："我不是掉眼泪，我是眼泪往下淌，是在哭！"老师的这番话对徐春雨而言，就是一个很大的奖赏。

徐春雨把这个奖赏归于姚贝娜。因为，"摔酸奶"成为徐春雨的一个艺术拐点，她得以进入艺术的自由王国。

兴许是因为在"青歌赛"上表演小品大获成功，文艺圈里很多人知道了她有表演天赋，姚贝娜也就有了更多的机会去演小品。

2007 年的一天，姚峰在深圳接到姚贝娜电话，说中央电视台有个栏目叫"子承父业"，这一期节目请了三个家庭进行才艺表演，一个是小品艺术家潘长江和他的女儿，一个是二胡演奏家宋飞和她的父亲，还有一个就是姚峰和姚贝娜。导演让父女俩表演小品《胡椒面》。

姚峰一听，立即来了兴趣：好啊！转身就去了北京。因为，姚峰从小就喜欢话剧，何况这个节目父女俩已在央视表演过一次。

喜剧小品《胡椒面》是陈佩斯、朱时茂在央视春晚表演过的经典之作。

就在位于北京珠江绿洲小区的家里，父女俩很认真地进行了排练。排练的时候发现缺一个扮演服务员的演员，刚好姚贝娜的助理李琦在，当即决定就由她来客串。

排练了好几遍，两人都觉得有把握了。然后按约定的时间去中央电视台录像。

在录制现场，姚贝娜、姚峰很放松，但是李琦一定是紧张的。姚峰一出场："服务员，来碗馄饨！"本来，这时候李琦应该马上上场了，可等了好一会儿，不见人影，姚峰没法继续往下演了，只好冲着空中喊了一声："导演，我们重来一次吧！"然后，姚峰退场，再重新上场……

顺利地完成了录制，每一个细节都表演得很到位。姚峰扮演的是一个对生活很讲究的大人，人物刻画尽量朝"小"里走，一个"大"男人朝着"小"里走，就很容易抖出包袱；姚贝娜扮演

的是一个大大咧咧的假小子，人物刻画尽量往"大"里走，所有的表演都是放大的，很夸张。两个人物之间由此形成了强烈的戏剧冲突，戏就很好看了。节目播出后，效果也非常好。

2010 年 6 月 6 日，随央视"心连心"艺术团在湖北黄冈演出时，姚贝娜与著名小品演员郭亮合作表演四川方言小品《白果树下》。这个小品讲述的是一个川妹子送情哥哥参军的故事。姚贝娜把一个既泼辣又柔情的川妹子演得活灵活现，郭亮的"憨"

与姚贝娜的"嗲"放在一起所产生的喜剧效果，令全场不时发出热烈的掌声和笑声。后来有网友把这个节目的视频发到网上了，对姚贝娜的趣评是："不会演小品的军人不是好的歌唱演员。"

姚贝娜和著名相声表演艺术家赵保乐合作，在央视表演过陈佩斯、朱时茂的另一个小品代表作《主角与配角》，"笑果"也是相当不错。

姚贝娜还先后和节目主持人郑雷合作表演过陈佩斯、朱时茂的另一个小品代表作《吃面条》；和央视主持人杨柳合作，表演过黄宏的小品代表作《足疗》，都挺受欢迎的。

姚贝娜表演的小品，角色反差都很大。《罚款》是一个不拘小节的假小子形象，《胡椒面》是一个大大咧咧的坏小子形象，《白果树下》是一个很温柔的村姑形象，《水中情》是一个质朴的小战士形象，等等。有贝壳在网上留言："姚贝娜是一个被唱歌耽误的小品演员。"

姚贝娜曾经对李信敏说过："妈咪，你知道吗，我小时候在弹钢琴的时候，你看着我是在弹练习曲吧，其实我脑子里面想的是如何把这个曲子表演出来。"

姚贝娜喜欢戏剧表演。她曾有一个"触电计划"：39岁以后告别歌坛，到美国留学学习电影导演专业，然后回国当导演。

因为喜爱表演，姚贝娜在舞台上就能做到收放自如，演唱也就更具有艺术感染力。

第四部
娜 样 芳 华

摄影：江俊民

第9章　无惧红颜劫

祸福轮流转
是劫还是缘
天机算不尽
交织悲与欢
——《红颜劫》

　　就在自由自在地唱着自己喜欢的歌时，姚贝娜突然发现身体出了状况。

　　当确诊为乳腺癌时，没有犹豫彷徨，没有沮丧悲观。内心强大的她，勇敢地选择了积极应对。

　　手术之后，她说过最牛的一句话："胸前那道疤痕是我独有的勋章。"她做过最坦然的一件事：领衔抗癌粉红丝带。

　　音乐成了她战胜病魔的一剂灵丹妙药。病魔没有吓倒她，相反，她用歌声驱逐了病魔。

摄影：习彬

勇敢面对乳腺癌

2011 年 4 月的一天，早上 6 点多钟，李信敏的手机突然响了，她一看，是姚贝娜打来的。

李信敏觉得很奇怪："姚贝娜，你今天怎么起得这么早啊？"因为按照姚贝娜的习惯，如果上午没什么事的话她一般都会睡懒觉。

"啊，妈，我今天跟萱萱在外面锻炼呢！"说完这一句话，姚贝娜就把电话挂了。

放下手机，李信敏对姚峰说："不好好睡觉，一大早起来搞锻炼，她能天天坚持下来吗？"

但真实的情况是，就在几天前洗澡时，姚贝娜突然发现乳房有点不适，她在网上查了一下，感觉这是一个不太好的症状，于是她先告诉了她的老师董华。董华马上约了专家给她检查，医生给出的结论是：你感觉不舒服的这一边没事，但没感觉的另一边有问题。

对医生的判断，姚贝娜一方面表现得很勇敢，但另一方面内心又是很紧张的，这时候她特别希望得到父母的关心，帮她拿主意。当天，她已约好去北京大学人民医院乳腺中心找曹迎明大夫看病，出门之前她决定要给母亲打个电话。

但是，电话接通后，她又想到她与父母不住在同一个城市，远水解不了近渴，而且她深知母亲是一个心里放不下事的人，一旦有什么不好的信息，总是习惯于往坏处想。所以，姚贝娜欲言又止，免得母亲担心着急。

曹迎明检查发现，姚贝娜的左乳局部有凹陷，凭着丰富的临床诊疗经验，他认定这是一个不好的症状，极有可能是乳腺癌，便直截了当地建议姚贝娜马上住院接受手术治疗。

姚贝娜和曹迎明约定两天后住院。

离开医院，姚贝娜把检查结果先告诉了爸爸，再后来才告诉妈妈。

早在上大学3年级时，姚贝娜感觉乳房上有一个小包块，李信敏当即陪她去北京肿瘤医院做了检查。医生说没什么问题，乳腺发育得也挺好。但李信敏从那时起就不放心，每年都要提醒姚贝娜，女性很容易出现乳腺增生，一定要定期复查，不能马虎。姚贝娜也坚持每年都做检查，还做过钼靶，结果显示都是正常的。

因此，突然得到这个不好的消息，李信敏一方面显得格外紧张，另一方面又不愿意相信，她让姚贝娜多找几家医院看一看，再确诊一下。姚峰则很镇定，他安慰姚贝娜：有病就积极治疗，不要害怕！

想到母亲说得有道理，加上她刚好要去中央电视台录制一个节目，于是，她电话联系曹大夫，说推迟几天再来住院。

李信敏马上赶到了北京，陪着姚贝娜找到了北京协和医院的一位专家。

那个专家给她做了一个简单的检查，说："先观察一下，三个月以后再来找我。"

母女俩走出诊室，姚贝娜果断地对母亲说："不能等三个月，真要是情况不好，越早治疗越好。"于是，她俩调头又找到那个专家，听了姚贝娜的想法，专家便说："如果这样的话呢，那就先做个 B 超吧。"不料，做 B 超要预约，竟排到了 19 天之后。

在等待做 B 超的日子，姚贝娜一刻也没闲着，她与著名词作家唐跃生合作，为湖北卫视的"七夕情歌大会"创作了一首歌《东方之恋》，她独自作曲、编曲、做音乐样带。有一天她连续工作了 6 个小时，李信敏午睡醒来，发现她还坐在工作台前："娜娜，你还没忙完啊？先休息一下吧。""哦，快了。妈妈，我是不是吵着你啦？"说完，姚贝娜戴上耳机继续工作。

在此期间，姚贝娜丝毫没有表现出恐惧和慌乱的情绪，反而是李信敏在焦虑中熬过了 19 天。

按约定的时间，姚贝娜做了 B 超，依据检查结果，那位专家给出的结论是，乳腺血流信号不太正常，可能是炎症或者纤维瘤。

离开协和医院，姚贝娜大胆推测：乳腺血流信号不正常，就是一个不好的信息。她决定还是回到北大人民医院找曹大夫。

一见到曹迎明，曹大夫就埋怨她，说好了赶紧来住院的，床位都留好了，怎么现在才来？

母女俩跟曹大夫讲了实话，一方面确实在央视录节目，另一方面也找了其他医院多咨询检查了一下。

曹大夫很理解她们的心情，他随即介绍了一整套治疗方案：这个症状目前看起来是不好的，若要最后确诊，就必须动手术做活检。假如活检确诊了，就应该做乳房切除手术。切除手术有两种，一种是部分切除，另一种是全部切除，这需要病人自己作决定。手术之后，还需要做化疗。

"乳房切除以后怎么办？"姚贝娜问道。

曹大夫告诉她："可以做一个假体，但这需要两台手术一起做。"

"如果确诊的话，就全部拿掉，两台手术一起做。"姚贝娜一听，当即做了决定，没有一丝犹豫，也没和母亲商量。

曹大夫后来感慨地说，从没见过像姚贝娜这样的年轻病人能如此果敢地做出手术决定。

2011年5月31日，是姚贝娜做手术的日子。

然而，5月12日，姚贝娜仍若无其事地参加了央视"中华情"栏目的晚会录制。直到5月20日，她才发了一条微博，配了一张坐在机舱里的双腿照片，很隐晦地给贝壳们透露了一点信息："亲爱的贝壳儿们，我要去云里住一段时间，不要太想我呀，我会不好意思的，嘿嘿。永远都爱你们哒，等我回来后第一时间来看你们……"

手术当天，在病房做准备工作时，李信敏害怕极了，感觉双腿有点不听使唤。姚贝娜倒显得很镇静，但在把她推进手术室的那一刹那，她突然大哭起来，两行泪水从她眼眶里汹涌而出。姚峰望着她，不停地安慰她说："小姑娘，没关系的啊，爸爸妈妈在外面等你啊，会好的，没关系的啊！"自从得病后，这是姚贝娜在父母面前唯一的一次流泪，她后来回忆说，那一刻，她真的被吓住了，感到了恐惧。

坐在手术室外，李信敏双手冰凉。等了好一会儿，不见动静，姚峰起身回病房打开水，李信敏叮嘱他："你快去快回啊，万一你没回来，医生把标本拿出来了，我可不敢看啊！"

就是这么不凑巧，姚峰还没返回时，李信敏突然听见一位护士在大声地喊："姚贝娜的家属在不在？"

"在，我在！"

护士端着一个大托盘："你来看一下吧。"

"我不看，我不看！"李信敏心疼极了，她不忍心看啊！

姚峰回到手术室门口，曹大夫特地从手术室出来告诉他俩：活检确诊是乳腺癌。

此时，躺在手术台上的姚贝娜已从麻醉状态中清醒过来，得知活检结果后，她平静地对曹大夫说："就按计划做手术吧。"

再次实施了全身麻醉，手术继续。两台手术持续了整整8个小时。

姚贝娜被送回病房时，整个胸部都用绷带包扎得严严实实，因为麻药的作用，她的神志还不太清醒。等她慢慢醒来，护士给她装上了止疼泵，她既没哭，也没喊疼。

后来，姚贝娜把每年的 6 月 1 日定为她的重生日。这天是她接受乳腺癌手术后的第一天，又是儿童节，在她心里，这一天代表着一个旅程的结束，也代表着一个新的开始，寄托着生命重新起步的美好愿望。

手术后的第二天，正在北京出差的唐跃生匆匆赶到医院看望姚贝娜。

他走进病房时，姚贝娜正在听耳机，看到她，唐跃生侧过脸忍不住地掉下了眼泪。姚贝娜看见了，反而安慰他："没事的！你来听听这首歌，挺好听的。"唐跃生一边接过耳机，一边在心里感叹："唉，这孩子，都这个样子了，她还像没事一样在想她的音乐。"

姚贝娜自称是一个"很爷们的患者"，她良好的心态像一道耀眼的光，照亮了自己，也温暖着他人。

住院期间，除了积极配合治疗，她还主动地去宽慰病友。当时，隔壁病房里住着两个与她年龄相仿的患者，一个 29 岁，另一个 31 岁，姚贝娜就和她们有说有笑地聊天，用自己的乐观和坚强感染她们，鼓励她们一起勇敢面对，不要害怕。在姚贝娜看来，很多癌症患者之所以治疗效果不佳，首先是由于缺乏对癌症的正确认知而失去了治病的信心，甚至表现出恐惧、绝望，仿佛天塌下来一样。

手术之后的化疗是癌症病人要面对的最难受的事儿，姚贝娜称之为"打毒针"。

每次接受化疗之后，姚贝娜的药物反应都特别厉害，最初的几天她总是不停地呕吐，什么东西都吃不下，什么事情都做不了，连她最喜欢的音乐也无法听下去，唯一能做的就是躺在床上，在昏昏沉沉之中一秒一秒地捱过地狱般的日子。

化疗抑制了病人的骨髓功能，使得体内自有的催熟剂降低，导致白细胞数量减少，身体也就变得极度虚弱，在这种情况下就必须去注射升白针。姚贝娜第一次去医院注射升白针时，连上下的士的力气都没有。好容易在一楼大厅找到一个空位，她有气无力地缩绻在座椅上，李信敏先去挂号、取药，然后扶着她去注射室。短短的一段距离，姚贝娜却走得很慢很慢，她把头无力地靠在母亲肩上，双脚几乎是在一寸一寸地挪动。看到她生不如死的难受样子，李信敏感觉自己都快要崩溃了，她甚至担心姚贝娜扛不过来。

度日如年的化疗重复进行了7次。本来计划是做8次，姚贝娜提出减掉一次，曹大夫同意了她的要求，但叮嘱她，7次化疗一定要做完："你年轻，复发概率比较高。"

闯过了艰难的化疗关，姚贝娜给自己也给所有同病相怜的患者留下了一句"颁奖词"："所有经历过化疗的人都是战士！"

"祸兮福所倚，福兮祸所伏"，染疾癌症肯定是不幸的，但这成为姚贝娜人生的一个转折点，经历了检查确诊、手术切除、化疗全过程，她对人生的领悟变得更透彻，萌生出一种"长大了"的感觉。长达半年的治疗期，她"身体不适，心灵舒服"，仿佛回到了小时候，纠结、抑郁的灰暗情绪烟消云散，和父母在心灵上走得更近了。

姚贝娜怎么会患乳腺癌呢？

姚贝娜脸上总是经常长一些小包小痘，作为声乐演员，这是一件很讨厌很麻烦的事，主演音乐剧《金沙》的时候，也许是压力太大，她脸上的小包小痘尤其多，化妆师给她化妆的时候都被吓住了。

姚贝娜不得不到处求医，各种办法都用尽了，却总是不见根本好转，这让她很犯愁，几乎成了一块心病。

后来，有朋友介绍她去一家医院治疗，医生给他开了一种药。这种药有立竿见影的神奇疗效。这让姚贝娜特别高兴，在随后长达三年的时间里，她一直持续地使用这种药，既内服又外抹。

从使用效果看，这种药只要一用，脸上的小包小痘就消失了；但一旦停用，小包小痘又马上出现了。显然，这种药里很可能含有某种激素，这会不会是乳腺癌的诱因呢？

在使用这种药时，姚贝娜特地就它的副作用咨询过医生，医生轻描淡写地说这个药没有太大的副作用，顶多就是在妇科方面多多少少有一点影响。姚贝娜想到自己年龄还小，对这个副作用也就没太在意。

然而，在做了乳房切除手术后，检验报告显示她体内的雌性激素要比正常人高出一千多倍。曹大夫感到十分奇怪，曾问过姚贝娜是否长期吃过或用过什么东西。回想起来，除了这种药，姚贝娜没有吃或用过别的什么东西呢！

因此，并不是像有些网友推测的那样，姚贝娜是由于心情长期处于抑郁状态，导致乳腺增生，最终转变成了乳腺癌。因为，几乎每个女性都会出现乳腺增生，也都会有心情不好的时候，对姚贝娜而言，这些因素不至于严重到引发癌变。长期使用了这种含有不明成分的祛痘药物，可能才是真正的诱因。

化疗间隙唱"甄嬛"

治病期间，姚贝娜始终没有放下的是音乐。

音乐成了她战胜病魔的一剂灵丹妙药，而送来灵丹妙药的是著名音乐人刘欢。

姚贝娜曾不止一次地说过，刘欢是她的贵人，刘欢对她的帮助和提携让她一生受益。

自从 2004 年在家里听过姚贝娜录制的小样后，刘欢就对这个小姑娘留下了深刻印象，再到后来因为她在《金沙》中的表现，刘欢认可了这个小姑娘的实力。从那时起，他就想到要找机会和她合作。

这个机会一直到 2011 年才到来，不仅迟了点，而且时机有点不凑巧，做了大手术的姚贝娜刚刚完成第三次化疗。

当时，刘欢承担了电视剧《甄嬛传》的作曲工作，有意让姚贝娜演唱其中的插曲。他先向姚贝娜的助理瑄瑄打听了一下消息，得到的答复是姚贝娜刚做完手术，在家休养，现在什么事都干不了。

了解到这一情况，刘欢失望极了，但又有点不甘心，他拐了个弯，通过著名作曲家、《甄嬛传》的编曲孟可联系上了姚峰。

孟可在电话里告诉姚峰："姚老师，刘欢老师正在做一部电视剧叫《甄嬛传》，想请姚贝娜唱其中的插曲，他让我问一下姚贝娜的病情怎么样，能不能唱，能不能去录音？"

刘欢、孟可都是大腕，《甄嬛传》也一定不会差，他们来找姚贝娜，这是一种信任，也是一个难得的机会，无论对姚贝娜的身体恢复，还是歌唱事业都是一个很好的帮助。想到这些，姚峰如实相告："化疗是隔 21 天做一次，头 5 天是最难受的时候，过了这个阶段，精神状态就几乎和健康人一样。如果把时间安排好，姚贝娜应该可以录音。"

大概又过了一个星期，孟可再次联系上姚峰告诉他，刘欢为《甄嬛传》一共写了 6 首歌，其中 5 首女声独唱全部交由姚贝娜演唱。

姚峰把这一消息转告给姚贝娜："你的身体能不能唱啊？"

"怎么不能唱？我要去唱，一定要唱！"听到这个消息，姚贝娜高兴得直嚷嚷。她还给姚峰派了活儿："爸，你陪我去，我录音的时候最喜欢你在我旁边。"

按照约定的时间，姚峰陪姚贝娜来到了总政歌舞团的录音棚。

对病中的姚贝娜而言，歌唱是一剂良药，三个多月之后重返录音棚，姚贝娜两眼放光、步态轻盈，显得异常兴奋。当天，姚贝娜用一个下午的时间录了《菩萨蛮》《采莲》《金缕衣》《惊鸿舞》四首歌。录音进行得非常顺利，刘欢也亲眼见证了"姚一遍"的风采。

后来，姚贝娜又去补录了主题曲《红颜劫》。

《红颜劫》是根据《菩萨蛮》的音乐，由年轻的音乐人崔恕重新填词的。词曲称得上是珠联璧合，旋律与填词高度浓缩了这部电视剧所要表达的内涵，既有古典韵味，又有今世解读。

不得不说刘欢是一个音乐天才，他的歌曲总是不走寻常路，充满着奇思妙想，又绝对是好听的。《红颜劫》对和声的运用呈现多样化，转调充满着奇思妙想，旋律看似是在简单地绕来绕去，实际上难度极大，关键是听起来特别舒服，能让普通听众毫无障碍地接受和喜欢。

不同于气势磅礴的大歌，《红颜劫》看似简单实则复杂，其浓郁的古典气韵实际上对演唱者提出了更高的要求，这也是刘欢在选择演唱者时非姚贝娜莫属的原因。

姚贝娜也没有让刘欢失望，她以平稳的气息、寂寥的情绪，寓激情于从容，寄缠绵于含蓄，把全曲演绎得雍容华贵，堪称锦上添花。

录唱《甄嬛传》，对处在化疗期间的姚贝娜而言，是一种特别的纪念。而随着电视剧的播出，广大观众很快接受了《红颜劫》等歌曲，也极大地提升了姚贝娜的知名度。

可以这样说，演唱《甄嬛传》是继主演《金沙》、获"青歌赛"金奖之后，姚贝娜歌唱生涯中的又一个标志性事件。

《甄嬛传》的成功，让刘欢更加信任和关心姚贝娜，两人也就有了更多的交往和合作。

2013年元旦之夜，刘欢在北京万事达中心举办"倾听我们的年代·留欢2012"大型演唱会，他特地邀请姚贝娜做特约嘉宾。

最初，刘欢安排姚贝娜在演唱会上演唱《甄嬛传》的插曲《惊鸿舞》《菩萨蛮》，但姚贝娜告诉刘欢，她还可以唱一些曲风很自由的歌曲，刘欢便很乐意地安排她演唱自己创作的《离不开你》。

姚贝娜的艺术之心是狂野的，相对于那种很规整的歌曲，她更偏好能自由发挥的流行歌曲。她在"留欢2012"演唱会上演唱《离不开你》，就是一次彻底的二度创作，除了呈现刘欢作为作曲家赋予作品的音乐形象外，她融入了自己作为演唱者对歌曲的理解，尤其是到歌曲最后的高潮部分，她凭借自身的嗓音条件，即兴发挥，把音飙得既高又飘，在充分炫技的同时，又极大地丰富了歌曲内涵，场面十分火爆，把演唱会推向了一个高潮。

整个治病期间，姚贝娜显示出内心的无比强大，她积极治疗，很快像一个正常人一样重新站在了她心仪的舞台中央。也是在化疗间隙，赶上湖北卫视录播"七夕情歌大会"，征得医生同意，她在姚峰的陪同下回到了武汉。

摄影：贝壳青莲

　　此次故乡之行，意味着姚贝娜大病初愈后首次公开亮相，而且演唱的是她自己创作的歌曲《东方之恋》，这也是她第一次为电视晚会写歌。

　　在武汉时，姚贝娜和姚峰应邀做客《武汉晨报》"名人坊"，与读者、歌迷分享了音乐的力量。见面会由于场地有限，事先采取了预约登记的办法，但仍有不少读者不请自到，很多贝壳则是有备而来，现场被挤得水泄不通。

　　细心的贝壳注意到，姚贝娜右臂上系着一条银色的绸带，绸带下遮盖着一个留置针头，就是这根长达40厘米长的IPCC导管被植入她的静脉，陪伴她度过了110天漫长而痛苦的化疗期。

在与读者、贝壳的互动中，姚贝娜比较完整地讲述了她的音乐理想和追求。

她把选择离开海政文工团的原因归结为"自由地歌唱，比铁饭碗更重要"，也坦诚地谈到了父母在她的音乐之路上所起的作用。最令大家感兴趣的是，父女俩还对彼此的艺术特点作了相互评价，这种面对面的公开评说，是比较少见的，也极大地满足了公众的好奇心。

附：《武汉晨报》2011年8月4日报道(记者 刘婧、实习生周爽采写)

姚峰姚贝娜父女做客"名人坊"：上辈子的情人

一个是著名作曲家、教育家，一个是流行乐坛新生代、"青歌赛"金奖得主；昨日一大早，姚峰、姚贝娜父女做客晨报名人坊，与读者朋友分享音乐和信仰的力量。

姚峰是土生土长的武汉人，曾任职武汉音乐学院声乐系，后南下深圳文联。多年来，他创作的歌曲达数百首，其中《又见西柏坡》获2003年度央视音乐电视最佳美声作品奖及政府"星光奖"一等奖，这首歌曾伴随杨立伟遨游太空；歌曲《祖国，深圳对你说》被称为划时代之作；《迎风飘扬的旗》在央视"唱响中国"官网点播过万，在十首获奖歌曲中名列第二，成为新红歌中的经典之作。

"80 后"姚贝娜是央视第十三届"青歌赛"流行组冠军。去年，她加盟沙宝亮的北京乐巢音尚传播公司，成为流行乐坛唱作俱佳的新生力量，6 日她将现身湖北卫视七夕晚会，演唱自己创作的《东方之恋》。

昨日的晨报名人坊，不仅是两代音乐人的思想碰撞，也是两位"老武汉"回家的另类聚会。现场，很多"贝壳"有备而来，不仅备好了相机、签名簿，更对父女俩的故事和作品如数家珍。

姚贝娜：边走边唱，比铁饭碗重要

2008 年，姚贝娜摘得央视"青歌赛"流行组冠军，彼时，还是海政文工团的一名文艺兵。次年，她主动"打破"铁饭碗，签约乐巢音尚。在音乐市场低迷的当下，主动接受市场化考验，她说，"我只想自由地歌唱，那比铁饭碗更重要"。

父亲是偶像，是百科全书

读者：《迎风飘扬的旗》被看作新红歌的经典之作，你也给父亲打个分吧？

姚贝娜：站在爸爸的领域，他在我心里是绝对100分。比如《迎风飘扬的旗》，我们总以为主旋律歌曲太正，只是喊口号。其实我知道，父亲写的歌都是源自真情实感，让很多人感动。

读者：唱父亲写的歌，是不是会更有默契？

姚贝娜：对！很神奇的默契。父亲以前是声乐老师，我觉得他是一流的很棒的老师，我在录音棚录音，只要有他监棚，我就会特别踏实。只要是父亲写的歌，我拿到手很快都能唱，而且非常顺，这可能就是血脉、心灵相通吧。在我心中，爸爸就像一部"百科全书"，无论是音乐还是各种知识，只要我发问，他就能从容回答，他是我的偶像。

父亲的"放养"成就我的潇洒

读者：有个教育家的父亲，少年时期会不会与其他同龄人不太一样？

姚贝娜：特别痛苦，我四岁时开始学钢琴，不知道喜不喜欢，反正"被音乐"。（姚峰插话：我是作曲家，她妈妈是歌唱家，我们没想让姚贝娜学音乐，九岁那年，当她完整地把《国歌》唱给我听时，我感到非常惊奇，她的声音条件太好了，但也是直到她高中毕业才临时做出学声乐的决定。）

读者：父亲对你要求严吗？

姚贝娜：在家里，妈妈对我要求比较严，爸爸对我基本上"放养"，所以造就了我潇洒的性格（笑）。（姚峰：她妈妈一直埋怨我不管不顾，现在看来，可能一松一紧，才有了会思考、有个性的姚贝娜。）

自由歌唱比铁饭碗更重要

读者：2008 年央视"青歌赛"拿了金奖后，部队有没给你颁发军功章？

姚贝娜：2006 年我拿银奖时就记了三等功，拿了金奖后记了二等功。

读者：为什么会于第二年选择离开海政文工团？

姚贝娜：很多人都觉得不可理解，"青歌赛"金奖为我带来了军功章，站在了一个很不错的平台上。在大家眼里那是铁饭碗，还可以提干。我那时就是个愤青，觉得人生需要拼搏，就想站在舞台上唱歌，唱各种喜欢的歌，这个对我来说太重要了。

读者：前不久刚在深圳办过演唱会，会回家乡也举办一场吗？

姚贝娜：当然想啊！我最大的愿望是四处走、四处唱，办一场全国走唱会。

姚峰：爱音乐吧，娱人娱己

《东方之恋》《迎风飘扬的旗》，分别是姚贝娜、姚峰的近作，当熟悉的旋律从"名人坊"再次响起，父女俩相视一笑，笑容里分明是两代音乐人的惺惺相惜。所谓"同行相轻"，他们既是父女，又是同行。如果让彼此给对方打分，又会是怎样的结果？

读者：作为作曲家，您给姚贝娜创作的《东方之恋》打多少分？

姚峰：100分！（笑）因为是我女儿，所以有点偏爱吧。有人猜测，姚贝娜写歌，她爸爸肯定修改过。其实，她的作品我从来没改过一个音符，因为我改不了，我们是完全两种不同的风格。有朋友对我说，"现在姚贝娜比姚峰作曲棒多了"，我听了很欣慰，但也不认同，不光是面子问题（笑），主要是风格不同。她的风格年轻时尚，而我的歌，我相信我的同龄人都会喜欢。至于她对我的评价，就是"还可以"，"还可以"应该是七八十分吧，我就很满足了。

读者：就创作而言，父女俩会有代沟吗？

姚峰：两代人肯定有代沟，但是这种代沟通过学习和交流可以弥补。比如有人问，"姚老师快60岁了，他写的流行歌怎么还这么时尚？"这就与女儿交流有关。我们虽然不在同一个城市，但是每周都会通过电话交流。通过这种交流，我能感觉到这代人喜欢什么，了解一些时尚的东西；同样，一些传统的文化，她也可以从我这里得到。

选秀不该过分"愚乐化"

读者：当年，"超女"周笔畅就因为您的一句话，坚定地选择了歌唱之路。选秀现在已经成为音乐爱好者成才的平台，作为音乐教育家您怎么看？

姚峰：选秀节目其实挺好的，就像"超女"的那句口号"想唱就唱"，没什么不好，娱人娱己。突然邻家一小姑娘就成了名人，多好，给大家带来娱乐、带来希望。但是我个人觉得目前有些选秀节目过分"愚乐化"，一味照搬外国选秀模式，自己民族的文化没体现出来。音乐是可以代表民族文化的，我在俄国时，曾因为看过一场柴可夫斯基的歌剧而忘掉了旅途上的一切不快，那是被一种文化的力量所感动，因为有民族文化的音乐才有厚度。

读者：有读者感慨，您看上去比实际年龄年轻很多，有什么保养秘诀吗？

姚峰：我在开讲座时也有人问到这个问题，我觉得最大的秘诀是，我一辈子从事的都是自己喜欢的音乐事业，我很幸福。我常跟人们说，来歌唱吧，娱人娱己；爱音乐吧，娱人娱己。

《小头发》萌宠问世

　　2012 年 6 月 1 日，既是儿童节，也是姚贝娜的第一个"重生日"。当天，以时尚著称的北京 798 艺术中心飘荡着浓浓的萌宠气息，"甄嬛新声线——姚贝娜首张创作大碟《小头发》发布会"在这里举行。

　　在过去的一年时间里，姚贝娜仿佛一只深陷于狂风暴雨之中的小船，驶过了一段惊心动魄的航程，她经受了病魔的重创，也享受了演唱《甄嬛传》的荣耀，好在最终化险为夷，平安靠岸。所以，活动现场的背景墙上，赫然写着一行大字："涅槃重生，依然娜么美。"

　　《小头发》是姚贝娜出道 7 年来的首张专辑，总共收录了 11 首歌曲，其中大部分是她自己写的，这些歌曲曲风各异，称得上是姚贝娜创作实力和演唱功底的集中展示，其中，主打歌曲就是

《小头发》。

　　早在为姚贝娜推出了首张单曲《只因为爱》之后，乐巢音尚便开始着手请人为姚贝娜写歌，出个人专辑。但后来姚贝娜自己创作了不少歌曲，这些特点鲜明的歌曲首先打动了沙宝亮、段沫然，便调整了原定的"请别人写，姚贝娜唱"的专辑思路，改为凸显姚贝娜创作型歌手的特质。

　　这张专辑的主打歌《小头发》称得上是一首卖萌之作，全曲自始至终充斥着满满的童心和童趣。

　　《小头发》的创作时间比较长。当姚贝娜着手创作后，因身体出了问题不得不停了下来，直到化疗结束后才又重新投入创作。

　　这一亲身经历的重大变故对姚贝娜的创作动机产生了很大影响。如果说最初的想法是为所有的女孩子写一首好玩的歌曲的话，那么随着接受化疗，一头乌黑的长发慢慢离她而去之后，她的创作动机便又多了一层含义，那就是给自己的一头秀发写一首"安魂曲"。所以从歌中不难听出，在刻意设计的稚嫩唱腔的背后，流露出的是一丝不易察觉的惋惜和无奈，既为头发，又为生命。

　　沙宝亮亲自主持了发布会，他赞叹姚贝娜承受了生命中最残酷的考验，更祝贺姚贝娜实现了生命中最精彩的涅槃。《甄嬛传》总导演郑晓龙、音乐人三宝、捞仔到场站台助威，刘欢、董卿、孙楠、吕薇等重量级大腕以及《甄嬛传》演员孙俪、李东学、孙茜等特地录制了 VCR 表示祝贺，送上了祝福。

姚贝娜以全新造型亮相，除了献唱红极一时的《红颜劫》，还以饱满的童心和童趣现场演唱了《小头发》，并给到场的嘉宾好友戴上了红领巾和自己从小就梦想过的少先队"二道杠"臂章。

摄影：小文

领衔抗癌粉红丝带

姚贝娜是一个很坦然的患者，但她从来不认为自己是个病人，而是自称为一个敢于"打怪兽"的抗癌勇士。

因为化疗，很多癌症女性患者对掉头发、戴假头套都表现出害怕和自卑，忌讳被别人看见、议论。但是，姚贝娜却不是这样，化疗初期，开始出现掉头发的现象，早上起床，枕头上留下很多头发，李信敏建议她把头发剪掉，姚贝娜当时留的是长发，有点舍不得，李信敏就又建议她先剪个男孩子式的短桩子头。她接受了这个建议，请化妆师张丁元约了一位理发师到家里来把长发剪成了短发，也显得很精神、很时尚。但是，后来脱发现象越来越严重，每天起床，枕巾上全是头发。见此情景，她自己提出：剃光头！就这样，理发师再次被请到家里，把她的头发全剃光了，然后戴上了发套。

姚贝娜 那道疤是我独有的勋章

摄影::范欣　图片来源::《时尚健康》杂志

李信敏也常常安慰姚贝娜。每当姚贝娜回到家里，大大咧咧地一把取下头套，直喊"好热好热"时，李信敏就总会鼓励她："嗯，你看，苗条的身材，白白净净的脸，小光头，这个样子也挺漂亮的嘛！"

虽然李信敏不断地安慰鼓励女儿，可背着姚贝娜时，会常常躲在洗手间、厨房里默默地流泪，毕竟女儿还这么年轻。直到姚贝娜后来真正恢复工作之后，李信敏有一天在和她聊天时才吐露真言："姚贝娜，你知道吗，我当时看到你一个小光头、瘦弱的背影，真的觉得你太遭罪了，我背着你流了多少泪啊！"听到这话，姚贝娜默默地抱着母亲，把脸紧紧地贴在母亲的胸口……

重返舞台后，需要戴假发，姚贝娜从没有为此感到尴尬，也不怕别人议论。每次演出，一进化妆间，她就把假头套一摘，往化妆台上一扔，光着脑袋开始化妆，一副满不在乎的样子，这让旁边的人都很惊奇。有的人还跑过来问她各种各样的问题：乳腺癌是怎么发现的，怎么治疗……姚贝娜来者不拒，有问必答，一五一十地全告诉她们。

2013 年 9 月 26 日，姚贝娜 32 岁的生日。这一天她过得特别充实。

作为北京大学肿瘤医院的抗癌宣传健康公益大使，她和肿瘤患者以及医院医务人员一同度过了一个温馨而有意义的生日。

当天下午，姚贝娜来到北京大学肿瘤医院，从季加孚院长手中接过了"北京大学肿瘤医院健康公益大使"聘书。在医院的中央花园，她和北京癌症康复会的会员们见面，并一展歌喉。随后，姚贝娜又走进乳腺内科病房与患者见面，这些患者中有很多人本身就是贝壳，偶像的到来让她们欣喜不已，姚贝娜与大家交流治病心得，鼓励大家树立信心，战胜病魔，并为乳腺内科病房留下了8个大字："携手努力，'乳'此美好。"她阳光健康的心态鼓舞了患者，也感染了医护人员。

当天晚上，姚贝娜亮相《时尚健康》杂志主办的"粉红丝带乳腺癌防治运动"10周年庆典晚会现场，并受聘为粉红丝带代言人。《时尚健康》杂志主编简宏妮证实，姚贝娜是这项活动举办10年来，第一位以自己的抗癌经历来激励、影响读者的明星，也是粉红丝带行动最具说服力的明星代言人。

在接受媒体采访时，姚贝娜特别提醒女性朋友们，保护乳房要做好三件事：一是饮食，要注意食物的质量和数量；二是心情，要保持愉悦的心情，生活工作中难免有很多烦恼，但一定要拿得起、放得下；三是药物，要慎重选择药品和化妆品，切莫滥用那些带有超量雌激素的药品和护肤品。

为倡导女性朋友们爱护乳房和全社会关心女性，姚贝娜还应邀拍了一组全裸照片。当天，这组照片在晚会上首次亮相，引发满场喝彩。姚贝娜坦然地与大家分享自己的抗癌经历和心路历程，并压轴演唱了《也许明天》。站在舞台上，她再次提醒女性朋友们，平时要注意保护乳房，增强自检意识，早发现，早治疗。一旦不幸患病，也不要害怕，积极乐观的心态是战胜癌症的重要武器。

第二天，姚贝娜特地在微博上写了一段很牛气的文字："左乳

摄影：贝壳青莲

留下了永久的疤。我觉得这道疤挺酷的，写满了我的经历，是独属于我的勋章。"

姚贝娜的勇敢坚强，还有她美妙的歌声，深深感染了贝壳们。生日当天，贝壳们从四面八方寄来的礼物把一辆越野车塞得满满当当，她高兴地站在车旁留下了一张照片，一脸的幸福与满足。

李信敏十分支持姚贝娜参加慈善公益活动，但是，当她得知这个女性专题公益活动需要拍一组裸体照片时，李信敏就很不赞成。她反反复复地问姚贝娜，拍裸照好不好啊？姚贝娜解释说当然不会是全部裸露，肯定是有遮挡的。李信敏又说，那拍的时候也不好意思啊，那么多人，摄影啊，灯光啊等等全都在场呢。姚贝娜就又耐心地给李信敏解释，很多女明星都拍过了。

尽管姚贝娜作了反复解释，但李信敏仍无法接受这个举动。但又因为是做公益活动，是做一件针对女性的正能量宣传，李信敏也就没有坚决地阻止她去拍这组裸照。不过，后来看到公开发布的照片，李信敏也很喜欢，这些照片很好地展示了姚贝娜的美丽、纯洁、自信、坚毅。

第10章 "中国好声音"

没深夜痛哭过
又怎么会有资格
谈论命运生活
宁可壮烈的闪烁
不要平淡的沉默
别问这是为何
因为我曾和恶魔
斗过几回合
——《心火》

"中国好声音"是姚贝娜向往已久的舞台。

教科书式的盲选之唱，险象环生的晋级之路，姚贝娜释放着她的艺术天性，尽情享受着舞台，享受着歌唱。

败选是早就设计好的桥段，姚贝娜想好了开头却没有猜中结尾。

放歌"中国好声音"，意味着姚贝娜攀上了又一座艺术高峰，正式跻身中国超一流流行歌手的行列。

站上心仪已久的舞台

病愈复出时，华谊兄弟音乐公司向姚贝娜伸出了橄榄枝。最终，几经权衡，姚贝娜决定与华谊音乐签约，成为华谊旗下的一名歌手。

这件事正巧发生在因为演唱《甄嬛传》插曲而让姚贝娜名声大振之时，消息传出，立刻在网上引发一场轩然大波。有不明真相的网友公开指责姚贝娜忘恩负义，说她当年在独自"北漂"最无助的时候，沙宝亮收留了她，现在有点名气了就背叛了沙宝亮。

网友的吐槽令姚贝娜十分难受却又没法解释，心情一度糟糕到了极点。

这场风波是姚贝娜演艺生涯中唯一的一次带有负面色彩的舆情事件。

但是，网友们不知道的真相是，当时沙宝亮的乐巢音尚面临转型，华谊音乐邀请沙宝亮加盟。沙宝亮提出了一个条件，如果他签约华谊音乐，华谊音乐必须和他旗下的包括姚贝娜在内的所有歌手都签约，即乐巢音尚的所有签约歌手整体转入华谊音乐。对此，华谊音乐表示了认可。然而，在进一步沟通中，沙宝亮个人又放弃了加盟华谊音乐的决定。所以，这个时候姚贝娜实际上面临两个选择，要么与沙宝亮和别人合作的新公司签约，要么与华谊音乐签约。

由于姚贝娜大病初愈，姚妈担心她的工作强度过大，更倾向于保持现状。"你在沙宝亮那里挺好的，他也很照顾你，有活你就干，没活你就歇着，不要把自己搞得那么累。"

李信敏从来都是只谈自己的看法，主意由姚贝娜自己拿。

姚贝娜生病后也意识到了身体的重要，化疗期间，她还发微博提醒自己："姚同学要开始注意自己的身体了，以后不许熬夜，不许暴脾气，不许做愤怒青年，多吃水果蔬菜，多运动！"然而，一投入到具体工作中，她就把这些忘得一干二净了。

姚贝娜当年大学毕业时就想签约华谊音乐，对于这份迟来的合作，她自然不想放弃。与沙宝亮进行了坦诚沟通，在得到沙宝亮理解的前提下，姚贝娜于2012年9月与华谊兄弟音乐公司签约。与人为善的沙宝亮不仅支持了姚贝娜，而且同意她把在乐巢音尚的助理萱萱也带到了华谊音乐。

也是从这个时候开始，姚贝娜就像摁下了快进键，情不自禁地开启了用生命歌唱的模式，仿佛赴汤蹈火一般。

为了进一步拓展姚贝娜的演艺空间，华谊音乐做出了一个重大决定：姚贝娜参加"中国好声音"第二季选秀。为此，华谊音乐与"中国好声音"的制作方灿星文化传播公司达成协议，姚贝娜作为特邀歌手参加"中国好声音"，但不用参加海选，直接进入盲选环节。

　　就在"中国好声音"发出邀约的同时，"中国最强音"也向姚贝娜发出了邀请。到底选哪一个？姚贝娜有点举棋不定，最后她征求了师傅捞仔的意见。捞仔毫不犹豫地帮她选了"中国好声音"。

　　其实，"中国好声音"制作方在筹备第一季节目时就曾找到乐巢音尚，邀请姚贝娜参加。不得不说"中国好声音"制作方眼光很独到，姚贝娜是"青歌赛"冠军，又因为演唱了《甄嬛传》插曲而名声大噪，加上大病后复出，她是一个既有实力，又有故事的当红歌手。对这一邀请，姚贝娜当时的经纪人段沫然持欢迎态度。在他看来，姚贝娜具备了一个歌手走红的所有条件，而"中国好声音"相当于为她提供了一个绝好的商业转化平台。段沫然竭尽全力希望促成这项合作，为此，他特地向制作方提出了一些格外条件，诸如姚贝娜大病初愈，需要简化她的录制程序等等，制作方都悉数答应了。

　　然而，反对姚贝娜参加"中国好声音"的人也不少，包括她的父母最初对这件事也是不以为然的，特别是姚峰。姚峰的观点很明确，"中国好声音"不过就是一个选秀节目，属于小孩子玩的，姚贝娜都是央视"青歌赛"冠军了，没必要跑去凑这个热闹。所以，姚峰劝姚贝娜："小姑娘，别去了。"

这让姚贝娜再一次陷入到了纠结之中。去还是不去，这中间经历了三次反复，最后，姚贝娜选择了放弃。

不可否认，作为改革开放后率先从理论到实践对流行音乐进行深入研究的音乐家，姚峰在骨子里依然固守着对音乐的膜拜感，他不允许或者看不惯对音乐的轻慢之举。包括对此前的"超级女生"等一些收视率很高的电视娱乐节目，姚峰都没觉得有多高的艺术质量，在他看来，"青歌赛"全程现场直播，没有修音，最终结果全靠选手的真本事，这才是正儿八经的唱歌。但"超级女声"是一种玩音乐，"中国好声音"也是一种玩音乐，不能称之为歌唱比赛，充其量是在音乐中玩游戏，或是在游戏中唱歌。

当然，在玩的过程中，也有高水平的歌手冒了出来，比如，姚峰教过的周笔畅，2005年参加"超级女声"获得了亚军，还有同一届获得季军的张靓颖，2006年"超级女声"成都赛区冠军、全国总决赛亚军谭维维，都是有相当水准的歌手。

最终，是歌手平安改变了姚峰对"中国好声音"的看法。"中国好声音"第一季播出后，这个年轻的光头歌手让姚峰备感惊讶，他的《我爱你，中国》竟然唱得如此之好。姚峰立刻改变了自己的看法："中国好声音"称得上是一个认真唱歌的综艺节目。

因此，在"中国好声音"制作方为筹备第二季再次找到姚贝娜时，姚峰不再阻拦，率先投了赞成票。

教科书级的现场演唱

为了制造轰动效应，在姚贝娜正式亮相之前，"中国好声音"
与华谊音乐双方的保密工作做得极好。

与导演首次见面，试唱完一首歌曲，姚贝娜尽情地哭了一
场，最后竟哭得趴在了地上，也让几位陪同者为之动容。

这实际上是一种长期压抑情绪的尽情宣泄，毕竟这几年姚贝
娜过得太坎坷了，甚至在内心留下了一些阴影。在很长一段时间
里，迷茫的姚贝娜找不到方向，处于不断地挣扎、不断地妥协之
中，她感觉自己不是一个自由自在的歌手，更像是一个演员，演
唱成了一个角色应当承担的戏份，而不管这些无穷无尽的演唱是
她喜欢的还是不喜欢的，她都必须无条件地去完成。

姚贝娜对"中国好声音"的喜欢是从演出服装开始的。

以往，舞台上的姚贝娜除了军装，一定是脚蹬后跟极高的高

跟鞋，身穿漂亮的礼服。为参加"中国好声音"她也特地准备了一条裙子，但在与导演交谈时，她吐露了自己的真实想法："我就想穿上牛仔裤、平底鞋在舞台上唱自己喜欢的好听的歌。"也许是这句话拓展了导演组的思路，过了一天，导演通知她，允许她穿自己平常喜欢的服装上场。听到这话，姚贝娜高兴得怀疑自己听错了："真的吗？真的可以这样随便吗？"

于是，中国电视音乐娱乐节目的舞台上留下了一个经典形象：一个女歌手的"战袍"竟是日常生活中的随意混搭：红色短袖 T 恤衫、泛白的蓝色牛仔裤和高帮白球鞋。

站上"中国好声音"的赛道，姚贝娜开始了前所未有的竞争，全程跌宕起伏，十分刺激。

第一次出场，在盲选环节演唱的是《也许明天》，这首歌高音到小字二组 g，因为用的是真声，就显得音特别高。

经历过大大小小的各种舞台，又有"青歌赛"冠军头衔加持，姚贝娜算得上见过大世面，但站上"中国好声音"时仍感到了前所未有的紧张。盲选候场时，她竟出现了胃部痉挛，在后台呕吐了两次。

她的父母同样很担心。站在亲友团演播间，从姚贝娜出场到导师转身之前，姚峰始终双手紧握，李信敏双手把脸捧得紧紧的，两人的紧张情绪表露无遗。

然而，姚贝娜的盲选，与其说是她的一个人演唱，不如说是她与四位导师的共同上演的一台大戏，伴随着姚贝娜的歌声，他们不断变化的面部表情和肢体语言极具画面感，这种视觉效果让现场导演如获至宝，浙江卫视赢得了一场收视率之战。

当姚贝娜站在舞台中央，前奏响起时，全场异常安静，清脆的钢琴声仿佛敲打着每一个人的胸膛。

"海一样无际"，姚贝娜刚一开口，那英、汪峰相继抬起了眼睛，流露出惊异的神色。

"看不见终点在哪里"，听到这一句，张惠妹左手捂住了胸口，咧开嘴，笑了。那分别是一种得意的神情，毕竟又有学员选了她的歌。

姚贝娜继续唱："我就在浪里，飘飘荡荡的爱，有时忽高忽低。"张惠妹此时已听得激动不已，双手食指比划出"1"字。

"推着我向前，每一天……"听到这里，那英说话了："声音不错！"

"曾经我放纵享受，到最后无处解脱"，哈林激动得龇牙咧嘴。

唱到第一个"也许明天"，汪峰的右手狠狠地砸向了按钮，他率先转身！全场欢声雷动。

"海一望无际，我在浪里"，汪峰面向观众席挥起双手，鼓动大家嗨起来，歌迷们随之纷纷起立，鼓掌。

唱到第三个"也许明天"，那英转身，笑对姚贝娜。

"我的明天"，随着一串华丽的高音不断地蜿蜒飙升，姚贝娜身体下躬，双腿下蹲，形成了情绪的爆发点。这三个连起来的高音前无古人，张惠妹也没有这样唱过呢。汪峰激动地站了起来，哈林、张惠妹相继转身，全场沸腾了！

"也许明天，还有你"，唱到这个地方，四位导师彻底沦陷了。他们手舞足蹈的样子，分明已忘却了自己的导师身份，先前的矜持早已消失得一干二净，完完全全地变成了姚贝娜的歌迷。

　　"海一望无际，我在浪里"，最后一句，全场响起雷鸣般的欢呼声，一片欢呼声。汪峰站在导师席上，激动地摊开双臂，那英脱口而出："太好听了！"

　　姚贝娜唱完了。哈林首先想到的不是抢人："不管她选不选我，我只想回头看看这人长什么样子，她的声音太恐怖了！"他有些不可理解："这么瘦的女孩子，爆发力这么强。"

　　"她唱到最激动人心的时候，我起鸡皮疙瘩了。你太棒了！"张惠妹毫不吝啬溢美之词，"这首歌非常非常难唱，我已很少在现场唱这首歌了。这个歌的音域蛮宽的，所以，声音一出现，我就想你敢选这首歌，你是完全已准备好了。"她真诚地评价："我听到你是在用生命唱歌。"

　　那英也直言姚贝娜的声音"太恐怖了"。

　　汪峰自从从导师席上站起来后，就一直没有坐下，几乎是站着听完了姚贝娜的演唱。他惊叹于姚贝娜的嗓音条件和演唱水平："她唱高音最有劲的时候，没有发出沙哑的声音。"

　　的确，姚贝娜具备很强的声带肌肉调整能力，可以很自如地控制音壁力量。尤其是她的声音往高音上走的时候十分通畅，不需要特别地使劲，听众也感觉不到她的嗓子突然发生了改变。

　　这堪称是一次教科书级别的现场演唱。

　　一个职业歌手来参加选秀节目，一定是带着自己的梦想的。

摄影：贝壳青莲

汪峰敏锐地问到了姚贝娜的音乐梦想是什么，这个问题直接戳中了姚贝娜的"命门"和泪点，姚贝娜坦言："我真正的梦想就是像今天这样穿上牛仔裤、平底鞋，站在一个像流行音乐节一样的大舞台上唱歌。"说到这里，她哽咽了，她告诉导师们，以前很少有机会唱这样的现场，唱这么好听、自己喜欢的歌。

听到这话，李信敏抹起了眼泪，姚峰不由得把手握得紧紧的，那一刹那间，他们对女儿的理解更加深刻了。那英则热情地鼓励她："你就好好地释放自己的小宇宙吧！"

的确，与其说姚贝娜是在选秀，不如说是借助《也许明天》描述了自己的心路历程，也让大家听懂了她。她的演唱传递着执着与坚持的主基调，又倾诉着她压抑已久的委屈和不甘。或许，也正因为经受了艺术之路上的磨砺和坎坷，才造就了那个充满力量、霸气无敌的三个连续的高音。

接下来上演了一场"抢人大战"。

四位导师都向姚贝娜发出了热烈而真诚的邀请，希望她能加入自己的战队，激烈的争抢场面让姚贝娜一下子有点无所适从。

其实，在参加"中国好声音"之前，姚贝娜在家里就针对选择导师这个话题和姚爸姚妈讨论过。

讨论的第一个问题是，万一没有导师转身怎么办？

这是一个很严肃的话题。虽然绝对相信姚贝娜的实力，但选秀节目的不确定因素太多，就像人们常常说"足球是圆的"，场上什么情况都有可能发生。因此，姚峰首先向姚贝娜提出了一连串问题：你是"青歌赛"的冠军，如果没有导师转身的话，这种失败对你的打击是很大、很惨的，你有思想准备吗？你会以一种什么心理状态面对这种情况？你能承受吗？

姚贝娜也肯定思考过这些问题，所以她回答说："没关系！"

看着女儿坚定的眼神，姚峰也给出了自己的应对之策："我替你想好了，万一这种情况发生了，我们陪你到云南去度假！"

的确，导师能不能转身对所有的当事人都是一种煎熬。姚贝娜盲选时，李信敏的心都提到了嗓子眼。此前，有的歌手只唱了一句，就有导师转身了，可当时的情况是姚贝娜唱了好几句了，那么好的临场发挥却没有导师转身，所以她心里就特别着急。直到汪峰终于转身，她几乎要掉泪了："哎呀，成功了，我的姑娘没有失败！"再后来，另外三位导师相继转身，她这才把心彻底放了下来。

一家人讨论的第二个问题是，选哪位导师？

关于四位导师，姚峰对那英的歌要熟悉些，以前对汪峰知之不多，直到听了他作词作曲并演唱的《北京，北京》，才确认这是一位很有实力的高手，对张惠妹、哈林相对来说了解得要少一些。一番比较之后，三人统一了想法：如果只有一位导师转身，在没有更多的选择权的情况下，肯定就是选这位导师；如果那英转身，就选那英；如果那英没有转身，有其他导师转身，依次选择的顺位是：张惠妹、汪峰、哈林。

所以，姚贝娜最终选择了那英，"小娜"的决定让"老那"乐不可支。

姚贝娜从场上下来，走进亲友团直播间，她和妈妈、奶奶，还有姑姑激动地抱在了一起，姚峰按捺着内心的喜悦，站在后面静静地看着这一幕，最后才给了令他骄傲的女儿一个大大的拥抱。

《也许明天》让姚贝娜在"中国好声音"一唱成名。之后，在很长一段时间里，姚贝娜无论在哪里演出，几乎都要被"点唱"这首歌，不唱就下不了台。这让歌唱家出身的姚妈很担心她的嗓子会出问题，毕竟这首歌的高音演唱难度太大了，何况这是有前车之鉴的，有些很有名的歌唱家、歌手，每到一地演出都被要求唱自己的代表作，不得不经常飙高音，到后来竟把嗓子搞坏，再也唱不上去了。但姚贝娜很自信地说："妈，没有关系的，你放心好了，这个声音已经长在我的身体里了。"

闯关之路险象环生

"众里寻他千百度，蓦然回首，那人却在，灯火阑珊处。"用宋代诗人辛弃疾的这一名句来描述姚贝娜与"中国好声音"的关系是再贴切不过的了。

这么多年来，姚贝娜一直在寻觅自己想要的舞台，而"中国好声音"就是一个充满魅力的舞台，满足了她所有的音乐梦想。所以，每一次上场，她都是抱着感恩的心态拼尽全力去演唱，只想着把自己最好的一面展示给歌迷，甚至有过着魔一般的想法：能上台唱歌就行了，别的不在乎。

但是，这终究是一个选秀节目，竞争异常激烈而且残酷。

进入导师考核环节，姚贝娜与来自台北的"小胖"林育群对垒，演唱《自己》。

在这个环节，姚贝娜可以说是涉险过关。

刚一开口，姚贝娜的音准出了状况，这在她的演唱经历中是极少出现的。

有趣的是，林育群在演唱结束时也犯了同样的错误。

这也从一个侧面印证歌手之间的竞争几近白热化。

这一下，轮到导师们犯难了。

张惠妹、哈林选择了林育群，汪峰选择了姚贝娜，梦想导师青峰也选择了姚贝娜。

汪峰在这个环节的现场点评颇有见地，不仅很准确地评价了姚贝娜、林育群的临场表现，而且对所有的歌手和歌迷都具有指导价值。他认为，虽然姚贝娜、林育群两人的演唱都出现了瑕疵，但他们展示了高水准歌手在演唱出现一些纰漏时该如何打动听众。判断一个歌手有多么优秀，不要老想着看他的超水平发挥，而在于看他是否能让人感动。因为，音乐情感总能比技巧更打动人，情感比技巧更可贵。

最后，那英艰难地选择了姚贝娜，她给出的理由是：虽然姚贝娜开头出现了小失误，但她凭借自己的音乐素养把演唱状态很快地找回来了。

那英的这个选择，实际上是对姚贝娜舞台把控能力的充分肯定。

然而，那英把姚贝娜出现失误的原因归结为姚贝娜在演唱现场看到了家人，导致她的情绪"全线崩溃"。真的是这样吗？

对这个问题，姚贝娜自己给出的解释是，看到前面的歌手一个个遗憾地告别了舞台，她很替他们惋惜，因此刚一开始唱的时候，情绪有点失控，导致跑调。后来在接受媒体采访时，她又再次袒露了自己的心境：我不是一个爱哭的人，却是一个泪点很低的人。在"中国好声音"给人留下了一个爱哭的印象，实际上是为其他学员对梦想的执着所感动，或在唱歌的时候忽然被某一句歌词戳中泪点，便忍不住流下泪来。

在导师考核环节，姚贝娜充满戏剧性地绝处逢生，然后进入到终极考核。

在这个环节的第一轮，姚贝娜演唱《也许在》，与朱克、倪鹏争夺那英战队第一席。

朱克先出场演唱《雪候鸟》，接着，22 岁的火车司机倪鹏出场唱《第一滴泪》，然后姚贝娜出场演唱《也许在》。

这一轮比拼结束后，那英对姚贝娜的评语是"你的演唱做到了让别人哭，你自己没哭"，姚贝娜获得了第一个"黄金席位"。朱克、倪鹏的表现也非常不错，因此，那英使用"双选"特权，让朱克获得了另一个"黄金席位"。

"中国好声音"有多吸引人，姚贝娜唱得有多好？杭州有一家媒体采写过一条新闻，后被全国各地的新闻媒体和社交媒体广泛转载。

8 月 19 日凌晨 4 点，杭州市滨江消防中队收到紧急通知，长河镇有住户因突降暴雨家里被淹了。章队长迅速带领 6 名战士赶赴现场，然而，他们却见到了令人哭笑不得的一幕。十几平方米的平房，积水已经漫及床板，而屋内 40 岁的屋主钟章福却十分淡定，双腿泡在积水中，聚精会神地收看"中国好声音"那英战队导师考核环节比赛。随后的近两个小时里，消防战士们在他身边忙着排水，直到水位慢慢退下去，钟章福仍一直盯着"中国好声音"，仿佛水漫金山与他毫无关系。看完之后，这位建筑工人还不忘记点评一句："姚贝娜唱得最好。"

事后，组织救援的章队长将这匪夷所思的一幕发在了微博上，引发网友们热议，大家戏称这位用"绳（生）命"收看"中国好声音"的大叔是"中国好观众"。姚贝娜在微博上也转发了这条新闻并留言："大叔注意安全，还是来现场看吧。"

进入终极考核第二轮，姚贝娜演唱《把握》，朱克演唱《爱的箴言》。比赛进行到这个时候，对导师而言，仿佛是开启了"自虐"模式，让谁离开舞台都是一件很痛苦的事。于是，那英巧妙地利用了规则，先让朱克直接晋级，然后把姚贝娜的晋级之路留给了媒体评审团，她相信媒体评审团会认可姚贝娜的绝对实力。果然，最终靠媒体评审团的票选，姚贝娜得以复活。

接下来，终极考核第三轮，姚贝娜演唱英文歌曲 *Dear Friend*，与朱克《爱的箴言》单挑。

结果，得票比值是媒体评审团 53∶48，那英 52∶48，姚贝娜以 105∶96 的总得票闯入那英战队冠军争夺战。

败选与歌唱无关

在群情亢奋的状态下，姚贝娜与萱萱呈单挑之势，争夺那英战队的冠军。

这是那英战队最大的看点，但在很多歌迷心中也许是最没有悬念的看点，因为，一路过关斩将，大家都已认可了姚贝娜，胜利的天平明显倾向于姚贝娜。

有趣的是，歌手萱萱与姚贝娜的助理萱萱同名。而且，张惠妹战队的冠军选手是李琦，而姚贝娜早年有一位经纪人也叫李琦。

为准备这一轮比赛，选歌花了很长时间，最终给姚贝娜选定的曲目是一首美国经典流行歌曲 *All By Myself*。

All By Myself 由美国著名歌手艾瑞克·卡门创作演唱，后来另一位歌坛巨星席琳·迪翁进行了翻唱。这是一首激情四射

的爱情歌曲，虽然与《也许明天》相比，*All By Myself* 的最高音要低一些，但它强有力的切分音所蕴含的沧桑感更具国际流行范，更能够展现流行女歌手特有的魅力，也就更具演唱难度，因此，包括席琳·迪翁在内的很多著名歌手在录制或现场演唱这首歌时都不得不采取了降调的办法。

图片来源：搜狐时尚

在为那英战队冠军战选歌时，姚贝娜自己录了《流浪记》《信仰》两首歌，但被导演组否定了。当导演把 *All By Myself* 交给姚贝娜时，她本能地表现出了一种抗拒。虽然她小时候就听过这首歌，也很喜欢这首歌，但她自我感觉在"中国好声音"的舞台上唱这首歌很不靠谱，连百分之五十的把握都没有，不只是有难度，还在于没有充足的时间准备。华谊音乐也不希望她唱这首歌。

然而，制作方的决定不容更改。在这种情况下，姚贝娜只好试一试，第一次排练时，她甚至想，如果唱破了就可以不唱了。没想到，这一次排练，也是比赛前仅有的一次排练，姚贝娜竟发挥得特别好。走下舞台，她兴奋得朝那英大喊大叫："那姐，那姐，我好像可以了！"

看了她的排练，姚峰也感觉姚贝娜的整体表现不错，但提醒她不必刻意去追求那种沧桑感，"只要能唱下来就是成功"，但姚贝娜追求完美的倔劲已经被激发出来了，她甘愿冒险一试。

当天，姚峰、李信敏进不了录制现场，就和朋友彭德福、叶春波一起在酒店等消息。

彭德福和姚峰同年，只比姚峰大一个多月，他们 17 岁时进工厂，从此成了好朋友。叶春波是和姚峰一起到农村插过队的发小，他比姚峰还小一点，在知青点时却曾像一个老成的大哥哥一样照料姚峰的生活。

四个人坐在房间里海阔天空地聊着，迟迟没有消息，家在上海的叶春波先告辞了。姚峰和彭德福继续一边喝啤酒一边吃零食，还不时地盯一眼放在桌上的手机，巴望着手机铃声能突然响起。然而，一直捱到凌晨 4 点多钟，手机依然保持沉默，什么消息都没有，也不知发生了什么情况，彭德福只好起身回自己的房间睡觉了。

大概早上 6 点钟，姚贝娜终于打来电话："我下来了……"

听到这个消息，姚峰很恼火。原因就是这个录制过程超过了 23 个小时！"中国好声音"的录制工作进展的确很慢，学员们曾私下调侃"中国好声音"是"中国好等待"，一段两分钟的录制，却要等待 10 个小时。当然，所有的学员都一样，都没有休息，但不一样的是，姚贝娜选择的是难度如此之大的一首歌曲。

这个结果公布后，曾有很多媒体和网友为姚贝娜打抱不平，指责导演组"给姚贝娜选了一首她不在行的英文歌"，对这一说法姚贝娜唯有苦笑，不是"不在行"，英文歌恰恰是她的强项呢！姚贝娜能把英文歌唱得很地道，她在"青歌赛"上就是用一首英文歌夺冠的，而且那是现场直播，还因此打破了"青歌赛"上很多通俗歌手因为唱英文歌而被过早淘汰的"魔咒"。

姚贝娜唱英文歌没有问题，问题在于对这首新选的英文歌，给她的练习时间太短。从声乐的规律来分析，一个好的声音是要有记忆的，声音对音高的肌肉反应、肌肉记忆需要反复练习。但反反复复地选歌花了大量时间，等到最终确定唱这首英文歌时，留给姚贝娜的时间却所剩无几了。在正式演唱之前，她与乐队合乐总共也就两次，一次是排练，一次是走台，而且是在同一天，到正式录制节目的时候已是凌晨 4 点多钟。准备不充分、状态极

摄影：贝壳青莲

度疲惫，再加上歌曲本身极高的难度，姚贝娜又谢绝了降调的建议，坚持用原调现场演唱。

体操比赛有"一站定输赢"之说。运动员无论空中姿态如何漂亮飒爽，如果落地没有站稳，就很可能前功尽弃。与此相似，歌唱表演也有"一音定成败"之说。有些难度超高的歌曲，演唱者只要把最高音唱上去并立住了，就意味着大功告成。*All By Myself* 就属于这种"一音定成败"的高难度歌曲。

姚贝娜在演唱时，哈林随着音乐情不自禁地眉头紧锁，紧咬牙关，慢慢地低下了头，沉浸于歌声中；那英则鼓起了腮帮，双手紧握。显然，导师们都不由自主地在为姚贝娜鼓劲。

然而，这一次幸运之神没有站在姚贝娜这一边，她终于很不幸地在自己最擅长的高音上出了错，唱"Don't wanna be all by myself anymore"这一句的第二个"anymore"时，她竟破音了，这在以往的正式演出中是从未有过的事。

最终，姚贝娜以74∶127的得票输给了萱萱。被淘汰的一刹那姚贝娜显然很不开心，那英把她搂在怀里，不停地安慰她。姚贝娜擦着眼泪、心有不甘地走下舞台，她的确没有想到自己会在最拿手的地方失手。

离开舞台灼热的聚光灯，她很快调整好心态，坦然接受了这个现实，她在微博中写道："结果并不代表结束，新的旅程已经启程。"她不怨任何人，反过来还安慰父母，唯一感到遗憾的是下得不够漂亮，因为在站上"中国好声音"舞台之前，她就曾要求自己"即便没有上去，但一定要下得漂亮"。

毋庸讳言，这个结果还暗藏着一个客观存在却又被有关方面矢口否认的商业玄机：在"中国好声音"这个舞台上，姚贝娜不可能走到最后。

华谊音乐与灿星文化彼此是知根知底的，但是竞争关系决定了在涉及根本利益时彼此都不会退让，自始至终莫不如是。何况当初邀请姚贝娜参加"中国好声音"时，灿星文化没有对她的名次做出任何承诺，这就给他们把控节目进程留下了足够的空间。

因此，对姚贝娜而言，能够走到这一步，已经是相当不错了，这既远远实现了灿星文化的期望值，也远远超出了灿星文化的容忍度。

正所谓"成也萧何，败也萧何"，姚贝娜注定成不了"中国好声音"的冠军。

在"中国好声音"这类选秀节目中，歌手最终能够胜出，与唱得好是一定有很大关系的，但唱得好不是唯一条件，最重要、最关键的是取决于歌手有没有话题引爆点，有没有可能变成大众关注的焦点，总之，歌手要有故事，甚至可以在场上卖萌、卖惨，不断地给观众出其不意之感。这是套路，也是这类选秀节目与央视"青歌赛"之间的最大区别。

其实，姚贝娜无论参加盲选，还是没有进入最终的总决赛，节目制作方都是最开心的，"中国好声音"都因此实现了品牌价值和商业价值的最大化。

一方面，作为央视"青歌赛"冠军、热门电视剧《甄嬛传》

的演唱者，自带光环的姚贝娜一站上"中国好声音"的舞台，就是一个热门话题，就足以带来巨大的声量和流量，这本身就是在给"中国好声音"背书。另一方面，"中国好声音"肯定不会为央视"青歌赛"背书，与其让一位获得过央视"青歌赛"冠军的老面孔登顶，不如推一位新人甚至素人更具有传播价值和商业价值。

因此，当姚贝娜闯入那英战队决赛时，制作方兴奋之余又一定是感到为难了。

再往前就是总决赛了，如果姚贝娜进入总决赛，怎么给她排名？第四名？不合适；冠军？不可能。除非姚贝娜改签灿星文化，但这更是绝无可能，甩掉华谊音乐转投灿星文化，这种事姚贝娜做不出来，也不是她的为人。

另外，从商业运作逻辑分析，这类选秀节目要持续保持很高的收视率，必须每一步都要给受众超乎想象的情景设计。当受众都已认定姚贝娜是自己心目中的冠军时，节目制作方就必须变招，就需要不按规则出牌，给受众意想不到的结果和心理刺激。于是，借助一首难度极大的英文歌，名正言顺地把众望所归的姚贝娜给淘汰了，由此成功地挑起新一轮话题，制造又一个热点，引发观众、歌迷、粉丝们的争论、批评、吐槽，甚至谩骂，而且越激烈越能提升收视率，也就能吸引更多的广告。

所以，让姚贝娜演唱英文歌 *All By Myself*，不是"阴谋"，而是强势的制作方的一个"阳谋"，目的只有一个：姚贝娜必须出局，制造一个观众做梦都想不到的热门话题。

这就是以利益驱动为核心的游戏规则，姚贝娜出局与唱什么歌没有关系，即便是唱中文歌也一样。虽然这个唯利是图的商业逻辑并不违和，但是对姚贝娜及家人而言，又不得不说这个过程是一种伤害，因为最后一天的经历是很戏剧性、很残酷难受的。

姚贝娜没有猜到这个结果，所以，当这个结果真的出现后，她忍不住泪洒舞台。姚爸姚妈想到了这个结果，但他们一直抱有一丝幻想，希望出现奇迹。

虽然心里很窝火，虽然希望出现打破潜规则的奇迹，但是游戏就是游戏，既然参加了游戏，就要服从规则，好比"愿赌服输"。想到这些，一家人也就释怀了。

姚贝娜被挡在决赛大门之外后，网上出现了排山倒海似的批评甚至谩骂浪潮，矛头直接对准了导师那英和节目制作方，尤其是那英被认定为最大的"黑手"。再后来，姚贝娜不幸去世后，有网友旧事重提，情绪激动地在网上发帖："那英，你欠姚贝娜一个冠军。"

其实，无论姚贝娜还是她的父母始终都没有丝毫责怪那英、责怪"中国好声音"节目方的意思，相反，他们一直认为那英挺好的，"中国好声音"挺好的。他们能深刻地体会到粉丝、贝壳对姚贝娜的好，也感激那英、"中国好声音"让姚贝娜找到了她心仪已久的舞台，能够自由地唱自己喜欢的歌，尽情释放自己的能量。

登上"中国好声音"舞台，标志着姚贝娜攀上了她职业生涯的又一座艺术高峰，也标志着她正式跻身中国超一流流行歌手行列。

摄影：贝壳青莲

第11章　舞台的魅力

没想太多
不愿平凡活着
此时此刻
我已知道怎么做
在意结果
只会让人变懦弱
放手一搏
唱出心底那首歌
——《光》

　　"中国好声音"就像一把双刃剑，让姚贝娜声名鹊起，也让她的工作强度剧增。

　　姚贝娜是一个很单纯的音乐人。

　　她最大的梦想就是在流行乐坛上唱歌，唱自己喜欢的歌。为此，她愿意付出所有。

　　姚贝娜又曾经是一个很纠结的音乐人。

　　她最想要的是张扬自己的演唱个性。很长一段时间，她最忌讳的一句话就是别人说她的声音没有辨识度。

　　马年春晚，零点钟声响过，姚贝娜引吭高歌《天耀中华》。那一刻，"风雨压不垮，苦难中开花"的姚贝娜终于回归于演唱初心。

把灵魂融入音乐

　　结束了"中国好声音"之旅，姚贝娜与华谊音乐达成共识，趁着"中国好声音"产生的巨大影响，抓住这个时机再上一个台阶。 也是以参加"中国好声音"为标志，姚贝娜步入到歌唱事业的鼎盛时期，2013、2014 这两个年份堪称中国流行歌坛的"姚贝娜年"，几乎所有的重要演出、重大音乐事件都留下了她的身影。

　　然而，这其中存在着巨大的隐患："中国好声音"好似一把双刃剑，让姚贝娜声名鹊起的同时，也让她的工作强度剧增，而繁重的演出任务正透支着姚贝娜的健康。

　　在母亲李信敏看来，上不上台阶、出不出名都不重要，姚贝娜首先是不能太累，应该合理地安排时间，劳逸结合、细水长流地去工作。 所以，当她觉得姚贝娜很累、需要休息的时候，就会提醒萱萱，请她转告公司高层，姚贝娜不能这么累的，不能一天跑三个地方，飞机汽车连轴转。

李信敏也提醒过姚贝娜，一定要学会说 NO。她甚至很具体地建议姚贝娜与公司协调，只到飞机或动车一站抵达的地方演出，如果下了飞机或动车之后还要再坐好几个小时的汽车才到达演出地的演出，就不去或少去。虽然姚贝娜也答应她了，但是，李信敏心里清楚，姚贝娜是在敷衍她，她永远都不会这样做，再繁重的工作，她都不会拒绝。

2013 年 12 月 3 日，在北京 798 艺术中心，华谊音乐举行姚贝娜《1/2 的我》EP 首唱会，公司总经理袁涛亲自担任主持。

这是一场非常重要的首唱会。那天，来了很多贝壳，有一位专程从台湾赶来的贝壳上台代表贝壳们给姚贝娜献了一个花篮，花篮上面系满了写有温暖祝福语的小卡片。

刘欢、捞仔、付林、韩新安等音乐界的名流大腕出席了首唱会，徐沛东特地从外地赶回北京，一下飞机就直接来到了演出现场。她的老师董华一家三口也坐在了观众席上。

但是，当天姚贝娜咳得非常厉害，嗓子全是哑的。在化妆间她塌着嗓子问李信敏："妈妈，你听我这嗓音，是不是完全哑了？"听到她说话都很吃力，李信敏十分着急："姑娘，你这怎么唱啊？要是我遇到这种情况，是肯定唱不出来的。"姚贝娜却反过来安慰李信敏："妈，没关系的，放心吧！"

正在做上场准备时，刘欢夫妇走进了化妆间。见到他们，姚贝娜特别高兴，听到她嘶哑的声音，刘欢主动说："我带有华素片，你吃不吃？""好啊，吃！"刘欢掏出华素片递给姚贝娜："赶快含在嘴里吧。"

首唱会开始，李信敏站在贝壳中间，远远地看着舞台。姚贝娜一亮嗓子，李信敏放心了："哇，可以啊，这家伙，听不出来声音是哑的呢！"

可是，当她唱完第一首歌唱，与现场听众交流时，她的嗓子又是嘶哑的，她在台上还故意问大家："我的嗓子怎么哑了？"

首唱会进行之中，袁涛特地把付林、捞仔、刘欢、徐沛东请上舞台。

"付爸爸"付林动情地说，姚贝娜的一个显著标志就是热爱音乐。她不是靠别的什么来营生，而是很直接地把灵魂带进了音乐，把音乐当成值得自己终生去做的事。

面对台下黑压压的一片贝壳，捞仔打趣地说自己是"最早的贝壳"，早在2002年他就编了一句顺口溜："姚贝不红，天理不容。"

徐沛东称姚贝娜为"百变歌手"，唱什么像什么，不管多宽的音域都能把握。他还对姚贝娜为了自己喜欢的音乐，选择离开很多歌手梦寐以求的海政文工团表示了理解。

刘欢毫不掩饰他对姚贝娜"固定耳朵"的欣赏，他以首唱会上姚贝娜演唱的第一首歌曲 Girl on Fire 为例，对她在没有前奏的前提下能准确地唱起来给予了高度评价，"能记住固定音高，张嘴就来，是很难的，也是歌手非常迷人的能力。"闻言，袁涛在一旁插话说，姚贝娜不仅是"姚一遍"，还是"姚一准"。

摄影：卤煮的天空

  《1/2的我》一共收录了《心火》《不唱情歌》《爱无反顾》《战争世界》4首歌曲，其中，《战争世界》是姚贝娜演唱的众多歌曲中唯一一首与网络游戏有关的歌。《战争世界》作为第三代国战网游的巅峰之作，盛大游戏与中青宝两大游戏公司对此格外重视，除了首次推出同名网游主题曲，还把它作为这款网游的战歌。在把它列为《1/2的我》主打歌时，又作了重新编配，使得歌曲的韵律感更强，姚贝娜充分发挥其嗓音优势，淋漓尽致地展现了带有摇滚色彩的旋律之美，也诠释了不一样的"战争世界"。

摄影：卤煮的天空

最后，姚贝娜以刚刚发行不久的新歌《心火》结束了这场首唱会。

《心火》由知名音乐人文雅、崔迪为姚贝娜量身定制，其创作背景是以完成化疗为标志，姚贝娜战胜了乳腺癌，满血复活重回歌坛。这首用心之作仿佛是一份生命的宣言书，准确地诠释了姚贝娜的人生观和音乐观。

姚贝娜富有动感的演唱，既表达了"没深夜痛哭过，又怎么会有资格，谈论命运生活"的心灵感悟，又袒露了"宁可壮烈地闪烁，不要平淡的沉默。别问这是为何，因为我曾和恶魔斗过几回合"的内心世界，还抒发了"我是短暂的花朵，也是最长久的琥珀"的人生豪气。这首歌充满了得胜而归的喜悦，姚贝娜很喜欢这首歌，她告诉大家："《心火》不仅适合过去、现在和未来的姚贝娜，而且适合所有的人。"

姚贝娜还向贝壳们坦承了自己的心迹："作为一名歌手，我想红。因为只有红了，才会有更多的人听你唱歌；只有红了，才会有更多的人真正愿意坐下来品你唱的歌。"

首唱会结束，董华牵着女儿，站在观众席目送着姚贝娜退场，这也是姚贝娜留给她的最后一个背影。回到家，董华放心不下，又给姚贝娜打了一个电话，师徒二人聊了好一会儿，董华反复叮嘱她要好好休息："一定要把咳嗽彻底地治好，然后想怎么唱就怎么唱。"姚贝娜回答说："好的，老师，我知道了。"

姚峰发怒了

　　完成了 EP 首唱会，按说第二天该休息吧，一大早却又安排了要去搞街拍。12 月份的北京大冬天搞街拍，多冷啊！李信敏就问她能不能不去，可姚贝娜永远都是一句话："哎呀，妈，这是早都定好了的事情，怎么能不去呢？"的确，华谊音乐公司的黑板上哪天干什么、地点在哪儿、哪些人参加、派什么车等等，都罗列得清清楚楚，各环节衔接得非常紧凑。

　　自从姚贝娜得病以后，李信敏心里有一根弦就始终紧绷着，整天提心吊胆。只要接到姚贝娜的电话，听到她嗓子有一点哑，李信敏就会条件反射地问她："你感冒了？""没有啊。"然后，李信敏就要提醒她按时吃药、按时睡觉、按时体检。姚贝娜有一次打断了她的话："妈妈，你要是这样说的话，就好像总在提醒我，我是个病人。"姚贝娜这话是很有道理的，但是作为母亲，李信敏也很纠结，又不能不提醒她啊。

一大早化好妆，姚峰陪姚贝娜出门了。直到傍晚，李信敏在家把饭菜都做好了，还不见两人回来，她忍不住拨通了姚峰的手机，姚峰告诉她现在在一个颁奖晚会的现场走台，李信敏一下子火大了，在电话里吼了起来："姚峰，还要不要命的啊？她还病着，天这么冷，又去走什么台，一整天这样，你们这是不要命地在搞啊！"

其实，姚峰在现场早就生气了，他从来认为他女儿是最好的歌手，根本不需要走台。挂掉电话，他冲到舞台前面爆发了："走台？走什么台啊！她还需要走台吗？这样浪费时间，都累了一天了！"一向温和示人的姚爸突然大光其火，把在场的人都给吓住了，姚贝娜的小伙伴们什么时候见过这阵仗。在这种情况下，姚贝娜当天的工作便提前结束了。

回到家里，姚贝娜故意调侃姚峰："你身为音乐家、音乐教育家，还是局级干部，一点形象都不讲！"姚峰也有点后悔对人家发火，就埋怨李信敏："就是你把我的火给挑起来的。"李信敏也觉得委屈，她也不是故意要这样做，实在是没忍住，她要替姑娘的身体着想啊！

不过，这事之后的第二天，姚贝娜诸如通告之类似的商业活动就都取消了，公司给她放了一个星期的假。

在家养病，姚贝娜很过意不去，她发了一条微博向大家抱歉："从录制'好声音'以来，伴随劳累伴随欢笑伴随泪水，到前天终于支撑得开始吃力了，重感冒。非常对不起同事们，这两天让你们陷入两难境地，看到你们为了我的事操心忙碌，我实在是过意不去。我要好好地调整自己的身体，尽快重新投入我热爱的工作中。望你们见谅，爱你们！"她还告诉李信敏："妈妈，你知不知道这些工作都是别人好不容易联系来的，各个部门要相互衔接配合的，我一休息，就全部停摆了。"

姚贝娜对工作从来都是特别配合，哪怕是累极了，累趴下了，也一句怨言都没有。

有一次，她录一首歌，居然录了三个多小时。监棚的是一位有一定经验和才气的青年作曲家，但他对作品过于挑剔，姚贝娜按他的要求一遍一遍地反复唱。结果，在业界以"姚一遍"著称的姚贝娜当天至少唱了几十遍，可她一点都不烦。姚峰在一旁反而看得急死了，又不好说什么，后来实在看不下去了，只好憋着一肚子气到录音棚外面等着。

复出以后，姚贝娜坚强的外表下也有很脆弱的一面，她最大的软肋就是害怕别人把她当成一个病人。

姚贝娜做完手术后，有一位医生曾鼓励她："你现在跟正常人相比没有两样，是和其他正常人一样地站在同一条起跑线上。"姚贝娜非常认可这句话，也是靠这句话支撑着往前走，她不认为自己是癌症患者，却忽略了这个病可能产生的严重后果。尽管每当李信敏表现出担忧时，姚贝娜总是安慰母亲："妈，你放心啦，我会珍惜生命的。"可是，一旦投入到她热爱的工作中，她就什么都忘了，生怕浪费了资源，浪费了工作人员付出的劳动，只要有活就去干，从不拒绝。

"辨识度"如鲠在喉

　　姚贝娜有很多外号，都是她自己和贝壳们起的，比如"哼唱娜""大力娜""姚二娜""姚百娜""忘词娜"，显然，这些外号都与她的性格、歌唱有关。

　　姚贝娜曾说过："对我来说，最重要的标签始终是'歌手'。"虽然她是很多贝壳心目中的偶像、很多歌手心目中的榜样，但姚贝娜自己推崇的是国际流行歌坛的一些实力派巨星。她给自己的定位是做国际化流行歌手，最大的梦想是在流行乐坛上唱自己喜欢的歌，唱带有国际范的流行歌。为了实现这个目标，她甘愿付出。曾经，她最忌讳的一句话就是说她的声音没有辨识度，每当听到别人评价她的声音没有个性，缺少辨识度时，她就特别难过。

　　对此，李信敏劝她，你唱得好听就行了。姚峰更不以为然：

那 · 蜕变之作: ½的我
4.27 14:30
签售会
琴海购物公园
H.BROTHERS TDZD
华谊兄弟音乐

什么辨识度啊，听多了就有辨识度。但是，姚贝娜很长时间没有转过这个弯来。

在这个问题上，父女俩一度存在很大的分歧，发生过争论。

有一次，激烈的争论发展到了争吵的程度，最后两人闹翻了。姚峰气得躺在卧房一声不吭，姚贝娜坐在书房里抹眼泪，还撂下一句狠话："如果不能唱我自己喜欢的流行歌曲的话，我情愿去死了！"

见状，李信敏先劝姚贝娜：别的流行歌手能唱的歌曲你都能唱，别的流行歌手唱不了的那种甜甜的"民通"歌曲你也能唱，相比之下，你是可以两条腿走路的，各种风格的歌曲都能驾驭，这不是很好吗？为什么非要钻"辨识度"这个牛角尖呢？

与辨识度相关联，父女俩还存在着选什么歌的分歧。姚峰有很多社会关系和朋友，大家都知道他有个会唱歌的女儿，所以经常有人想请姚贝娜唱歌，但姚贝娜确实不太想唱那些根本就不是歌词的口号式歌曲。所以，李信敏又劝说姚峰："算了，你就放手让她飞吧，你走你的路，她走她的路，你们两个人互不干涉。她不想唱就不唱，你跟自己的姑娘较个什么劲啊！"

为了提升自己的声音辨识度，张扬自己的演唱个性，在国际化与民族风的问题上，姚贝娜曾经表现得非常执着甚至固执，直到生病住院战胜癌症之后重返舞台，她的这种想法才有了明显的转变。

2012年春节之际，她在微博上豪情发声："辞旧迎新，2012正式更改为'姚百娜'。姚百娜，海纳百川……什么定位？什么辨识度？统统不好使！我只知道唱得好听就得。从今日起要做一个真实的、为歌唱而生滴（的）人。"

在《1/2的我》EP首唱会上，她公开讲述了自己的心路历程：我希望走国际化流行歌手的路子，以前也想是不是定位该清晰一些，辨识度高一些。直到有一天我突然想明白了，既然很多种风格的歌我都可以唱，那就唱吧。只要是好听的，大家喜欢的，无论什么风格的，我都可以唱，不必纠结于国际化和辨识度。

也是在这次首唱会上，付林披露了一件往事，才解开了长期存于姚峰内心的一个疑问。

2008 年，姚贝娜为参加第十三届"青歌赛"选定曲目时，本来付林已决定选择由田地作词、姚峰作曲的《家有爹娘》。得知这个决定姚峰是很兴奋的，虽然他的作品已经有好多位歌手在"青歌赛"上展示过，但这一次是由自己的女儿演唱，那个感觉和意义是不同的。

为此，姚峰特地请知名作曲家杜鸣给《家有爹娘》配器。杜鸣不仅曲写得好，而且尤其擅长配器，他与另外一位知名作曲家董乐弦在配器方面稳坐广东乐坛前两把交椅。自从认识他俩后，懂配器的姚峰便把所有的配器全交给了他们两位。

拿到杜鸣版的《家有爹娘》，姚贝娜特地从北京飞到广州录音，姚峰也从深圳赶到广州担任监棚。就如何演唱这首歌，姚峰给姚贝娜作了一些提示，录音进行得很顺利。

但是，临到确定参赛曲目时，姚贝娜却提出想请另一位著名音乐人沈丹编曲，她的目的就是希望让这首歌能具有更强烈的流行音乐元素。

虽然姚峰不赞成她这个想法，但为了鼓励她参加"青歌赛"，姚峰只好自费请沈丹重新编曲，请乐队重新录音。

但是，姚峰不明白的是，临到正式比赛，两度制作的《家有爹妈》却被换掉了。

原来，是姚贝娜自己临阵变卦，再次更换了曲目。作为艺术总监的付林曾提醒她："《家有爹娘》这首歌是大众可以跟着唱的，你如果唱这首歌，可能更容易在现场产生共鸣。"但出于对年轻人的理解，也是为了让她保持一个好的比赛状态，付林并没

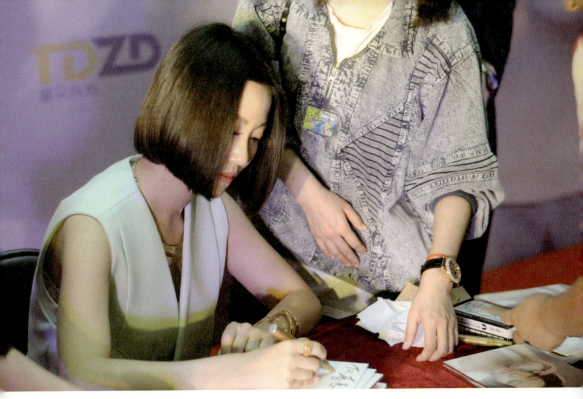

有强制要求她唱这首歌，而是把这个选择决定权交给了姚贝娜本人："你是照顾你自己的歌唱意愿，还是顾及大众的听歌感受？你自己决定吧。"最终，姚贝娜坚持了自己的意愿，选择了更能体现自己演唱特点的另一首歌曲。

显然，那个时期，姚贝娜在"听众喜欢"与"个人特色"上特别纠结，为了显示自己的演唱特点，她宁可不选择更容易被听众接受但声音辨识度不高的歌曲，哪怕换掉的是自己父亲的作品，哪怕换掉的是父亲自费制作的作品也在所不惜。

正所谓大彻大悟，当思想上的疙瘩解开之后，姚贝娜的艺术之路就一下子变得更加开阔通畅起来。

由唐跃生作词、姚峰作曲的《迎风飘扬的旗》是一首被广为传唱的混声合唱歌曲，歌曲紧扣"党旗"这一主题，诉说式的歌词形象地描述了从新民主主义革命到改革开放的历史进程，以进行曲为主体的旋律又融入了抒情性音乐元素，使得全曲既铿锵激越又温暖柔情。在2011年"唱响中国·群众最喜爱的新创作歌曲"征集评选活动中荣获十大歌曲奖，并获得了中宣部"五个一工程奖"，这首歌被广泛传唱，成为各种歌咏比赛的必选曲目之一。

姚贝娜的贡献在于推出了流行歌曲版的《迎风飘扬的旗》。无论是邀约她拍MV，还是在央视"天天把歌唱"栏目现场演唱，她都以极大的热情投入到二度创作中。她以一位80后流行歌手对"旗帜"的理解，对这首主旋律歌曲作了年轻化解读，在唱法上植入了许多流行元素，她的演唱显得更平实真诚、张弛有度，富有画面感。作为一位有着广泛影响的实力派流行歌手，姚贝娜的演唱让这一精品之作在青少年群体中获得了更为广泛的传播。

零点时刻《天耀中华》

对一位演员来说，参加中央电视台春节联欢晚会是艺术梦想，也是实力体现。

年轻的姚贝娜有幸三度登上央视春晚舞台。

2007年2月17日，猪年除夕。姚贝娜首次参加中央电视台春节联欢晚会，演唱歌曲《老公老婆我爱你》。这个节目被设计成两组男女声二重唱，姚贝娜与火风合作演唱第一段，刘岚与庞龙合作演唱第二段。

姚贝娜能首次亮相央视春晚这个中国分量最重的电视舞台，实际上是"青歌赛"带来的"长尾效应"。就在半年前，她刚刚获得了第十二届央视"青歌赛"通俗组银奖第一名。

尽管留给姚贝娜、火风的表演时间不过一分四十秒，能发挥的空间有限，而且糟糕的服装设计导致两人舞台形象严重违和，穿着镶有金色蕾丝的大红色公主裙的姚贝娜与穿着一件黄色唐装的火风站在一起，根本不像一对夫妻，倒像一对父女。但是，站上这个世界上收视率最高、影响力最大的文艺晚会，在以亿计的海内外华人面前亮相，对年轻的姚贝娜而言就是一次巨大的成功。

3年之后，2010年2月13日，虎年除夕。姚贝娜再次亮相中央电视台春节联欢晚会，演唱歌曲《我要歌唱》。这一次是与师鹏、熊汝霖、王润霖合作，4位年轻的流行歌手用歌声激情表达了"唱出生命中最耀眼的光彩"的渴望。

如果说前两次在春晚上的表现尚属中规中矩的话，那么2014年马年春晚上的姚贝娜堪称惊艳。

2013年11月，姚贝娜以网友投票产生的"明星人气王"身份参加了央视才艺选拔节目"我要上春晚"年度总决选，她现场演唱了歌曲《也许明天》，并在无伴奏的情况下加唱了《生命的河》。评审、著名表演艺术家张国立被唱哭了，另一位评审，德高望重的著名作曲家阎肃称赞她"有很大的进步"，姚贝娜毫无意外地获得了2014年马年央视春晚通行证。

令姚贝娜备感意外的是，春晚总导演冯小刚安排她在零点钟声敲响之后的重要时刻出场，演唱《天耀中华》。

《天耀中华》是著名作曲家何沐阳创作的一首精品，冯小刚慧眼识珠，决定把这首歌作为零点压轴曲目。

让姚贝娜来演唱《天耀中华》，是因为冯小刚相信她有这个实力。

2012 年，姚贝娜曾为电影《1942》配唱了主题歌《生命的河》。兴许是亲身经历了与病魔的抗争，姚贝娜对生命的内涵和意义有了更切身的感悟，进而对歌曲的解读也就更透彻。她的演唱既有对生命的悲悯无奈，又充满了对生命的渴望期待，冯小刚曾评价说，姚贝娜的"歌声里'有人味'"。姚贝娜演唱的《生命的河》成为电影《1942》的加分项，同时，随着电影《1942》的上映，《生命的河》得到了大众的喜欢，也提升了姚贝娜的名气。

从音乐上讲，《天耀中华》具有浓郁的民族气韵，又带有一些鲜明的通俗元素，二者实现了完美的融合，对演唱者也就提出了更高的要求。正式录音之前的一个星期内，身在北京的姚贝娜与远在深圳的姚峰一直在反复讨论应该怎样唱好这首歌。讨论到最后，姚贝娜说："爸，你过来吧！"

女儿的这一声"你过来吧"，在姚峰听起来就是号令，他马上从深圳赶到了北京。

录音当天，姚贝娜开着车，父女俩一起走进了中央电视台一个很大的录音棚。姚贝娜演唱，姚峰监棚，一共录了两个版本，一个是《天耀中华》，另一个是《天佑中华》。最后，央视春晚导演组选定了《天耀中华》。

央视显然对这个节目格外重视，早在晚会举行的十天前，央视新闻频道特地采制了一条新闻《春晚彩排：姚贝娜为新歌着新装》，报道了姚贝娜为春晚试装的情景。

在如此重要的晚会，如此重要的时刻演唱如此重要的作品，

翻拍：天天

姚贝娜既兴奋又紧张。当天 17 点 26 分，她在演播大厅后台发了一条微博："呼呼哈嘿，时刻准备着！"23 时 35 分，已换好演出服的姚贝娜忙里偷闲又发了一条微博："深呼吸，我叫'不紧张'！"显然，善于搞怪的姚贝娜在以这种特别的方式调整自己的演唱状态。

2014 年 1 月 30 日，马年除夕。零点钟声敲响，高光时刻来临。在近 300 名身着盛装的合唱团队的簇拥下，着一袭金色长裙，端庄美丽、高雅大气的姚贝娜站在舞台中央，引吭高歌《天耀中华》。

当合唱团队唱完引子，姚贝娜歌声响起："我是多么的幸运，降生在你的怀里……"第一句尚未结束，满场已响起热烈掌声。她的演唱真挚凝重、通灵温润，准确地表达了炎黄子孙对中华民族"风雨压不垮，苦难中开花"的家国情怀，带给观众满满的仰视感和强烈的共鸣，令人心潮澎湃、热泪盈眶，不负众望的姚贝娜把晚会推向了高潮。坐在导演席上，冯小刚紧盯监视器，当最后一个音从空中飘过时，他竟激动地握紧拳头，使劲地摇了摇。

这个节目在央视网"观众最喜爱的节目"票选中获得歌曲类第一名，也成为央视春晚历史上的经典节目之一。

三上春晚的经历，实际上是姚贝娜在音乐艺术之路上成长的缩影。无论是曲目选择、演唱风格，还是舞台形象，姚贝娜都实现了从稚嫩到成熟的嬗变，仿佛一个小家碧玉终于修炼成了一位大家闺秀。

尽管见过很多大场面，上过很多大舞台，但有一个地方却是姚贝娜永远割舍不断的，那就是位于"武汉市武昌区解放路 427 号"的武汉音乐学院。虽然举家南迁深圳，但无论姚峰、李信敏，还是姚贝娜，"武音情结"都根深蒂固地存在于内心，因此，只要有机会，他们就会回到这里。

2013 年 11 月 11 日，武汉音乐学院 60 周年校庆之际，姚峰带着学生刘罡、姚贝娜出现在编钟音乐厅，举办了"也许明天"演唱会。

刚参加完"中国好声音"，已属当红歌手的姚贝娜的出现，立刻在校园里引起了轰动，当天的演唱会一票难求。演唱会上，时任武汉音乐学院院长彭志敏教授在致辞中称："姚峰教授在其音乐生涯中最闪亮的作品，就是姚贝娜。"话音未落，全场掌声骤起。

演唱会由姚峰亲自主持，师徒三人轮番出场，或独唱或二人对唱或三人联唱，尽显各自风采。热烈的气氛中，最大的亮点无疑属于姚贝娜，她多次返场，仍意犹未尽，其中既有创作歌曲《如果我们没有遇见》，又有经典之作《因为爱情》，也有当红之作《红颜劫》《也许明天》，引得喝彩声不绝于耳。

在这个"喜欢的舞台"，"唱喜欢的歌"，姚贝娜尽情表达着她的"武音情结"。

这已不是姚贝娜第一次返校演唱。

早在 2007 年 6 月 13 日，在武汉音乐学院编钟音乐厅就举行了一场大型通俗演唱会，姚峰率领他的四个弟子雷湘、黄鹤翔、刘罡，还有姚贝娜同台亮相。这场演唱会实际上是对武汉音乐学院在全国率先开办通俗唱法专业教学成果的一次集中展示，也是对姚峰的通俗音乐研究成果的集中展示。

作为当晚最年轻的歌手，"青歌赛"银奖获得者、武音附中00届毕业生姚贝娜率先上场。她首先演唱了尚未开播的电视剧同名主题歌《日月凌空》，一曲唱罢，姚贝娜竟激动地泪洒舞台，她动情地告诉大家，她是在武汉音乐学院长大的，"武汉是我的家，武汉音乐学院是我永远的家，我心里最深爱的就是武汉。"

演唱会上，她一共演唱了7首风格迥异的歌曲，其中既有电视剧主题歌，又有尚未推出的新歌《一个人听见，全世界听见》，还即兴清唱了一首原生态民歌《圪梁梁》，充分展示了她全面的演唱技能。

第12章　生活的滋味

我的梦因你而起
走过风雨我能看见我自己
高山之巅
心有羽翼
梦在哪里
家就在哪里
——《一路有你》

姚贝娜是一个很单纯的青年。

在家人眼里，她是好闺女、好姐姐、好妹妹；在同事、朋友眼里，她是好伙伴、好朋友；在贝壳眼里，她是家人；在听众观众眼里，她是邻家小妹。

姚贝娜不差钱，她很大方却又从来不乱花钱。

她几乎没有奢侈品，也不刻意追求名牌，在这一点上，她真的不像明星。

她是一个感情丰富的姑娘，她渴望爱与被爱，她喜欢孩子。最后，她把爱情永远藏在了心底。

这一切，皆源于她善良的内心。

"天使"与"恶魔"

姚贝娜先后是乐巢音尚、华谊音乐的签约歌手。

在乐巢音尚时，除了沙宝亮，姚贝娜的经纪人是人称"老沫"的段沫然，助理是李琦，后来换成了萱萱。

在华谊音乐，除了总经理袁涛，姚贝娜的团队包括最初的经纪人周杰，后来的经纪人博宁、助理萱萱、公司行政助理王凯、音响师佐鑫，化妆师先是张丁元，后来换成了小峰。

无论是在乐巢音尚，还是在华谊音乐，姚贝娜和大家相处得都非常融洽。

沙宝亮是姚贝娜成为职业歌手的引领人之一，在姚贝娜最困难的时候他出手相助，两人结下了深厚的友谊。

当初，是否与姚贝娜签约，华谊音乐内部曾存在争议，最终是袁涛力排众议，决定签约。所以，姚贝娜对这位"老大"心存感激。

在博宁眼里，姚贝娜属于那种大大咧咧的女孩，遇事不计较，是一个很好合作的艺人。也因为如此，在姚贝娜去世后，博宁就不再做经纪人了，因为，"不可能再找到像姚贝娜这样水平高、好合作的艺人"。

姚贝娜和萱萱则是惺惺相惜，两人既是艺人与助理的工作关系，更是亲密无间的姐妹关系。

在姚贝娜眼里，萱萱是一个非常好的助理，工作态度、工作热情无可挑剔。"她总是尽心尽力，忍受着我的急脾气，保护我的一切。"

在萱萱眼里，姚贝娜很善良很暖心，工作中懂得尊重人，生活中知道关心人。

"中国好声音"之后，姚贝娜的名气越来越大，但她对自己更自律，从来不耍大牌。无论录音、走台、演出，她总是尽量提前到场，从不迟到，连演出间隙换服装她也是越快越好，生怕大家等久了。

不管是在工作还是生活中，姚贝娜遇事总是设身处地替别人着想，她首先会顾及别人的想法，然后才去考虑自己该不该去做这件事儿，做这件事儿会不会对别人造成什么不好的影响，如果会的话，哪怕再怎么对自己有利，她都会放弃。知道了她这个习性，有的时候萱萱也忍不住劝她，干吗老要替别人想这么多，你也多替自己想想吧。但是，姚贝娜的性格就是这样，改不了。

萱萱刚入职时，年纪小，也是一个人在北京，不太会照顾自己。有一次，她感冒了，嗓子疼，打喷嚏，好容易把工作完成了，正准备回去休息时，姚贝娜却说："萱萱，我还有点事，你跟我回家一趟吧。"听到这话，萱萱在心里叫苦不迭："我的姐啊，你什么时候不能有事啊，怎么偏偏今天有事。"姚贝娜也不说话，她开着车两人直奔住处。进了屋，姚贝娜说："你坐着，我给你找药。"萱萱这才恍然大悟。

姚贝娜细心地把药找出来，又倒上温开水，看着她把药吃了，又把剩下的药交到她手上："我要不给你找药啊，你回去后肯定不会吃药。把这些药带上，4个小时之后记得再吃一次。"

相处时间久了，接触的人多了，萱萱深有感触，一个在工作中能体谅你，在生活中会像姐姐一样照顾你的人，真的是挺难得的。姚贝娜去世后，萱萱在很长一段时间里不再做女歌手的经纪人："我怕，怕自己触景生情，也怕别人问起姚贝娜的事儿。"

姚贝娜很善良、很单纯、很简单，特别不会来事。捞仔说过，音乐之外，姚贝娜就是个"傻丫头"。

2010年参加广西民歌大会，姚贝娜与沙宝亮一起演唱《世上哪有树缠藤》。演出结束后，他们应邀出席了主办方举办的庆功宴。

姚贝娜刚一入座，一位很有名气的舞蹈演员就问她是什么关系来参加这个演出的，这一下就把姚贝娜问懵了。她心想，我也没有什么特别关系啊！

宴会上大家免不了要给领导、导演敬酒。别人在席间穿梭般地走动，姚贝娜却坐在那里"思考人生"，她实在是不擅长这个。

"我敬酒还是不敬酒呢？"犹豫再三，等别人都敬完了酒，她才端着一杯饮料走到副导演身边，因为她只见过副导演，别的人都不认识。很礼貌地表达了谢意之后，正要转身离开，副导演连忙叫住她："哎，你怎么不给我们总导演敬酒啊？郎导你不认识吗？"姚贝娜这才把郎昆对上了号。

其实，郎昆待人挺好的，他并没有计较姚贝娜的不谙世事，相反表扬她唱得好、形象好，有星相。这让姚贝娜很开心。

但是，姚贝娜又不是那种没有个性的人。她要犟起来，发起脾气来也会把人吓一大跳。

姚贝娜自己也曾经说过，她有时候内心是很忧愁伤感的。她还在微博中自嘲，有时候觉得自己像个天使，有时候又觉得自己像个恶魔。她平时待人很友善宽容，但如果遇到看不惯的，她也会不管不顾地发脾气。

有一次参加一个演出，不知是什么事把她搞烦了，她就在化妆间发火了，噼里啪啦，不管不顾地发泄完了，再一看，咦，屋里只剩下萱萱一个人了，她就问："人呢？怎么没人了？"萱萱忍住笑，一本正经地告诉她："人都跑出去了，是被你骂跑的。"其实，大家都了解她，看她发脾气了，就都不理她，让着她，知道她发完火也就完事了，不会记仇，仍会和大家相处得很好。姚贝娜看到这个场面，自己反倒不好意思了，赶忙跑到化妆间门口："好了好了，完了完了，没事了，大家都进来吧……"

当然，姚贝娜发脾气是小概率事件，更多的时候，她带给小伙伴的是温暖。

有一次，有一个演出活动安排在了上午，前一天晚上李信敏听见她在给萱萱打电话，让她记得买早餐。第二天一大早，萱萱把大家的早餐都买来了。李信敏有点奇怪，因为她当演员时，如果上午有演出任务，都是各自在外面吃一点早餐就行了，剧团不会管这些事。于是，李信敏就问："姚贝娜，每个人的早餐你都要管吗？""不是啦。妈，你看别人这么早就过来给我化妆，团队的人也都来了，难道让人家饿着肚子干活？"

任性女儿开心果

在家人眼里，她是好闺女、好姐姐、好妹妹；在同事、朋友眼里，她是好伙伴、好朋友；在贝壳眼里，她是家人；在听众观众眼里，她是邻家小妹。

这一切，皆源于姚贝娜善良的内心。

姚贝娜懂得尊老爱幼，即便是在成名之后，她仍始终保持着一种平民意识，传承了良好的家风。

三岁之前，姚贝娜是姥姥带大的。在武音附中读书时，奶奶陪她度过了两年多的时光。后来，无论是上大学，还是参加工作，平时再忙她也会抽时间给姥姥、奶奶打电话问安，这让两位老人很欣慰。

因为与姥姥相处的时间更长，相对来说，她更亲近姥姥，每次休假，她都会到姥姥家住几天。贝壳们给姚贝娜拍了很多照

摄影：黄欢

片，她特地选了一张她最喜欢的转送给姥姥，还在相框上画了一个心，写上"送给我最亲爱的姥姥"。

2009 年，姥姥到深圳过年。有一天，一家人和几位朋友一起在外面吃完饭后回家，姥姥患有阻塞性肺炎，走得比较慢，姚爸姚妈和朋友们边走边聊很快走到了楼栋门口，回头一看才发现姚贝娜搀扶着姥姥在后面慢慢地走，掉得好远。朋友们看见了这一幕，非常感慨：80后的孩子能这样在大街上搀扶着老人慢慢走，真的是不多见了！

姚贝娜不幸离世后，姥姥经常流着眼泪念叨："娜娜每次回来，晚上睡在我这里啊，就给我唱歌。小时候唱《黄土高坡》，后来到部队里了，就给我讲部队的那些事。我就跟她说，娜娜啊，你爸爸妈妈都是有头有脸的人，你在外边要放好些，不要给你爸爸妈妈丢脸。她总是很爽快地答应我……"

每当家族聚会，一大家子人在一起吃完饭，她都会主动帮忙收拾碗筷桌椅，而且和兄弟姐妹们相处得很和谐，从来没有因为自己是歌星了而表现出优越感。

对家人如此，对朋友更是友善。

姚贝娜小时候住在武汉音乐学院时，有个孩子比姚贝娜大很多，是个弱智儿。姚贝娜对他一直很友好，经常带着他一起玩，丝毫没有冷眼相待。

2013年的一天，已很有名气的姚贝娜回到了武汉音乐学院，和几位昔日同学走在校园里，她远远地看见了这个小伙伴，便一边大声叫着他的名字一边向他跑去。这个小伙伴看见她也高兴地笑了，说："你是姚贝娜……"姚贝娜无法表达自己的高兴心情，随手掏出一百块钱要塞进他的口袋，可这个小伙伴不好意思，一溜烟地跑开了，姚贝娜追了好远也没追上，只好作罢。停下脚步，她失望地对同学杨静枫说："唉，只怪我腿短，赶不上他呢！"

杨静枫后来把看到的这一幕转述给了李信敏，眼神里充满感动，但李信敏却觉得这很平常。因为，生活中的姚贝娜就是这样，她丝毫没有架子，从来没有觉得自己是明星了，要跟别人有什么不一样，相反，她总是非常平等地对待任何人，这也是那么多贝壳都喜欢她的原因吧。

　　善待他人，还体现在姚贝娜有着极强的公德意识。

　　作为一位歌手，练唱是生活中的一种常态，可她担心扰民，常常是开着车在车里练。后来，在租住的房子里，她特地用吸音板隔出了一个小房间用于练唱。李信敏多年养成了拍打健身的习惯，每次到北京陪伴她时，姚贝娜都会提醒她不要在家里拍打，实在要拍打，最好在厨房里，"不要让拍打声影响了隔壁邻居"。

　　俗话说，"儿行千里母担忧"，姚贝娜一个人在北京工作生活，对远在深圳的李信敏而言更多的就是牵挂。

　　李信敏有一次给她打电话，姚贝娜没有接。李信敏心里担心，等到后来电话终于打通后，李信敏就埋怨她："姚贝娜，你怎么不接我的电话啊？""哎呀，妈妈，我忙死了，我哪里顾得上接电话啊。再说了我天天这么忙，我未必每天都要跟你们汇报？"她在电话那头急吼吼地说了一大通。

　　虽然李信敏听到这话心里有点不舒服，但是站在姚贝娜的角度想，她说得也是有一定道理的。李信敏意识到，她既不了解女儿的工作状态、精神状态，也帮不上什么忙，心想就不要过多地打扰她吧，从此，李信敏就不主动给她打电话了。

　　过了两天，姚贝娜感觉到把妈妈给"得罪"了，就主动给李

摄影：习彬

信敏打电话，在电话里撒娇。李信敏就故意逗她："姚贝娜，你知道不知道我对着你挂在家里的大照片说什么了？"

"说么事啊？"

"我说：姚贝娜，你个'白眼狼'！"

姚贝娜就在电话那头呵呵地傻笑。

从那以后，姚贝娜不管多忙，几乎隔天都会主动给李信敏打个电话，报个行踪或聊几句。

"妈，我现在要去录音了啊。"

"哦，好，你去啊。"

过不了一会儿，电话又来了："妈，我录完了。"

"这么快就录完了，录得怎么样啊？"

"蛮好蛮好。"

"作者满不满意呢？"

"嘿嘿，妈咪，也不看是谁录的！"

如果"慈父"爸爸听她这样说，一定会赞不绝口："我家姑娘真棒。"但是，"严母"李信敏不会这样说，她一定会提醒女儿："你知道吧？老话说得好，天外有天，山外有山，人外有人……"

听到这话，姚贝娜也会马上回应："妈，我知道的，你放心好了。"

2008 年，姚贝娜在北京重新租了房子。但住进去后发现冰箱、洗衣机都有一些毛病，姚贝娜与房东沟通不顺，便向物业咨询，物业回复说这事还是要找房东，于是姚贝娜决定自己买新的。李信敏想了想，对姚贝娜说："这事你别管了，我来和业主谈。"但姚贝娜不想让母亲为这些小事给别人添麻烦，仍坚持自己解决。李信敏据理力争：按租赁合同这些问题本来就该房东负责解决嘛，姚贝娜一下子毛了，发起脾气来，把一个杯子也给摔了，然后转身冲了出去。她这个样子把姚峰惹火了，冲着她喊："你不要这样！"直到晚上姚贝娜也没有现身。着急之时，接到了萱萱打来的电话，说姚贝娜的生理期来了。

第二天，姚贝娜回来了。手里抱着一大包东西，进门就说："妈妈，我错了……"李信敏故意绷着个脸："你错了？你错哪儿了？那你跪下！"姚贝娜也不含糊，正要跪下时，李信敏一把把她抱住，母女俩都哭起来。

生活中的姚贝娜就是这样，她和普通女孩子没有什么区别。平时性情很温和，但是如果遇到不如意或者不开心的事，也会着急发火、耍小性子。

大方小气孝顺女

姚贝娜不差钱，但她没有乱花过钱，这个习惯是从小养成的。

读大学期间，家里每个月给她 500 元到 800 元生活费，她也从来不多要，不足的部分靠录音、演出来挣。

说起来令人难以置信，身为歌星，姚贝娜没有奢侈品，在这一点上，她真的不像明星。

姚贝娜曾经笑话李信敏："我妈一看见打折的衣服就特高兴。"其实，她自己也不刻意追求名牌，这一点像极了姚峰李信敏。他们对奢侈品知之甚少，比如服装，只要有造型感、设计感，穿着感觉好就行，至于是不是名牌一点不重要。

即便是成名之后，姚贝娜的消费观也依然保持着平常心，做到了该花的花，不该花的绝对不花。

有一次，李信敏到北京看望姚贝娜，一见面，发现她手腕上换了一块表盘很大的时装表。

"咦，你又买了一块表啊？花了多少钱？"李信敏好奇地问。

她回答说："花了两千多块钱。"姚贝娜如实相告。

"哦，你那块最贵的表呢？"

"在啊！"

李信敏指的"最贵的那块表"花了四万多块钱，是"中国好声音"之后，姚贝娜托朋友在香港买的。第一次看到时李信敏感到很吃惊："啊？花了四万多块钱啊！"

"妈，你知道别人戴的表值多少钱的吗？都是几十万甚至上百万的，我这块表够便宜的了。"

听她这样一说，李信敏也就不再吱声了，她相信姚贝娜会处理好这些事。

姚贝娜经常给父母购物，但李信敏和姚峰的态度截然不同。

姚峰特别喜欢姚贝娜给他买东西。只要姚贝娜一说要给他买什么，他马上会说："好好好！"很开心很享受的样子。姚峰现在每年冬天穿的棉睡衣就是姚贝娜给他买的，虽然已经很旧了，但他坚决不换新的。姚峰有好几块手表，但现在只戴瑞士精工表，每天都戴着，因为这块表也是姚贝娜买的。

2013 年，李信敏 60 岁。

元旦节刚过，姚贝娜就开始盘算："妈咪，你今年六十大寿，我送个礼物给你吧。"

"不用吧，我什么都有呢。"李信敏马上拒绝了。

摄影：习彬

　　见状，姚峰在一旁说："姑娘要送你礼物，你就收下吧，这还用客气？"

　　"就是啊，这是我的一份心意呢！"

　　"好吧。"

　　"妈咪，那你想要个什么礼物呢？"

　　那一年，姚贝娜就惦记着要给李信敏送生日礼物，每一次通电话都要说这事，问李信敏想要什么礼物。当时她正忙着参加"中国好声音"，李信敏就告诉她："你别老想着这个事，不用着急，这一年都是我的生日，你先把你的事情搞好。"一直等"中国好声音"结束后回到深圳，她马上带着父母去买了一款最新的手机，作为母亲的生日礼物。

姚贝娜无论去哪儿，都会想着给父母带礼物。

读大四时，姚贝娜作为中国大学生艺术团的成员赴俄罗斯参加中俄两国高等教育艺术节。从莫斯科回来，她把一块镂空的金色机械表套在了李信敏的手腕上："妈咪，我第一眼看到这块表时，就觉得它特别适合你的气质。"这块表的确很精致，李信敏也挺喜欢。现在它成了收藏品，平时舍不得戴，只是在听音乐会，出席重要活动时李信敏才拿出来戴一下。

李信敏经常戴着的一根金项链，也是姚贝娜买的。当时，她拿给李信敏时，李信敏还埋怨过她又花钱，可姚贝娜回答说，不是买的，是购物时送的。李信敏心想，这是在哄我呢，怎么可能送这么好的一根项链呢？

母女俩都想把自己最好的东西送给对方。李信敏如果穿一件新衣服，只要姚贝娜说好，李信敏就会下意识地要给她，姚贝娜就笑："妈，你真是的，我一说好，你就要给我，我只是说你穿着好看。"

李信敏也喜欢给姚贝娜买衣服，但母亲看中的不一定是女儿喜欢的。

按李信敏的审美观，女孩子要穿得淑女一点，但姚贝娜更偏好时尚、帅气一点。小时候，李信敏让她穿裙子，她表面上是服从了，可书包里面偷偷装着她想穿的牛仔裤，出门后再找地方给换上。长大后，姚贝娜不再让李信敏给她买衣服，李信敏也注意到，她精心挑选的衣服，姚贝娜并不感兴趣，母女俩的审美观变得不太一致了，也就逐渐打消了给她买衣服的念头。

加入海政文工团后，因为经常有演出活动，姚贝娜提出想买一辆车，李信敏立刻答应给她钱。

姚贝娜却说买个手动挡的就行了，可以少花几万元钱呢。对此，李信敏坚决不同意，不会开车的李信敏觉得开车是个很可怕的事，手动挡，左右脚要配合，手上也要操作，万一协调不好，出事了怎么办？李信敏坚持让她买自动挡。但姚贝娜也很犟："真的不用买自动挡，我学的就是手动挡呢。"

李信敏没辙了，只好发出最后通牒："姚贝娜，我生气了啊！你要是不买自动挡，那就干脆不买了！"但姚贝娜仍在犹豫，捞仔听说她想买手动挡，也急了："你也不好好想一想，北京堵车这么厉害，你要是开个手动挡，一会儿开，一会儿停，不停地变挡，这不累死你呀？"听师傅这样一说，她觉得有道理，才决定买自动挡的。

挑来挑去，她最终买了一辆很普通的经济型轿车，这是姚贝娜的第一辆车。

这辆车刚开了两年，姚贝娜有一天突然给李信敏打电话："妈妈，我要换车。""啊？为什么要换车啊？车不是好好的吗？也没开多长时间呢。"

姚贝娜很无奈地叹了一口气。原来，因为要频繁地参加一些演出，每当开车赶到活动现场时，别的艺人开的是好车、豪车，保安就直接放行了，她开的是一辆经济型轿车，就经常被拦下来，让她打电话找人核实了身份才放行，既不方便也很窝火。

摄影：习彬

摄影：萱萱

原因搞清楚了，李信敏当然同意她换车。于是，姚贝娜才买了一辆加长版 Mini。换车以后，再去一些重要场所就很顺利了，不再被人拦截盘问。

那个时候姚贝娜靠演出已挣了一些钱，要换一辆车绰绰有余。也许换别的孩子，很可能是先斩后奏，先买了再给父母报告，或者干脆斩而不奏。但姚贝娜不会，她一定是首先要征得爸爸妈妈同意的，这是从小养成的习惯。

大概又过了三年，姚峰打算考驾照，姚贝娜就买了一辆小路虎"揽胜极光"，把加长版 Mini 给了她爸爸。

喜欢车是姚贝娜的一大爱好。到 2013 年，她又提出想买一辆大路虎，李信敏没有同意："这辆车没开多长时间呢，你又要换车啊，没有必要吧？"姚贝娜见妈妈不同意，也就不再提起了。然而，李信敏怎么也没料到这会留下一个永远无法弥补的遗憾，每每想到这事，她便陷入无法排遣的自责："我当时应该同意她买车的，谁想到她会走得这么早……"

除了喜欢车，姚贝娜另外一个爱好是特别喜欢住酒店。

姚贝娜喜欢住酒店与参加"青歌赛"有关。

1998 年 5 月，姚贝娜代表湖北到北京参加"青歌赛"决赛，有机会第一次住进了高档酒店。

从那时起，她就喜欢上了住酒店。北京归来，姚贝娜意犹未尽地对李信敏说："妈，我好喜欢住酒店啊，空调啊，牙刷肥皂啊，什么都有，既方便又舒服，吃得也特别好，住酒店真是太方便了。"

成为职业歌手之后，到深圳演出，主办方安排的都是豪华酒店，她就总是让李信敏去陪她住一晚上。考虑到自己胃不好，每天早上要按时进餐，而姚贝娜睡眠不好，很容易惊醒，早上需要多睡一会儿，李信敏常常就说，算了，我不陪你了，你独自好好睡个踏实觉吧。其实，说这话时李信敏也是一种很矛盾的心理，一方面想和女儿多待一会儿，另一方面又怕影响她休息。这时候，姚峰就劝李信敏："哎呀，姑娘要你陪你就陪呗。"

刚从中国音乐学院毕业时，为了在北京落脚，姚贝娜看中了一套小房子，她担心多花钱，就总说不要那么大，买小一点的就行了。看了她选的房子，李信敏感觉小了些，就和她商量，还是要全面一点考虑，如果房子太小，也不方便。最后，由姚峰决定，在珠江绿洲小区买了一套两室半的房子，用姚贝娜的名字办贷款，由父母帮她支付月供。

但这个地方离海政太远，一个位于北京的东边，另一个位于北京的西边，堵车又厉害，跑一趟要花很长时间。大概住了三年，赶上父母要在深圳换房，资金又不够，姚贝娜便把这套房卖了，她从此在北京成了"无房户"，一直是租房居住。

姚贝娜不希望父母为她花钱，但是对父母，她是毫不吝啬的。

姚贝娜喜欢住宾馆，她觉得方便，不需要自己打理。所以当得知父母打算在武汉买房时，她最初是不理解的："干吗要在武汉买房啊？我们每次回去，也不过是短暂聚一下，住酒店不就行了吗？"

"小姑娘，我已60岁了，将来是要回武汉落叶归根的呢。"姚峰把自己的想法告诉了她。

"哦，是这样啊，那就买吧。"

"中国好声音"结束后，一家三口赶到武汉会合，一同看房。

姚峰想买靠近长江的，武汉音乐学院紧邻着长江，他是有很重的武音情结、长江情结的，但是看了几处都不是特别满意，有朋友就推荐了靠近东湖的华侨城，姚峰其实已经不想去看了，在这方面他比较懒，要求也不高，认为差不多就行，这时姚贝娜发话了："爸爸，这个事情还是要听妈妈的，我们去看看吧。"就这样，一家三口到了华侨城。

当时华侨城二期正在建设，但有了样板房，姚贝娜到一间面积很大的样板房里转了一圈，当即就拍了板："妈，起码要买这个样的！""太大了点吧？""不大不大，大一点，你们住起来要舒服些。就这样定了，我把钱打给你们。"

她回到北京以后，马上通过银行把房款转给了姚峰，这笔钱是她这几年辛辛苦苦演出挣下来的。

收到这笔钱，姚峰、李信敏蛮高兴，也蛮心疼女儿。她自己买房不想买大的，给父母买房却毫不吝啬。

有只小狗叫"小宝"

　　姚贝娜的胆量常常表现为胆大、胆小两个极端，无论是胆大还是胆小都超出了旁人的想象。

　　小时候，她更多地表现为胆小。两岁多时，她可以在床上走来走去，又蹦又跳，可是一旦把她放在地上，她却不敢走，遇到一个很小的沟或坡，她也不敢迈步，最典型的是特别怕狗，连鸡鸭都怕，这种害怕一直延续到她长大后在武汉音乐学院读高中时。

　　有一天早上，她刚出门上学，可不到半分钟就跑回来，惊魂未定地坐在沙发上。

　　"你怎么了？"李信敏奇怪地问她。

　　"狗，一条大狗，它追我……"

　　原来，姚贝娜刚走出门栋，一转弯，碰到一条很大的狗。那条狗死死地盯着她，吓得她一动不敢动，对峙之中，那条狗突然喘着粗气向她靠近，姚贝娜吓得转身飞跑，一溜烟地逃回家里。

但是，姚贝娜又是喜欢狗的，属于又怕又爱的"爱狗人士"。

就在被狗撵回家里不久，有一天放学回来时，她手臂上缠着一条毛巾，上面居然放着一条很小很小的狗崽，毛茸茸的。

李信敏看见了，不解地问她："这谁家的狗啊？你不是怕狗吗？怎么把狗抱回来了？""妈妈，这是我的同学的狗，我带回来玩几天。"

这下好了，姚贝娜上学回来逗一会儿狗，剩下的事就全落在了她妈妈身上。李信敏每天不停地给它洗澡、喂食。"姚贝娜，你这哪里是玩狗哦，分明就是狗在'玩'我呢。"

后来，姚贝娜依依不舍地把小狗还给了同学。

有一天课间休息，她问到这条小狗，两位同学告诉她，狗被弄丢了，找了好几天都没找到。姚贝娜一听就急了，居然在教室里大哭起来，边哭边数落同学没有爱心。看她伤心欲绝的样子，两个同学才连忙告诉她："我们逗你玩呢，狗在宿舍里养着呢，没丢。"听到这话，姚贝娜才破涕为笑。

参加工作后，姚贝娜想养一条狗，便让李信敏陪她去了宠物花鸟市场。刚走进一家宠物店，一条雪纳瑞就冲着姚贝娜摇头晃脑，不时又停下来，一动不动地望着她。这个萌宠的样子也一下子吸引了姚贝娜："妈，就是它了。"姚贝娜也不再挑选，直接把这条雪纳瑞带回了家。

给它取个什么名字呢？姚贝娜想了好几天，最后决定叫它"小宝"。

摄影：萱萱

　　小宝成了姚贝娜最好的玩伴，只要在家里，她必然与小宝形影不离。

　　姚贝娜到外地演出，一般是头一天去，第二天回，她就把小宝关在笼子里，给它准备好吃的好喝的。有一次，飞机晚点，她一路上急得不得了，就想着小宝。等她回到家里，一打开笼子，小宝就像离弦的箭一样冲出家门，又是屎又是尿的，一通拉，显然它是被憋坏了。因此，再遇到外出，她就把小宝送到宠物店寄养起来。时间长了，她发现小宝放在宠物店也有很多问题，每次把它送到宠物店时，它显得很焦躁，把它接回来时，它很难安静下来。李信敏得知这个情况，只好说："你把小宝送到深圳来，我帮你养着。"

李信敏对狗也是又爱又怕，姚峰对宠物则是敬而远之。小宝送到深圳家里，它满屋地跑，整天围着李信敏，又蹦又跳，李信敏就对它说："你安静点！"每到傍晚，一见李信敏拿起狗链，它知道要带它出去，就很兴奋，围着李信敏上蹿下跳，又是扑又是舐，不亦乐乎。李信敏就对它说："安静一点，你安静一点！你要这样，我就不带你出去……"小宝似乎听得懂，一下子变得很乖，但一出门，它一路飞跑，李信敏就被它带着跑。

可是，李信敏患有支气管疾病，狗的绒毛容易诱发支气管扩张，她并不适合养狗。

怎么办呢？李信敏只好又和姚贝娜商量，最后，托朋友在网上找到了一个在深圳的爱狗人士，依依不舍地把小宝送给她了。

把小宝送人后，李信敏放心不下，又专门去看过好几次，虽然养的时间不长，但它认得李信敏，一叫"小宝"，它马上就跑过来了，摇头摆尾的，显得很亲热。

后来，姚贝娜回深圳休假，提出去看看小宝。姚峰听说了，嫌她多此一举："哎呀，送就送了嘛，还去看什么呢，你妈又不是没去看过？"听到这话，姚贝娜很不高兴："爸爸，要是你养的仔，送给别人，你愿不愿意啊？”这话怼得姚峰哑口无言，只好开车陪她们一起去看小宝。

见到姚贝娜，小宝那股高兴的劲儿就别提了。分别时，姚贝娜又难过得流下了眼泪，返程路上，三人坐在车里，一路无语。

再后来，姚贝娜生病后还曾问起小宝，小宝的新主人就通过手机给她发来了一张照片。狗已长大了，和小时候相比，体型变化比较大，姚贝娜看着照片说：“妈妈，这是小宝吗？我怎么觉得不像啊？”

也不知小宝现在到底怎么样了。姚贝娜离开后，李信敏经常会想起它。

可能是因为喜欢小动物的缘故，姚贝娜有很强的环保意识和动物保护意识，野生动物她是绝对不吃的。有一次从外地演出回到家，刚一走进屋她就把包包狠狠地摔在沙发上，虎着个脸一言不发。李信敏见了，便问：“怎么了？和谁生气呢？”原来，演出的主办方在宴请演员时上了一道红烧穿山甲，还热情地招呼大家动筷子。她愤愤不平地说：“太不像话了！这怎么能吃呢？穿山甲是国家二级保护动物，他们又不是不知道，太残忍了！”

李信敏曾给她买过一件貂皮做的粉红色背心，造型做工都非常讲究，但姚贝娜只是在家里穿着和姥姥照了一张合影，就再也没穿过，后来送给别人了。

姚峰从挪威给她带回来一条北极狐围巾，雪白雪白的，非常漂亮。可姚贝娜一点不领情：“爸爸，我是动物保护者，我不会戴这个的。”这条围巾到现在还存放在武汉的家里。

藏在心底的爱情

女大十八变，姚贝娜上初中时就已出落得越来越漂亮，这个简单透明的女孩子，脸上永远挂着开朗的笑容，成了很多男生心目中的女神，大家背后悄悄地关注着她、谈论着她。

虽然姚贝娜没有和任何男生闹出什么绯闻，但她的内心却也有着青春的躁动。

也许姚贝娜属于那种早慧的孩子。上中学时，她虽然与爸爸交流不多，但学校的事她都会跟妈妈说。

读初中时，有一段时间，她常常在李信敏面前谈起一个小男生：他今天教我做数学题了；我这次语文分数比他高；他今天打篮球的样子好帅哦……有一个周末，老师组织学生到校外玩真人版 CS 游戏，回来后她又很兴奋地直嚷："哎呀，妈，他今天喝了我带的水……"李信敏觉得很奇怪，因为她自己小时候没这种经历，但也没觉得姚贝娜有什么不对，更没有像有的家长那样如临大敌地指责她，只是轻描淡写地反问了一句："喝了一点水就这么开心啊？"姚贝娜并不明白妈妈此话的意思，仍沉浸在兴奋之中："那当然啦……"一副情窦初开的样子。

姚贝娜曾经和母亲开玩笑，调侃她在感情上是"恐龙"，意思是说李信敏的初恋和爱人都是姚峰一个人，这是很稀有的事。虽然李信敏在感情方面的确很保守、很规矩，但她对姚贝娜的个人感情并没有限制她，而是抱着不干涉的态度，也相信她能处理好感情问题。

天下所有的父母都希望自己的女儿有一个美好的归属，自己未来的女婿无限优秀，在这个问题上，姚峰表现得特别强烈，他对姚贝娜的个人感情问题有时候会提出不同的看法，虽然这些不同意见也属合情合理的正常范围，但李信敏仍劝姚峰放手，在她看来，这个时候他们就是互相喜欢，父母若把自己的观点强加给她，可能更容易引发逆反，更容易出问题呢。

看电影是姚贝娜的一大爱好，只要有空，她就会往电影院跑。

张艺谋导演的《山楂树之恋》上映后，姚贝娜独自一人连着看了三遍，每看一遍都会坐在电影院里哭得稀里哗啦。显然，这部电影触动了她内心的那种女性特有的柔软的伤感的情绪。

姚贝娜是一个感情丰富的姑娘，和所有的女孩子一样，姚贝娜渴望有一份属于自己的爱情，就像《山楂树之恋》那样很真挚的生死相依的爱情。

姚贝娜康复之后，曾经相恋的一个男孩去看望她，这令姚贝娜十分高兴。他们当时都处在感情的空窗期，但言谈之中，姚贝娜从那个男孩的话语中听出他们不可能重续前缘，这让她深感失望。

　　送走男孩，她在给李信敏的电话中伤心地哭了："妈妈，他还是嫌弃我是一个病人……"

　　李信敏一方面心疼、理解女儿，另一方面又很耐心地劝导她。"姑娘，这很正常啊，将心比心，你既然爱他，就要站在他的角度想问题。他是一个独生子，他的父母怎么可能接受一个做过乳腺癌手术的女孩呢？"

　　母女俩的电话持续了近两个小时，姚贝娜的情绪终于平和了："嗯，谢谢妈妈，我好多了，你放心吧……"

　　听到女儿这样说，李信敏稍稍放下心来，可挂掉电话，她又禁不住泪流满面："我的女儿，怎么这么命苦啊！"

　　姚贝娜的爱情也是贝壳们十分关心的事儿，很多贝壳曾不时通过微博隔空催恋、催嫁，希望她早日找到自己的另一半。对此，姚贝娜非常开心，她也毫不掩饰自己的心情，用微博回复贝壳们："其实一直都希望能遇上一位成熟、稳重、有责任心、有爱心、知冷知热的人。我会睁大眼睛去寻找的。放心吧，相信会有那么一天的……"

　　姚贝娜先后有过几段感情，但因为性格或身体的原因，最终都没有修成正果。在这个过程中，董华也成了姚贝娜的倾诉对象，姚贝娜在老师面前笑过、烦过、哭过。董华曾感叹，姚贝娜太单纯了，她根本不懂如何去谈恋爱，也就无法把握她想要的爱情。

当然，在感情这个问题上，姚贝娜是有底线的。

曾经有一位身家几十亿的年轻富豪对姚贝娜产生了好感，托人牵线想和她谈恋爱。但姚贝娜谢绝了，她的理由是，他做的事我完全不懂，我做的事他不完全懂，我又不爱钱，两人很难找到共同的感情基础。

"青歌赛"之后，姚贝娜的名气一下子大起来了，有一天一个很有名的富二代找到她，约她在住家附近的咖啡屋见面后，提出来让姚贝娜做他的女朋友，说给她 200 万元。姚贝娜很得体地回绝了他："你给我这么多钱啊，可是我除了会唱歌，别的什么事都不会呢！"

姚贝娜格外喜欢孩子。

早在上高中时，她就和年龄相仿的表姐、表妹说过，将来，她要生两个孩子。

"孩子的名字我都想好了，一个叫姚音，一个叫姚乐。"

表姐看她一本正经的样子，反问："两个孩子都跟你姓啊？"

"至少有一个要姓姚吧，但'音''乐'不能变！"

姚贝娜总是乐意带着孩子玩，比如画画、做游戏。得知闺蜜李琳结婚了，她特地把一张个人专辑送给她，并写下了一段文字："生个小宝宝吧，给我玩。"

有一次，姚峰的同学、指挥家李冶带着儿子到家里来商量事情，李冶的儿子才 5 岁，比较调皮，静不下来，姚贝娜就带着他玩。

正在与李冶谈话时，姚峰突然听到小男孩在大声地喊："驾，驾！"他回头一看，姚贝娜居然趴在地上，李冶的儿子骑在她身上，两人在玩骑马的游戏。姚峰瞬间愤怒了：怎么能这样呢？然后，姚峰马上理解了：不错啊，姐姐带着弟弟玩呢。李冶则很感意外，虽然当时她已是"青歌赛"冠军，却丝毫没有一点架子，仍像一个大姐姐一样。

等到送走客人，姚贝娜才说："妈妈，好累哦！"她为什么这样？一来她是为了爸爸和客人好好谈话，免得孩子吵闹，二来是因为她的确喜欢孩子。

在参加"中国好声音"时，作为亲友团成员，姚贝娜的大姑姑带着刚上小学的外孙女到了上海。有一天，大姑姑牵着外孙女到化妆室看望她。见到侄女，姚贝娜高兴极了，一把把她搂在怀里。

旁边人见了，就问她："这孩子是谁啊？"

"我女儿！"

"不会吧？你都有女儿了？"大家不相信。

"叫妈妈，叫！"姚贝娜对侄女说。

"妈妈！"侄女真的叫了她一声。

大家依然半信半疑："这孩子怎么长得不像你啊？"

"她长得像她爸爸。"姚贝娜的回答滴水不漏。

离开化妆室，大姑姑乐坏了："贝娜该是多么喜欢孩子哟！"

姚贝娜生病住院后，有一天，李信敏从家里给她送来午饭。刚进病房，姚贝娜一看见她眼泪就流下来了。看着她伤心的样子，李信敏连忙问怎么了。"刚才医生说我不能生孩子了……"

听到这话，李信敏赶紧安慰她："不会吧，你还这么年轻。我再去问问医生。"

李信敏转身找到医生，医生解释说，因为这个病需要化疗，姚贝娜在五年内不能要孩子，但过了这个阶段，是可以要孩子的。得知自己听错了，姚贝娜才转悲为喜。

《如果我们没有遇见》是姚贝娜创作的一首爱情歌曲，朗朗上口述说式的歌词，轻松明快节奏感极强的旋律，清晰地表达了一个年轻人对爱情的理解。从歌词的意境分析，这首歌描述的是一段感情结束而且彻底放下之后的心理活动，整体情绪平和，然而到歌曲高潮部分带有撕裂感的演唱，仍流露了一种不舍与无奈。

那么，这首歌是不是姚贝娜根据自己的爱情经历写的，或者说就是她自己的内心写照？这个问题已无法找到答案。

但可以肯定的是，姚贝娜始终是相信和向往爱情的，她心目中的白马王子是充满才气的文艺青年。在家养病时她曾向李信敏讲述过，在恋爱当中谁谁谁对她是最好的，谁谁谁曾带给她惊喜，那种神态是完完全全地沉浸在一种美好的回忆之中，李信敏被深深地打动了，就鼓励她打个电话联系一下，以好朋友的身份见个面，聊聊天。姚贝娜想了想，马上坚决地说："妈，算了，别人现在都结婚了，就不要影响别人，给人家添麻烦了。"

姚贝娜渴望爱与被爱，渴望有自己的丈夫和孩子，然而，老天爷没给她机会……

第五部

生命绝唱

摄影：蒿宥言

第13章　最后的日子

我是一只鱼
望着鱼缸外的你
敲了敲玻璃
你对我微笑离去
游啊游啊
我却快忘了你
甚至你和我的距离
——《鱼》

忧伤凄美的《鱼》，竟是她哀婉的绝唱。

病魔再次露出了狰狞的面目，姚贝娜乳腺癌复发。

在生命的最后时刻，她做出了一个勇敢的决定：捐献眼角膜。她的父母陪着她双双在捐献志愿书上签上了自己的名字。

2015 年 1 月 16 日 14 点 55 分，姚贝娜那颗酷爱歌唱的心脏停止了跳动。

那么多素不相识的人从四面八方赶来参加她的告别仪式，既是为她的歌声所感染，也是为她的善良坚强所感动。

摄影：贝壳青莲

一条哀婉凄美的鱼

2014年10月，姚贝娜参加了"Hi 歌"第二期甄选环节的比赛。

"Hi 歌"是腾讯视频推出的大型原创音乐真人秀，是继"超级女声""中国好声音""我是歌手"之后的又一现象级音乐选秀节目。"Hi 歌"有两个最大的特点，一是作品都是高质量的原创音乐，二是演唱者都是明星歌手。这就意味着无论是作品还是歌手，PK 都是在高手之间进行的。

与高手过招，这种机会姚贝娜不会放过。因此，收到邀请，姚贝娜欣然前往并全身心地投入其中。

姚贝娜选择的演唱曲目是《鱼》，这首歌由有"天才姊妹花"之称的孙卓然作词、孙嫣然作曲，是近年来流行歌曲中不可多得的精品之作。

在节目录制现场，姚贝娜不停地剧烈咳嗽，咳得眼冒金星、昏天黑地。

姚贝娜的身体状况引起了媒体的广泛关注。有媒体报道姚贝娜在现场咯血了，甚至有的新闻标题直接写成"姚贝娜血洒舞台"，这让很多贝壳非常难过。但是，姚贝娜的助理萱萱后来证实，这是误传。节目录制期间，萱萱一直与姚贝娜在一起，几乎是寸步不离，如果真有咳出血来，萱萱应该是第一个知道的，也会及时采取治疗措施。之所以误传，是因为姚贝娜在走台时，由于咳得太厉害，她用纸巾捂住了嘴巴，当她把纸巾拿开时，因为舞台灯光的原因，旁人误以为纸巾上的阴影是血块，进而以讹传讹。

尽管身体不适，但姚贝娜仍然再一次展示了她超凡脱俗的声音掌控力和音乐表现力。

穿着一件带有长长的透明裙摆的淡蓝色连衣裙，她在舞台上款款而行，那飘逸的身影分明就是一条游动的鱼。

清凌凌的钢琴声中，姚贝娜刚一出声，第一句"我是一只鱼"没有唱完，全场就沸腾了，孙嫣然激动地捂住了眼睛。

虽然唱完之后是萱萱搀扶着退场的，但姚贝娜在舞台上却做到了至善至美，平稳的气息，绸缎一般平滑的音色表达了外柔内刚的情绪，完整地塑造了一个忧伤凄美的音乐形象。

姚贝娜轻轻地唱着，舞台一侧，偌大的鱼缸里，几条金鱼轻轻地游动着……

她成功晋级总决赛，根本看不出她是带病上场。

当然，姚贝娜在演唱过程中也很紧张。她后来在接受媒体采访时坦言：由于咳得厉害，她非常忐忑，生怕让大家失望。直到第一句唱出来，自己听到声音后觉得还不错，才找回了自信心。

虽然现场咯血是一条乌龙信息，但这个时候姚贝娜的癌细胞已发生了转移却是真的，因为她曾告诉李信敏，她发现有一次她咳出的痰里有血丝。剧烈咳嗽是一个明显的病变信号，但大家都没往这方面想，只把它当成了是肺部的普通炎症。所以，置身现场的孙嫣然、孙卓然以及其他嘉宾们、剧组所有的工作人员，还有观众席上的贝壳、歌迷们，在被姚贝娜感动的同时，谁都没有料到，"Hi 歌"竟是姚贝娜的最后一个舞台，《鱼》竟是姚贝娜哀婉的绝唱。

节目录制完成大约 10 天后，姚峰第一次在姚贝娜的手机上看到了视频。当时，她在家养病。父女俩坐在沙发上一起看完了这段视频。

"我是一只鱼，听不懂你的言语，沉默在水里呼吸，舍不得闭上眼睛。游啊游啊，我会再牢记你，还有你每一个表情……"姚贝娜的演唱细腻哀婉，对高音的处理一如既往的完美，全曲以鱼喻人，传递着情事难测、世事难料的无奈。

姚峰一连看了三遍，看得热泪盈眶。姚贝娜像一只小猫一样双手抱着姚峰的手臂，把头靠在姚峰的肩膀上，静静地，也不说话，只是淡淡地笑。她此刻心里在想什么呢？因为父亲被感动而感动？在憧憬下一个新的艺术目标？或者也想到了自己的结局？这些问题无人知晓。但是，此时的姚峰除了感动，脑海里滋生了一个很不祥的预感：这该不会是小姑娘的绝唱吧？

浙江卫视正式播出这档节目的当晚，独自在家的李信敏收看了电视，等姚峰姚贝娜回到家，李信敏对他俩说："赶快看赶快看，《鱼》真的唱得蛮好。"看完姚贝娜的演唱，当最后一个音符从荧屏上哀怨地滑过，姚峰默默站起身准备上楼时，李信敏小声说了一句："姚峰，这会不会是她的'绝唱'啊？"姚峰瞪了她一眼："你莫瞎说！怎么会呢……"其实，姚峰何尝不是这样想的，可他是父亲、是丈夫，他只能把这种悲凉的情绪藏匿起来。

这期间，姚贝娜还惦记着要参加"Hi 歌"年度盛典。

直到 11 月 27 日，她发了一条微博："躺了将近一个月了，现在憋得我真想唱歌啊。肺部生病的感受真真儿是不好哇，希望自己快快好起来，像图片这样笑容自然地绽放开来。虽然好得甚慢，但终归是在好转，贝壳们不要担心哦！等我满血复活吧！吼吼吼吼吼！"在微博下面，她配了两张她与大象的合影，照片上她笑得很灿烂。

这是姚贝娜的最后一条帖子。时至今日，它仍然挂在姚贝娜的微博上，转发量、留言量、点赞量分别为 25 万 +、100 万 +、95 万 +。

12 月 31 日 "Hi 歌"年度盛典如期举行，因为身体原因，姚贝娜不得不缺席了。她事先给孙嫣然写了一封信，对自己不能到现场演唱表达了歉意，并告诉孙嫣然，在生病休息的这一段日子里，《鱼》时常伴随着她。孙嫣然在现场流着眼泪宣读了这封信，并代替姚贝娜演唱了《鱼》。演唱时，歌迷们把一束束鲜花送上了舞台……

　　于姚贝娜而言,《鱼》有着特殊的意义,这首歌是她最后一次录像,最后一次公开演唱,她以卓越的唱功和音乐表现力,完整地塑造了一个忧伤凄美的音乐形象,为歌迷们送上了一场视听盛宴,也让歌迷们从中依稀记住了她的影子。

癌细胞扩散了

完成"Hi歌"录制，姚贝娜回到深圳的第二天，咳嗽不止的她在母亲的陪伴下到北京大学深圳医院看专家门诊，拍了X光片。

与姚峰一样，李信敏同样有一种很不好的预感，难道乳腺癌真的复发了？因为早在北京做化疗时，她就曾悄悄地问过医生，假若这个病发生了转移会出现什么症状？医生告诉她首先是转移到肺部，然后是骨骼。

拍完X光，姚贝娜看出了母亲的心神不宁，便安慰李信敏："妈，不会的，没事！我开EP首发会的时候，还不是咳得蛮厉害。"片子出来后，医生看了看说有点炎症，但没什么大事，便开了处方，让她打点滴，用抗生素消炎。姚贝娜一听，蛮高兴："我说吧，妈，不用担心，没有事的！"

实在是想不明白，X 光检查怎么会发现不了问题？难道是因为她胸部装了假体，X 光拍不出来吗？按照医生开的处方，姚贝娜吃药打针，可三天后症状一点好转都没有。医生说抗生素打多了也不行，建议去改用中医调理，于是就在家里煎中药吃。

这期间，姚贝娜也做不了别的，李信敏就在家里陪她看电视。央视正在播放电视剧《红高粱》，听了韩红演唱的主题歌《九儿》，姚贝娜就问："妈，要是这个主题曲是我唱的话，会是什么样子啊？"李信敏回答她："韩红唱得蛮好啊，如果你唱的话，你也肯定会唱得蛮好，你有你的特点和风格嘛。"

人在家里，心却在舞台上。姚贝娜仍惦记着两件事，一是在香港拿了一个奖，她要去颁奖晚会上唱歌；二是与央视谈好了的，要参加"中韩歌会"，唱《也许明天》。当她再次提起这些事时，李信敏真生气了："姚贝娜，你给我好好在家里歇着！如果这一次你还不能静下心来养病的话，你这个咳嗽恐怕就很难好了！"其实，李信敏真正担心的是她的癌症可能转移了，只是没有明说。

看着母亲一脸不高兴的样子，姚贝娜也很难过："妈咪，我错了，你别生气……"

从此，姚贝娜再也没有提参加演出的事，并把原定的两个活动和公司安排的其他演出全部推掉了。

姚贝娜在歌唱事业上一直在追求完美，对自己有着极高的要求和期望值，这期间也难免产生焦虑、纠结的情绪。很早的时候，李信敏就曾经劝过她，你这么年轻就主演了音乐剧，拿了

"青歌赛"冠军，进了人民大会堂，上了央视春晚最重要的时段，已经做到了很多人一辈子梦寐以求却都可能实现不了的事，完全可以把步子放慢一点，不要那么性急。但是，姚贝娜的性格决定了她不可能放慢脚步，她曾经很爷们地说过："人有的时候是要有点飞蛾扑火的态度，不壮烈一点，怎么能体会得到火焰的强大气势？"

病情丝毫不见好转，姚贝娜整天只能躺着，一旦坐起身就喘不过气来。这期间，李信敏形影不离地跟着姚贝娜。姚贝娜躺在床上，李信敏就坐在床边；姚贝娜躺在沙发上，李信敏就坐在沙发边上。

11月底，姚峰再次陪她去了北大深圳医院，检查发现，姚贝娜血氧含量很低，被紧急收治住院。在采取了一系列治疗措施后，姚贝娜的相关指数才趋于正常。

再次检查之后，医生给出了一个谁都不愿看到的结论：肺癌IV级。

这意味着一直担心的事终于被证实了：癌症已经发生转移。医生还明确告诉姚峰：姚贝娜的时间不多了……

根据病情，医生建议接受化疗，但姚贝娜拒绝了，一方面她仍不相信癌症发生了转移，另一方面她也不认为化疗是一个好办法，她很坚决地对母亲说："妈，不做化疗。我做过七次化疗，应该是做得很彻底了，可还不是又复发了？"

姚峰、李信敏从没想过要放弃，得知广州有一种治疗方法，他们马上决定转院到广州。在被送上救护车时，姚贝娜还应护士们的要求，微笑着和她们拍了合影。显然，她仍保持着乐观和希望。

然而，这一次广州之行无功而返。

万般无奈之下，李信敏拨通了北京中日友好医院祝捷大夫的电话。此前，姚贝娜曾长时期吃中药，后来是因为要参加"中国好声音"才停了下来。在电话中，李信敏哭着央求祝大夫："请您到深圳来一趟吧，救救姚贝娜！"第二天，祝大夫赶到深圳，给姚贝娜拿脉开药，吃了中药后，她的精神状态有一些起色。

然而，姚贝娜的病情仍没有根本好转的迹象。

有一天，焦虑万分的李信敏忍不住哭了："娜娜，你不会真的不要爸爸妈妈了吧？"

听到这话，姚贝娜紧紧地拉着李信敏的手："怎么会呢？妈咪！"

母女俩痛哭了一场，哭完了，又相互擦拭眼泪。

得知有一种尚在实验中的基因疗法，他们也决定试一试。这种疗法需要抽取患者的血液进行基因培养，然后再注入患者体内。此时姚贝娜已无法抽血，好在姚爸姚妈与姚贝娜都是 O 型血，便抽取了姚峰的血液。得知爸爸抽出的血总共装了四十八支试管，姚贝娜又哭了："爸爸，对不起，我长这么大了，还要用你的血……"他俩只好安慰她："姑娘，你这说的什么话啊，这是爸爸妈妈该做的呢！"但遗憾的是，基因培养需要花很长时间，姚贝娜最终没能赶上。

住院期间，姚贝娜总担心给别人增加负担。这是她从小养成的性格，随时都是先替别人着想，任何事情宁愿自己独自承受，也尽量不去麻烦别人，包括自己的爸爸妈妈，就像歌里唱的那样，"把所有的问题都自己扛"。

因为药物反应，姚贝娜常常感到口干舌燥需要喝水，每天晚上她只要一有动静李信敏就连忙爬起来给她倒水。她知道母亲睡眠不好，容易惊醒，就说："妈，你不用管我，你就把水杯放在床旁边，然后插一根吸管，我自己喝。"

病情加重后，姚贝娜时而清醒时而迷糊，可只要醒来，看到旁边有医生护士在为她忙碌，她都会对医生护士说"谢谢"。

从 12 月 3 日开始，姚贝娜的病情急转而下，陷入昏睡之中。

但是，12 月 6 日这一天，姚贝娜突然变得特别清醒，也不昏睡了，她躺在病床上不停地讲，不停地唱，与爸爸妈妈，还有二姨妈、表姐谈笑风生，显得特别亢奋和开心。

聊天时，李信敏想到一个问题："娜娜，作为一个歌手，你觉得你现在最想完成的一件事是什么？就是还没有干成，有点遗憾的事是什么？"

姚贝娜马上回答："妈妈，一个流行歌手如果没有一台自己的专场演唱会，那还不能叫流行歌手，这是我一直想做的事。我觉得这个就是我的遗憾，我一直没有举办一场自己的演唱会。"

看到央视戏曲频道正在播放京剧《贵妃醉酒》，姚贝娜就跟着唱，唱得非常地道，李信捷十分惊奇地问："你怎么京剧也唱得这么地道啊？""我在学校学过的。"戏曲、曲艺是民族声乐专业学生的必修课，姚贝娜在中国音院上学时，还排演过一些戏曲小剧目。

这个时候，她的眼睛基本上已看不见了，她嘿嘿嘿地笑："我的眼前有好多虫虫在飞，好多雪花在飘啊。"

直到晚上，姚贝娜仍然喋喋不休，丝毫没有停下来的迹象。李信敏只好劝她："娜娜，时间不早了，今天不讲了，你睡觉吧，好不好？"

看着她睡着了，李信敏悄悄地问姚峰："她这个样子，是不是就是回光返照啊？"心知肚明的姚峰却不愿承认这个事实，他反驳道："尽瞎说！"

然而，病魔再次露出了狰狞的面目。

12月7日、8日连续出现险情。医院先后发出两份病危通知书。

7日晚上，姚贝娜的胸口堵上了，呼吸上不来，她非常艰难地用武汉话喊了两句："爸爸，救我！爸爸，救……我……"姚峰坐在病床前泪如雨下，他拉着女儿的手，却毫无办法，他救不了她啊！

医生闻讯赶到，采取了一系列抢救措施，姚贝娜才慢慢缓过来。

8日晚上，姚贝娜的心律非常快、血压也异常高，医生再次采取了抢救措施，李信敏坐在旁边心里默默地祈祷："姑娘加油，姑娘加油，你一定能够挺过来的！"当晚，姚贝娜又逃过一劫。

刚刚平静一点，姚贝娜突然说："妈妈，我拉屎了。"李信敏一看，床上拉了一大泡，刚好姚贝娜的二姨也在，她们就帮她换床单、清洗身子。可是，刚清洗完毕，没过一会儿，姚贝娜又说:"妈妈，对不起，我又拉了……"李信敏连忙说:"没有关系，没有关系，你拉，你想拉就拉，我们再给你换。"如此这般，姚贝娜相当于把体内全部排泄干净了。

姚贝娜生病的消息慢慢地传开了，很多朋友给她打来电话和发来微信表达关切慰问之情。大概是1月2日，也许是感觉到自己不行了，姚贝娜突然告诉李信敏:"妈，我把手机关了啊……"

但是，直到进 ICU 之前，她心爱的耳机一直没有离身。

捐献眼角膜

在家里养病时，有一天，李信敏陪姚贝娜看电视剧《青年医生》，其中有一集的剧情发生在一个医生之家。当了一辈子医生的奶奶得知自己的生命即将走到尽头，她提出要捐献遗体。

看到这里时，李信敏随口说道："捐献遗体太可怕了吧？有个词叫大卸八块，我就觉得太恐怖了，如果捐献遗体，那要分成多少块呀。"

"妈，这有什么啊，人死了什么也不知道了。如果是我，我也会的！"

听姚贝娜这么一说，李信敏心里咯噔一下："姑娘，老妈可不敢啰，我可没这个胆量去捐献遗体。"

这个话题谈完了李信敏也没往心里去，但姚贝娜可能由此产生了捐献遗体的想法。

摄影：贝壳青莲

住进医院后，有一天李信敏回家拿东西的时候，在手机上看到一篇谈论生命的长度与宽度的文章。回到病房，李信敏就复述给姚贝娜听，想以此来鼓励她。可没等李信敏的话说完，她立刻接了一句："我肯定是选择宽度！"语气中透着一股狠劲。过了一会儿，姚贝娜哭了，她泪眼汪汪地自言自语："我不怕死，但是我爸爸妈妈怎么办呢？我不愿意白发人送黑发人。我舍不得我的粉丝、我的贝壳，我不想他们太难过……"

听她这样一说，李信敏忽然意识到关于生死这个问题姚贝娜早都想得很透彻了，只不过她怕父母伤心，平时聊天时不提罢了。

类似关于生命的话，姚贝娜也和姚峰谈过一次，几乎一模一样。

第三次谈论生离死别这个话

题，是 12 月 26 日从广州返回深圳住院时。那天，一家三口都在。也是在这次谈话中，姚贝娜明确提出要捐献遗体。

"爸，你知道我是不怕死的，可是，我死了，我爸妈怎么办啊，我不想看到白发人送黑发人。"姚贝娜带着哭腔说。

停顿了一下，她很快地擦了一把眼泪，用十分坚决的口气说："如果我死了，我想捐献遗体。"

姚峰一听，马上用很重的语气打断了她："姑娘，你乱说什么啊！你怎么会死呢？"

然后，姚峰语气一缓："当然，每个人都会死的。万一出现你说的这种情况，你的遗体在医学上没有什么价值，因为你是普通癌症，不是疑难杂症，另外你的器官也几乎没有用了，只有一个地方是有用的，那就是眼角膜。"

"那我就把眼角膜捐了。"姚峰话音未落，姚贝娜马上接过话头。

"如果真的出现那种情况，爸妈陪你捐！"那一刻，姚峰脱口而出，用肯定的语气回应女儿。

听到爸爸这样说，姚贝娜没有吱声，她静静地看着父亲，又把目光转向母亲。

李信敏坐在一旁静静地听着父女俩的对话，没有接茬。

走出病房，李信敏小声埋怨道："姚峰，你要捐眼角膜，事先也不跟我说一下。"

"这没什么啊，一个眼角膜至少可以帮助四个人。"姚峰耐心地安慰李信敏。

心地善良的李信敏听到这话，也就默默地接受了。

1月8日，姚贝娜的生命处在最危险的时候，姚峰拨通了姚晓明博士的电话。

姚晓明是深圳市眼科医院角膜及眼表病区主任，他创立了深圳眼库，致力于眼角膜捐献移植公益事业。接到姚峰的电话，姚晓明立刻从昆明回到了深圳。

在医院的过道上，姚峰向姚晓明仔细咨询了捐献眼角膜的具体事宜，并委托他办理志愿捐献眼角膜的相关手续。

1月9日上午，姚晓明带着器官捐献志愿书再次来到医院。姚峰替姚贝娜填表签字，并把一张专辑《姚贝娜》送给了姚晓明："这张唱片本来该由姚贝娜早一点送给你的，可现在她已无法亲手相送了……"姚峰特地在唱片封面上写了一句话："姚峰代表小头发贝娜致意。"然后，姚峰又提出请他再提供两份志愿书："我们夫妻俩都捐，将来到那边去陪女儿。"这让姚晓明很意外，也很感动，两个男人的手紧紧地握在了一起……

把漂亮留在人间

1月9日，医生建议把姚贝娜转入ICU。李信敏最初是不愿意的，一方面医院有规定，进入ICU后，家属不能陪伴；另一方面进了ICU后，她担心女儿就很难再出来了。对此，亲戚们的意见也不统一，最后还是姚峰拿定了主意："进吧。这两个晚上太危险了，进了ICU，小姑娘的痛苦总会小一些。"

就这样，当天上午，姚贝娜被送进了ICU。

当天下午4点钟，探视的时间到了，姚峰、李信敏匆匆走进ICU。一看到女儿，李信敏的眼泪就不由自主地流了下来："姚贝娜，你怎么样啊？你还好吧？"听到妈妈的声音，姚贝娜的眼睛就睁开了。望着站在床两边的父母，她对姚峰说："爸爸，你劝一下妈妈，莫这样，我蛮好……"显然，她不想让母亲为自己哭泣。

这，是姚贝娜说的最后一句话。

晚上，姚峰、李信敏回家了。离开医院时，医生叮嘱他们手机要 24 小时开机，万一有什么事情便于随时联系。那天晚上他们多么希望不要有电话啊，结果，半夜里姚峰的手机还是响了，是医院打来的！

万籁俱静的时刻，突然响起的手机铃声让本来就陷于担惊受怕境地的姚峰、李信敏更增添了一分恐惧。姚峰慌忙接通电话，医生告诉他：姚贝娜的呼吸又上不来了，需要插管。没有别的办法了，他们只好同意实施插管术。

13 日，华谊兄弟传媒公司董事长王中军特地赶到医院看望姚贝娜。

14 日，得知姚贝娜病情不妙，捞仔放下手中的工作，专程从北京飞到深圳探望，他同时带来了刘欢的问候。然而，平常无话不谈的师徒二人，此时连对视也成了奢望。捞仔强忍内心的悲伤，告诉姚贝娜："好好养病，你会好起来的，我们还要录音呢！"姚贝娜用力地睁了睁眼，显然，她听到了……

从生病到最后离开，姚贝娜一直是很坚强的，虽然痛苦，但她从来没有表现出沮丧。

在 ICU 坚持了 5 天，姚贝娜进入昏迷状态，医生已回天乏术。

15 日上午，深圳市委副书记戴北方特地赶到医院看望姚贝娜。

站在病床前，姚峰告诉姚贝娜："小姑娘，戴叔叔北方书记来看你了！"

听到声音，姚贝娜的手指轻轻动了一下，她听见了父亲的声音，但是，这也是她唯一能做出的反应。

自从姚贝娜住进 ICU 后，李信敏每天利用探视时间和她说话，给她按摩四肢促进血液循环，以提高她的血氧水平。

16 日下午 4 点 40 分左右，李信敏正在给姚贝娜做按摩，深圳市委常委、宣传部部长王京生走了进来。姚峰俯下身子，靠近姚贝娜："小姑娘，王京生部长叔叔来看你了！"然而，此时姚贝娜已经完全没有反应了。

姚峰正在向王部长介绍相关情况时，护士突然发现姚贝娜的体征指标骤然下降，医生连忙让家属退出 ICU，医护人员迅速投入到抢救之中。

大约又过了十多分钟，医生走过来轻声告诉姚峰：姚贝娜走了。

此刻，时间定格在 2015 年 1 月 16 日 16 点 55 分。

听到医生的话，那一刹那，姚峰、李信敏都怔住了。姚峰瞪大了眼睛，李信敏全身颤抖，虽然有思想准备，但当生离死别的一刻真的到来时，他们仍无法接受这一残酷的事实，内心的悲伤再也控制不住，泪水夺眶而出，那是一种心如刀绞、撕心裂肺的痛楚。恍惚中，他们不愿相信，他们的女儿就这样和他们永别了……

李信敏和姐姐相拥而泣。

王京生握着姚峰的手，两人紧紧拥抱。

走出病房，王京生对守在门口的记者们说："姚贝娜是在我们这个年轻城市成长起来的新一代，她以自己不懈的努力和杰出的才华崛起于歌坛，她又像倏忽而逝的流星，发出夺目的光芒。她在临终前将自己的眼角膜捐献出来，把光明留给人间，她是这座城市的骄傲！"

　　护士们轻轻地撤掉了姚贝娜身上的治疗仪器，仔细整理了遗容，又给她换上了新的病号服。当她们把姚贝娜遗体推出 ICU 时，出现在姚峰、李信敏面前的仍是一个美丽的女儿。

　　她双眼轻轻地闭着，嘴唇也轻轻地闭着，嘴角微微上扬，脸上留着一丝淡淡的微笑，没有血色的脸颊非常干净，原先的那些小包小痘竟都消失了。

　　李信敏盯着姚贝娜看，不停地抹泪，唯恐泪水模糊了视线。姚峰抽泣着，喃喃而语："小姑娘，我的小姑娘，你好漂亮啊！"

　　34 年前，姚贝娜来到这个世界时，带给大家的第一眼是漂亮；34 年后，姚贝娜离开这个世界时，留给大家的最后一眼仍然是漂亮。

　　她的一生虽然短暂，但真的漂亮！

　　当天晚上，时任深圳市政府秘书长徐安良给姚峰发来短信，代表时任深圳市市长许勤对姚贝娜的去世表示深切哀悼。

一场突如其来的风波

　　姚峰强忍悲痛，努力让自己镇定下来。按照事先约定，他立刻通知了姚晓明博士。

　　本来，按原定计划，姚晓明要应缅甸政府邀请去仰光做白内障手术，考虑到姚贝娜病情的不确定性，他特地推迟了出行时间，希望能亲手完成姚贝娜的遗愿。

　　当姚晓明赶到医院时，姚贝娜已被送到了太平间。

　　在太平间里，李信敏在亲戚的协助下，含泪给姚贝娜擦身洗头。"娜娜，妈妈给你……洗头啊……"她给姚贝娜的头发仔细打上洗发水，然后轻轻地搓揉、清洗、梳理，姚贝娜静静地躺着，有那么几秒钟，李信敏仿佛闪回到了三十多年前，她也是这样给小姑娘洗头的呢……

　　19 时 30 分，在太平间临时改成的手术室，姚晓明实施了眼

摄影：江俊民

角膜剥离手术。

　　手术持续了 5 分钟，姚贝娜成为深圳眼库第 694 位眼角膜志愿捐献者。完成手术，姚晓明特地安慰姚峰说，姚贝娜的眼角膜非常透明，质量很好。

　　《深圳晚报》为姚贝娜捐献眼角膜的行为所感动，宣布联合相关方面以姚贝娜的名字成立"姚贝娜光明基金"，专门帮扶贫困眼疾患者。这一做法迅速产生社会反响，当天就有两笔捐款到账了。但是，经过慎重考虑，姚峰谢绝了这份好意，《深圳晚报》社也表示了理解。

然而，做眼角膜剥离手术时却闹出了一场风波。

当时，《深圳晚报》一位资深摄影记者和一位文字记者随着姚晓明走进了手术室，时任《深圳晚报》总编辑丁时照事先也和姚峰沟通过这件事。

本来，拍摄遗体捐赠手术过程是很正常的采访，记者不会涉及影响感观的刺激场面。按惯常做法，摄影记者拍了姚晓明向姚贝娜遗体献花和鞠躬的场面。

听到相机快门声响，姚晓明指着里面的房间轻声告诉摄影记者："你先去征求一下姚老师的意见。"

这位记者赶紧走进里间向姚峰说明了来意。姚峰觉得捐献眼角膜是很平常的事，并不希望媒体去报道这件事，便很温和地说："最好不要拍了，也不要见报。"

这位记者马上答应了。

随后，应华谊音乐总经理袁涛和姚贝娜的经纪人博宁要求，他删除了相机里拍摄的献花照片，随行的文字记者也很配合地把用手机拍摄的照片删除了。

的确，《深圳晚报》记者主观上没有恶意，在现场没有任何过分的举动，更没有拍姚贝娜的什么窘状、惨状。

但是，因为新闻竞争，这事被迅速演绎成了一起新闻事件，有媒体和网友指责《深圳晚报》记者冒充医护人员偷偷潜入太平间拍照，不尊重逝者。姚峰立刻敏锐地感觉这个风向不对，便给博宁打了个招呼："这事不要再说了，到此为止。"博宁听从了姚峰的意见。当晚，姚峰还特地就此事给丁时照打了电话，感谢

《深圳晚报》的采访报道。

　　仅仅过了不到 25 个小时，姚贝娜捐献的眼角膜被运抵成都，在爱迪眼科医院由姚晓明主刀，为一位 23 岁的彝族小伙子进行了角膜移植手术。随后，同样的手术分别在深圳、武汉、贵州进行。

姚晓明及时把 4 位眼疾患者得以重见光明的好消息转告给了姚峰，并告诉他，姚贝娜剩下的眼角膜还可以帮助两个人复明。

听到这些消息，姚峰和李信敏感到了一丝慰藉，他们提出了一个想法：如果有可能，剩下的两位接受眼角膜移植的病人最好是和姚贝娜年龄差不多的年轻人，武汉一个，深圳一个，希望这两个年轻人借助姚贝娜的眼睛能看得更清，走得更远。

对姚贝娜捐献眼角膜一事，姚峰、李信敏一直很低调，姚峰曾特地叮嘱姚晓明：姚贝娜是一个很阳光的小姑娘，她捐献眼角膜是很一件很平常的事，千万不要人为地拔高。

由于受传统观念的影响，很多人对捐献遗体讳莫如深，中国的遗体捐献比例远远低于西方发达国家。当时我国每年需要接受眼角膜移植的患者大约在 30 万至 40 万人之间，但由于眼角膜来源严重不足，每年实际完成的手术仅有 5000 例左右，也就是说，全国只有不到百分之二的患者能够获得眼角膜移植。

然而，榜样的力量是无穷的。姚贝娜捐献眼角膜的举动极大地推动了中国的遗体捐献行动。时至今日，姚贝娜的义举仍在激励影响着其他人。

姚贝娜去世当天，台湾贝壳"Rene 307"最终做出了捐献器官的决定，领到了一张编号为 A103391 的器官捐献同意卡。

"Rene 307"虽然早就想过身后要捐献器官，但受传统观念的影响以及家人的反对，她一直犹豫不决。姚贝娜去世的当天傍晚，正在公司开会的"Rene 307"突然收到了深圳友人发来的微信，这让她方寸大乱，根本无心继续开会。她躲进自己的办公室，急切地在网上寻找信息，希望友人发来的消息是假的，直到看到电视新闻报道说姚贝娜"遗爱人间，捐献了眼角膜"，"Rene307"才不得不接受了这个事实。

她流着泪，默默地从抽屉里拿出了尘封已久的器官捐献申请书，默默地签上了自己的名字，然后上传给相关机构。此刻，她只有一个念头："贝娜可以，我也可以。担心明天，不如活好现在。作为她的贝壳，能陪她一起走一段，都是美好的记忆。"

2015年1月25日，河南固始县24岁的闫超从电视上得知姚贝娜捐献眼角膜的消息后，做出了在身后捐献眼角膜和其他器官的决定。这位患有"骨髓增生异常综合征"的农村小伙坦言："我之前并不知道姚贝娜是谁，但是这之后我在听她的歌，了解了她的事迹，觉得她是个像天使一样美好的女孩。尤其是在电视上看到那个四川男孩重见光明，我很震撼。我迟早都会离开这个世界的，如果有那么一天，我想给别人活下去的希望和可能，这样我也可以继续'活着'。"

有一个网名叫"艾贝不休何以止"的贝壳，2015年3月22日被确诊脑瘤晚期，这位17岁的少女决定向她的偶像姚贝娜学习，签署了捐献遗体和眼角膜的志愿书。

2017年12月2日晚，在南京开小吃店的安徽28岁青年阿磊在送外卖时发生车祸，造成重度颅脑损伤，抢救无效身亡。在此之前，他和妻子小婷曾谈论过姚贝娜捐眼角膜的事儿，认为捐献器官的人很伟大。于是，小婷强忍悲痛毅然替丈夫做出决定，捐献了两个肾脏和一个肝脏，一下子挽救了3个人的生命。

2021 年 1 月 12 日，江苏南通启东 56 岁的俞汉斌不幸辞世。这位尿毒症患者是姚贝娜的铁粉。早在 2015 年，姚贝娜捐献眼角膜的消息启发了他，他在南通大学附属医院住院时就递交了捐献眼角膜的志愿申请书，2020 年 12 月俞汉斌病危之际，他又在无偿捐献遗体志愿申请书上摁下了手印。

检索相关资料发现，近年来，直接受姚贝娜捐献眼角膜义举的感召和影响，并有媒体报道过的捐献遗体或眼角膜的志愿者就超过了 20 人。

被誉为"中国器官移植改革推手"的全国政协常委、教科文卫委员会副主任黄洁夫曾于 2015 年 3 月 13 日在《人民政协报》上刊发署名文章《让传统美德照耀器官捐献事业发展之路》。他提笔写道："可能是春节前 1 月 16 日歌手姚贝娜身后捐献角膜的天堂歌声的感召……一个透明和阳光的公民志愿捐献大气候，正在我国逐渐形成。"

2016 年 3 月 31 日，中国红十字会总会、国家卫生计生委在北京举办了全国人体器官捐献缅怀纪念暨宣传普及活动，作为眼角膜捐献者家属代表，姚峰应邀出席。原国家卫生部部长、时任全国人大副委员长、中国红十字会会长陈竺见到姚峰，紧紧握着他的手，流着眼泪对这位与自己同龄的父亲说："感谢姚贝娜，感谢你们！姚贝娜捐献眼角膜的行动产生了巨大的明星示范效应，全国志愿捐献遗体的人数成倍地增长了。"听到这话，姚峰忍不住掉下了热泪。

"天使去往天堂唱歌了……"

姚贝娜去世后，全国各地的记者纷纷赶往深圳。作为姚贝娜家乡的媒体，《武汉晚报》特派记者黄亚婷在第一时间见到了姚峰和李信敏。

在送姚贝娜去殡仪馆的路上，黄亚婷独家采访了姚峰。

灵车在前，姚峰的车紧跟在后面。黄亚婷坐在姚峰旁边，她问得很少，即便提问，话语也很简洁，声音很轻。她举着录音机，静静地听姚峰说。

最后，她小心翼翼地问了一个问题："姚老师，接下来您打算怎么办？"姚峰几乎没有思索："做两件事吧，我要出她的专辑；我是第 11 代武汉人，贝娜是第 12 代武汉人，武汉的女儿要回家的啊！"

黄亚婷敏锐地捕捉到了这条信息，马上写成了新闻稿传回报社，《武汉晚报》又把这条新闻提供给了全国各地的晚报，第二天，"武汉的女儿要回家"出现在全国许多报媒和网媒上，真实全面地披露了很多信息。

姚贝娜的遗体送到深圳殡仪馆后，单独存放在一个小房间。李信敏看着女儿："娜娜，你一个人要在这里待好几天呢，你今天晚上会不会害怕啊，妈妈好想陪着你啊……"在众人的劝说下，李信敏才无奈地离开了。

附：《武汉晚报》2015年1月17日报道（特派记者 黄亚婷）

对话姚贝娜父亲姚峰

武汉的女儿，我希望把她送回家

最大的心愿是为女儿整理一套音乐全集

武汉晚报特派记者在陪同姚贝娜家人护送遗体去殡仪馆的路上，跟姚贝娜的父亲姚峰先生同车对话。

他一直忙碌着处理女儿的身后事，打电话、接电话、回短信和微信。他努力保持着理智，没有让情绪失控。对话最后，车厢内是久久的沉默。

记者一直以为，姚峰是在看手机处理事务，回来整理放大后的录音才发现，他最后还伴随着很低很低很低的抽泣，低到坐在他旁边的记者都没有发现……

这大概是世上最令人心碎的声音之一了，来自一位中年失女的父亲。

记者：贝娜走的最后，有对您说些什么话吗？

姚峰：没有。她这六七天都没法说话。大概20天以前吧，她说，爸，我呀，其实不怕死，但我死了爸妈怎么办？然后她就哭了，哭完又很快擦干眼泪说，我想把遗体捐了。10天前吧，另外一个场景，她说，我最难过的是白发人送黑发人，还有就是，我的歌迷对我那么好，我舍不得他们。

她非常感恩歌迷对她的支持，一路走来有很多欢乐，也有很多纠结，但欢乐是大多数。

记者：大家都感觉太突然了。

姚峰：病情恶化这么快，是我们始料不及的。也努力去挽救，想了很多办法，无力回天。

记者：她之前有跟您表露过捐遗体的想法吗？

姚峰：就是20天前那次，当着我和她妈的面说的。我们想，她的遗体也没用，因为是癌症患者，器官都没法使用，而且她是普通癌症，不是疑难杂症，遗体对科学研究也没有作用。后来想到她的眼角膜是好的，能帮助两个人重见光明，满足她的心愿吧。晚上7点半做完的眼球摘取手术，非常成功。她的眼睛，漂亮。

记者：您和夫人也签了身后无偿捐献角膜志愿书？

姚峰：我早有这个想法，小平同志捐了，给我们很多启迪。我知道我们国家这方面研究的进展不是很大，还很困难。我也想这么去做，但人不到万不得已，不会去细想这个。这一次，贝娜又让我想到这个事了。我们俩应该陪贝娜，能够帮助几个人就帮助几个人。

记者：特别伟大。

姚峰：千万别说伟大。贝娜是个非常实在的人，她唱歌高调，但做人做事是低调的。而且她最反对假大空，最反对拔高，我希望大家理解这点，千万别拔高，是什么就是什么。我认为啊，她就是一个小姑娘，一个热爱唱歌的小姑娘，跟邻家的小姑娘没有什么区别。

记者：她病了之后，在微博、微信上一直很乐观，刚听您说她的状态，最后也一直保持着乐观。

姚峰：她是一个非常阳光的小女孩。我一直叫她小姑娘，从她一岁开始，一直到刚才，我都一直叫她小姑娘。很奇妙，她昏迷了六七天，她之前昏迷在药物控制下是不会有回应的。奇妙的是今天（16 日）上午，我叫她小姑娘的时候，她动了。她听到了，肯定听到了。她是阳光女孩，用积极的人生态度，去歌唱，唱她喜欢的歌。

记者：其实，正是她的实力让人感动。这么多年，她一直是靠实力一步步走来的。

姚峰：她在唱歌方面非常执着，不是一般执着，每天想的就是唱歌。在我看来，她的一生，短暂而完美。

记者：她说起过还有什么遗憾吗？

姚峰：断断续续讲过，她说最大的遗憾，是没有参加《我是歌手》这样的节目，因为在《我是歌手》上，她可以唱一首完整的歌，可以唱自己喜欢的歌。以我对女儿的了解，她不是为了出更大的名，而是想唱自己喜欢的歌给更多人听，仅此而已。她还一直想等她好了之后，把 *All By Myself* 再好好唱一唱，她觉得上次在"中国好声音"这首歌她没有唱好。虽然当时有很多客观原因，但她是一个不找客观原因的人。

记者：她对自己很严格。

姚峰：太苛刻了，太苛刻了，没人像她这样，太苛刻了。大家都觉得她唱得挺好了，像《也许明天》，还有她最后带给这个世界的《鱼》，唱得多棒啊！她是完美主义者，她也从不给其他人带来任何麻烦，录制《鱼》的时候，她都咯血了，但规定要唱四首歌，她咳得要命，她的经纪人已经跟有关方面联系了不唱四首，但她非要坚持把四首歌唱完。

记者：生病之后，家人有没有劝过？

姚峰：也劝过，但身不由己，就像穿了"红舞鞋"一样，跳了很难停下来，她乐此不疲，我们也理解，这就是她喜欢的事。

记者：她之前上"中国好声音"也说过。

姚峰：她第一次提出要去"中国好声音"，我是反对的。我认为最好的平台是"青歌赛"，她得过亚军，也得过冠军，对我来说这就可以了。她在演唱上一直都有很大的拓展空间，她也非常努力去攀登新的高峰。但确实"青歌赛"在年轻人当中，对她的认知度和认同度都不是很高。"中国好声音"我一开始也不了解，后来听过一些歌手的演唱，觉得这个节目还是一个歌唱比赛，不是靠歌唱以外的东西去博眼球。所以，第二年她再跟我说的时候我答应了。她参加这个比赛非常辛苦，但她是快乐的，她得到了更多听众的喜爱和支持。

记者：《心火》是她的内心独白，特别是那句"宁可壮烈地闪烁，不要平淡的沉默"。

姚峰：是啊，大家都说她是"女汉子"，但我觉得她还是一个很秀气的"女汉子"。

记者：您本身也是非常著名的音乐人，同时是姚贝娜的父亲、她的音乐培养者。由您来总结她的音乐成就，是最合适的。

姚峰：（沉默片刻）贝娜在音乐上是天才。条件很好，她又非常努力。除了是我的女儿，还是我的学生。她喜欢唱歌，从小就喜欢，九岁开始学习唱歌。她主要的成就是流行唱法，流行歌曲的演唱，我认为至少有这几个关键词：流行的，前沿的，时尚的，有技艺的，有个性的。这5个方面，贝娜都能做到。她是了不起的流行歌手。

记者：您之后还会为她做哪些事？

姚峰：我想在有关方面的帮助下，为她出一套歌唱全集，这是我目前的心愿。包括她创作的歌，她作词、作曲的歌，她演唱的那些歌，还有她唱过的那些电视剧主题曲等。希望一年之后能做成吧，我会不断地抽时间去整理的。

记者：会回武汉再给她举行一次追悼会吗？

姚峰：有可能，我是第11代武汉人，贝娜是第12代武汉人，她生在武汉，长在武汉，最终我是希望把她送回家，回到武汉的。她的骨灰也很有可能葬在武汉，我有这个初步的想法，还在计划。武汉的女儿，要回家的。

摄影：贝壳青莲

姚贝娜去世的消息传开，演艺界、体育界很多明星、数不清的贝壳纷纷通过各种途径表达哀悼之情。

刘欢于1月16日连发3条微博，除转发姚贝娜演唱的《菩萨蛮》《金缕衣》和《采莲》外，分别写了3句话："痛失姚贝儿，痛痛痛！""依稀谈笑，楚楚音容……""雁过留声，姚贝儿走好……"

沙宝亮发帖："愿你的歌声在天堂能够抚慰那些孤独的灵魂！妹妹一路走好！"

那英在微博上发布了她和姚贝娜的一张合影，并写了一句话："最终我还是没能再见到你，也许这意味着你还在……"

韩红在微博上发帖："你是我非常非常喜欢的学生之一！难过两个字已经不能表达我内心的哀伤！姚贝儿，想念你！天堂里就没有了病魔的痛楚，陪伴你的是满目的鲜花！好孩子，慢慢走。"

汪峰在微博上写下祝福："有的人离开却留在我们心底，好姑娘，愿你在天堂安好！"

庾澄庆在微博上发声："总觉得还会再见，没想到人生无常，大家脑海中永远停留着你美好的时刻。"

刘晓庆在微博上发文："好姑娘，天堂走好。她才33岁，真是英年早逝，痛惜！"

刘亦菲则写道："希望爱她的家人和朋友知道，她和她的歌声永远在，在耳边，在心里，不会远离，她在天堂和天使一起歌唱。"

张惠妹、韦唯、孙楠、姚晨、孙俪、杨幂、胡彦斌、迪玛希等等都通过网络表达了哀思。

李玉刚专门创作了一首歌《再见，贝儿》。

姚贝娜曾担任"粉红丝带"公益活动的代言人，辽宁篮球队的三位球星郭艾伦、贺天举和李晓旭在参加 CBA 全明星赛时，特地戴上了粉红色护具，以此表达对姚贝娜的悼念。

姚贝娜去世的当天，赶上湖南卫视《我是歌手》开播，节目组特地在片尾赶制了一段视频。黑色的屏幕上，写着一行行白色的字："2015.1.16./ 本期节目送播前 / 惊悉歌手姚贝娜因乳腺癌复发去世 / 年仅33岁 /《我是歌手》/ 借此表达无尽哀思…… '惊鸿一般短暂，夏花一般绚烂' / 天使去往天堂唱歌了……"

1月19日，第15届华鼎奖全球演艺名人满意度调查发布盛典在澳门举行。组委会打破了"不到场不给奖"的惯例，授予姚贝娜"中国年度最具人气歌手奖"。华鼎奖组委会秘书长王堃在接受媒体采访时说，为姚贝娜破例保留奖项，是因为姚贝娜表现出良好的专业素养以及与病魔抗争的坚强意志，捐献眼角膜的善举，都显现出了娱乐圈需要的正能量。华鼎奖为姚贝娜保留奖项，也是希望借此呼吁文艺圈多释放一些"姚贝娜式"的正能量。

在纪念姚贝娜的音乐作品中，歌曲《Bella》称得上是别具一格。

这首以姚贝娜英文名为歌名的作品由田七作词、知了作曲、黄今演唱。田七把姚贝娜生前演唱过的23首耳熟能详的歌曲的歌名巧妙地嵌入了歌词，其中包括《也许在》《红颜劫》

《断桥离情》《也许明天》《惊鸿舞》《菩萨蛮》《生命的河》《日月凌空》《随它吧》《等你》《感叹》《采莲》《画情》《沧桑长痕》《自己》《金缕衣》《心火》《忆江南》《御龙吟》《一掬热泪》《把握》以及 *Dear Friend*、*All By Myself* 等。

这些看似不相干的歌名，仿佛是一颗颗散落的珍珠，田七用生命这根红线把它们串联在一起，构成了一条美丽的项链，非常贴切。加上优美的旋律，既表达了对姚贝娜离去的怜惜与怀念，又感叹着人生的悲欢酸苦。

附:《Bella》歌词

也许在梦中能听到你的天籁，
红颜劫一曲断桥离情谁徘徊。
也许明天还能感觉你的存在，
惊鸿舞一段菩萨蛮演绎心爱。
Bella Dear Friend，
生命脆弱折断了天使翅膀。
Bella All By Myself，
生命短暂逝去了芳华惆怅。
生命的河让我们闭上双眼，
苦与乐悲与喜倾听你的声音。
日月凌空让我们合十双手，
血与泪忧与愁把你捧在手心。

随它吧，等你，感叹采莲诗画情；
沧桑长痕，回归自己最初的心。
金缕衣，心火，又忆江南御龙吟；
一掬热泪，把握自己最美的心。

"小姑娘，一路走好……"

　　1月20日，距离市中心20公里开外的深圳龙岗殡仪馆人头攒动，大家从四面八方汇集到这里，只为最后送别姚贝娜。

　　姚贝娜告别仪式由华谊兄弟音乐公司操办。

　　素雅温馨的灵堂里，一副挽联悬垂而下："本是天使却愿做鱼哪怕只有七秒记忆，甘为歌者但已化蝶怎能还流两滴相思"，紫色康乃馨、粉红色百合、白色的菊花组成花坛，身着一袭白色的连衣裙，姚贝娜静卧在鲜花丛中。一个用红黄两色康乃馨编成的巨大心形花圈摆放在灵堂中央。

　　大屏幕滚动播放着姚贝娜生前的照片。

　　姚贝娜的歌声替代了哀乐，那熟悉的声线随风飘荡，给南国初冬的清晨增添了一丝凉意，令人倍感悲悯失落。

　　前来送别姚贝娜的社会各界人士近5000人，为维护秩序保证安全，告别仪式分为内场和外场，大家有序肃立。

付林、王中军、那英、捞仔、董华、萨顶顶、谭维维等演艺界名流，"中国好声音"的学员侯磊、林育群、毕夏、刘雅晴、钟伟强、张碧晨等，还有姚贝娜的大学同学到场送别。

正在法国拍戏的刘亦菲无法脱身，她委托母亲刘小莉赶到告别会现场，送别姚贝娜。因为父母的缘故，她俩从小就认识了，比刘亦菲大6岁的姚贝娜曾像姐姐一样地带着刘亦菲一起玩耍。两人出道后，又成了无话不谈的闺蜜。

刘欢夫妇、冯小刚夫妇、邓超夫妇、沙宝亮等送了花圈。

从全国各地自发赶来的众多贝壳、歌迷手持鲜花、横幅、贝娜的画像，聚集在灵堂内外。贝壳"牛牛"是湖北日报传媒集团印务中心的工人，从17日开始，他每天都是流着眼泪在工作，因为只要印刷机一开动，出现在他眼前的都是有关姚贝娜去世的消息。本来，他最初不打算去深圳送别姚贝娜，以避免生离死别的痛苦，然而，为了不留下遗憾，他又改了主意，19日一下班，他临时买了一张火车票赶到了深圳。

在前来送行的人中，竟然还有一些手提蔬菜的大妈，她们是一大早出门买菜，在地铁上看到了姚贝娜告别仪式即将举行的新闻而临时改道赶来的。

花圈从灵堂一直摆放到了广场上。一共有多少花圈已无法统计，仅"姚贝娜全国歌迷后援会"就帮全国各地的分会和贝壳个人代送了189个花圈。

深圳文联党组书记罗烈杰致悼词，他说："我们失去了一位好歌手，我们这个城市失去了一个引以为傲的好女孩。她主动捐献眼角膜，这一善举备受赞誉。贝娜虽然失去了生命的长度，但拥有艺术的高度和人生的厚度。"

华谊集团总经理王中军在致辞时说："我称她为心灵歌手，她是个阳光的女孩。愿她的阳光形象永远留在人间。"

那英致辞时泪流不止。她说："得知姚贝娜离开的消息时，我好像失去了一个亲人。这三天来，我一直反反复复听她的歌，总觉得她依然还在。我很早就关注她，真正结缘是在'中国好声音'，她用上天赋予她最华丽的高音发出了对生命的渴望，对音乐最火热的情感。从那一天起，这个穿着球鞋的女生，带给了我们这一生最值得珍藏的纪念。在我们相处的日子里，永远不缺的是她爽朗的笑声。她和我们聊音乐、谈美食，分享对生活的热爱。短暂的三个月，她始终透着坚强，把对生命的热爱化作音符。姚贝娜对音乐有着最火热的情感，这个傻女孩带给了我们最永久的纪念。"

姚峰在致辞时，代表李信敏衷心感谢社会各界人士，感谢亲朋好友参加姚贝娜的告别仪式。没有讲稿，姚峰流着眼泪，一气呵成——

姚贝娜呀，是个精灵，音乐精灵、歌唱精灵、艺术精灵，她在攀登艺术高峰的道路上，不断地跋涉，不断地攀登以求到达光辉的顶点。

我对姚贝娜非常了解，如果给她时间，她还有很大的进步空间。我觉得她每一个时段都在进步，她太爱唱歌了，太爱音乐了，她是在用整个生命去歌唱，她太拼了，太拼了。

同时，我觉得贝娜心地善良啊！小姑娘单纯、纯净、透明、干净。她总是在顾及别人的感受，替别人想，总是怕麻烦了别人，包括她的爸爸妈妈。她说，我不怕死，可是我死了之后，我的爸爸妈妈怎么办？她说，白发人送黑发人会很难过的。她说，我的粉丝我的贝壳对我太好了，我喜欢他们，我对不起他们。

所以说，贝娜，一个完美的贝娜，一个非常完美的贝娜。她妈妈昨天知道我今天要说她是个完美的人，她妈不让我说，你作为爸爸怎么能说你女儿是完美的呢？但现在人没了，我都不能说她完美吗？她妈妈不让我说她是天才，可是人没了，还不能说是天才吗？我是她爸爸，可是我还是一个有资质的声乐老师啊，我敢说这个话。

姚贝娜，是我的老师，她教会我很多很多，但是由于她的完美，由于她的太完美，给我们太大的打击，甚至是致命的打击。

贝娜呀，小姑娘啊，你一路走好！小姑娘，我们来生还要做父女，来生还要做母女啊！

全场一片啜泣声。

随后，来宾们与姚贝娜一一告别，送她走完最后一程。

注视着躺在灵柩里的姚贝娜，董华泪如雨下，她轻轻地说："孩子，老师来送你了。你那么喜欢唱歌，希望你在天国完成你没有完成的梦想，但一定要保重自己的身体，收敛自己的脾气，不要急啊……"

更多的贝壳，流着泪默默地鞠躬，从姚贝娜身边轻轻地走过。他们当中的很多人是被姚贝娜的歌声所深深吸引的，与姚贝娜近距离见面却还是第一次。

告别仪式结束后，姚贝娜的遗体在亲朋好友的护送下火化。担心姚爸姚妈承受不了这一幕，亲友们直接安排他们回到了住处。

事先，姚峰、李信敏为女儿精心挑选了一只骨灰盒。想到女儿怕冷，他们没有选择石质的，而是选择了木质的，骨灰盒上雕刻着荷叶、荷花，象征着姚贝娜的纯真、高洁、典雅。

第14章　歌唱的力量

天上的星星多么美丽
可是没有你，一切都没生机
每一个孤独的深夜里
你是否知道我默默地思念你
——《天地在我心》

她肃立于绿草之上，她安息于鲜花之中······

家乡武汉没有忘记她，第二故乡深圳没有忘记她，同行和贝壳没有忘记她。

她用执着与善良，铸就了"姚贝娜"星。

她的遗物被拍卖，所得善款在新疆塔县建起了"贝娜音乐教室"。

姚峰、李信敏捐资300万元，在武汉音院设立了"姚贝娜音乐奖"。

摄影：黄欢

有一颗星叫"姚贝娜"

故乡武汉没有忘记她的一位好女儿。

2015 年 2 月 14 日，由武汉市委宣传部、武汉市文明办举办的"感动江城"2014 年度人物评选活动的颁奖会上，姚贝娜成为 12 位"感动江城"获奖者之一，这是家乡人民授予她的至高荣誉。

这位"歌坛精灵"是一张定格在微笑中的武汉名片。颁奖词显得情真意切："她或许被娱乐，但她从不娱乐，她用纯真的艺术温暖我们的心灵，她用追梦的脚步延展生命的旅程。所有喜爱她的人都将见证，她永驻这个世界，因为光明，因为歌声。"

颁奖会上，姚峰代表姚贝娜领取了奖杯。姚贝娜的表妹、5 岁的李雨君演唱了姚峰创作的《姐姐》，表达了家人对姚贝娜的思念，这首歌也是姚峰在近 40 年的歌曲职业创作中第一次写词，打破了他"只谱曲不写词"的惯例。

"第二故乡"深圳没有忘记她的一位好女儿。

2015年6月，在广东省文明委举办的第五届广东省道德模范系列评选活动中，经各地推荐、专家评审，姚贝娜被授予"广东好人"荣誉称号，以此表彰她"助人为乐，用生命歌唱"的精神。

6月24日，中国文明网公布了第五届全国道德模范候选人名单，姚贝娜赫然在目。全国道德模范评选是新中国成立以来规模最大、规格最高、选拔最广的一项评选活动，具有极高的社会影响力和荣誉感。

在这份候选名单中，是这样介绍姚贝娜的：

> 作为广受群众喜爱的优秀青年歌手，姚贝娜热心公益，全力参与各种慈善活动，不幸患绝症早逝，家人按照她的嘱托把眼角膜捐献给多位眼疾患者，使他们重获光明。
>
> ……
>
> 姚贝娜热心公益，用行动奉献爱心。自2006年起，姚贝娜多次参加中央电视台多个公益品牌栏目录制，并随中国文联慰问团赴"辽宁舰"演出。她先后担任了"粉红丝带乳腺健康粉皮书"宣传大使、北京大学肿瘤医院的抗癌宣传健康公益大使、"爱的小桔灯·儿童关爱行动"爱心大使。2010年7月，

姚贝娜在深圳举办公益音乐会，将演唱会全部收入捐赠给南方贫困地区。

正当事业蒸蒸日上之时，姚贝娜被查出患乳腺癌。得知自己病情严重，姚贝娜主动提出捐赠全身器官，让它们挽救更多的生命。然而因为癌细胞已经扩散到了她全身，仅仅剩下眼角膜还有功能，所以姚贝娜做出捐赠眼角膜的决定。即便在临终昏迷之前，她还一再表示："只要是有需要的东西都可以拿走。"2015 年 1 月 16 日，姚贝娜因乳腺癌复发病逝。根据姚贝娜的遗愿，她的眼角膜捐献给了深圳、武汉和成都的三位年轻人，使他们重获了光明。

最终，姚贝娜获得第五届全国道德模范提名奖。

2015 年 4 月 4 日，国际天文学联合会（IAU）发布公告，将第 41981 号小行星命名为"姚贝娜"（Yaobeina）。

这颗小行星是香港天文学会会长、天文爱好者杨光宇在 2000 年 12 月 28 日发现的。它位于火星和木星之间，运行轨道呈椭圆形，肉眼看不见，通过天文望远镜才可以观测到。

国际天文学联合会发布的公告称："姚贝娜（1981—2015），一位才华横溢又充满勇气的中国女歌手，曾因流行音乐方面取得的成就屡获奖项。她有一首著名的歌叫作《心火》，讲述的是她与癌症抗争的故事。不幸离世后，她捐献出了自己的眼角膜。"

最初听到这个消息，姚峰和李信敏不敢相信。当消息被确认后，他们感激不尽，这是善良的人们对善良的姚贝娜的认同和肯定。

这颗编号为 41981 的小行星，成了他们的一种精神寄托。事情总是那么的奇妙，姚贝娜是 1981 年出生的，这颗小行星的编号中居然就含有 1981。

的确，姚贝娜是一颗灿烂的星，她影响着很多人。

中国台湾地区普通高中新版《生命教育》课本引用了姚贝娜抗癌的事例。

在《行过死亡的幽谷》这个章节，除了全文刊印《心火》歌词和姚贝娜的照片，文尾还留下了两个思考题：

1. 请用一句话来形容你看到、听到的姚贝娜。
2. 你认为歌词中的"心""火""恶魔"分别代表什么？若换成是你，你会用什么来代表？

编者还这样提示读者：

我的未来会如何？我的人生为了什么而努力？我要成为怎样的人？每个人都会对自己的生命不断产生种种疑问，并且渴望寻找最适合自己的答案。

前面的歌曲主唱姚贝娜只活了短短 33 年的人生，即便受癌症所苦，却始终秉持热情地坚持，实践着她的生命态度，她是如何办到的？我可以吗？面对无法治愈的重症疾病患者，患者家人也能够拥有自己的生命态度和掌控力吗？

显然，姚贝娜因为歌声为大众所熟悉，因为她积极的人生态度为大众所折服，也引发了大众对生命的思考。贝壳"Rene307"对姚贝娜的评价，代表了贝壳们共同的心声：她是一个善良的人，虽然是公众人物，但却很低调，温和，她把爱传递给了她接触到的每一个人；她是一个乐观的人，面对重病，她没有消沉，而是乐观正向，积极配合治疗；她是一个热爱歌唱的人，从"青歌赛"走到"中国好声音"，又走到春晚零点时分；她更是一个有大美气质的人，不仅美在外表，更美在顽强，美在金子般的内心。

常言道"同行相轻"，然而姚贝娜在同行的眼里却是如此之重。她的离去，让同道中人好长时间缓不过劲儿来。

2015年4月2日，清明节前夕，姚贝娜追思会在北京时尚设计广场举行，《心火》再次回响在大厅里，然而，与两年前在这里举行的EP《1/2的我》首唱会相比，此时却是歌如旧，人已逝，宽敞的会场飘满着一丝伤感的气息，没有喧哗，没有笑脸，姚贝娜身前好友、同事、贝壳五百多人静静地相聚于此，共同缅怀这个音乐精灵。

深圳广电集团总编辑苏会军主持追思会，华谊兄弟公司总裁王中磊代表活动主办方致辞。

冯小刚回忆起他与姚贝娜的两次合作。他清楚地记得，当初为电影《1942》主题曲《生命的河》选择演唱者，在作曲家赵季平家里，听完姚贝娜的试唱，他长时间低着头没吱声，正当姚贝娜以为自己唱得不够好时，冯小刚却抬起头双眼含泪对她说："我能再听一遍吗？"后来，他对赵季平说："不用选别人了，就姚贝娜了。"再后来，他执导2014马年央视春晚时，没怎么犹豫就把在零点时分压轴演唱《天耀中华》的节目交给了姚贝娜。情到深处，冯小刚哽咽了，他长叹一声："这两首歌仿佛冥冥中与她的命运有些……"

对姚贝娜的离去，捞仔有一种痛彻心扉的感觉，他评价说，这不仅是姚爸姚妈失去女儿的痛，也是中国音乐界失去一位天才歌手的痛。在他看来，姚贝娜的歌唱事业才刚刚起步，顶多才展示了三分之一的演唱功力，如果再给她一点时间，她一定会攀上中国流行音乐的最高峰。可惜，天妒英才……

追思会上采用高科技手段，著名歌手陈楚生与姚贝娜隔空对唱起两人合作过的歌曲《快乐不过是做你想做的而已》。音乐响起，一道光束打向鲜花环绕的麦架，姚贝娜的原声在现场回荡，这引得很多人泪眼蒙眬，啜泣不已。果味VC乐队主唱孙凌生在演唱姚贝娜创作的《小头发》时，竟一度情绪失控无法继续。

姚峰现场追述了姚贝娜短暂而精彩的艺术人生，他代表李信敏一口气感谢了30多位在姚贝娜成长过程中付出了心血的领导、师长和同行们。

追思会结束时，贝壳们在现场齐声高喊："姚贝娜，我们想你！"

作为中国流行乐坛的领军人物之一，刘欢十分认可姚贝娜的艺术实力，姚贝娜的去世令刘欢悲痛不已，无法释怀，他惋惜地说："失去姚贝娜，对所有人来说都是损失。"

2019 年，刘欢参加了湖南卫视"歌手"第三季总决赛。在最后一轮比赛，刘欢把电视剧《甄嬛传》中三首歌曲《金缕衣》《菩萨蛮》《凤凰于飞》重新编配在一起，巧妙地设计出与姚贝娜隔空对唱。这段跨越时空的演唱，令很多观众为之动容，刘欢满含泪水，他哽咽着说："我把姚贝带到了'歌手'最后的舞台上，她一直想来'歌手'。"

姚贝娜与谭维维是两个年龄相差不过 12 天的顶尖歌手，更是一对好姐妹。

她俩是音乐剧《金沙》的第一代女主角，但在此之前就已认识了。

在第一次见到姚贝娜之前，捞仔就曾多次向谭维维提起过姚贝娜，说你们俩在很多方面是一样的，有很多共同点，都是学民族唱法的，却都做了流行歌手，性格都是大大咧咧的。

两人首次见面是 2004 年，谭维维到北京录一张专辑，捞仔就把姚贝娜也叫来了。谭维维在棚里录音，姚贝娜就坐在一边静静地听。

看着白白净净的姚贝娜文文静静地坐在那里，谭维维就问捞仔："捞叔叔，这个女孩子这么文静可爱，怎么会跟我一样？我可是闹腾的性格。"那一次，两人有过短暂的交流，彼此留下了很好的印象。后来，捞仔把姚贝娜的一些作品给谭维维听了，谭维维由衷地说:"她唱得太好了吧!哪里和我一样?比我唱得好多了。"

再次见面,就是两人成了音乐剧《金沙》的第一代女主角。在一个多月的排练中,两人一起练歌一起玩。这一次谭维维才发现,姚贝娜的性格和自己真的挺搭,很直率不矫情,像男孩子一样,若要闹腾起来两人真的有得一比。从此,她俩成了无话不谈的闺蜜。

她们都是第一次走上音乐剧这个大舞台,加上参与这台音乐剧创作的都是业界顶级高手,两人感受到了巨大的压力,好在演出获得了很大的成功。谭维维从姚贝娜身上也学到了很多,她至今记得音响师金少刚当时提醒过她的话:"维维,你要学习一下贝娜的流行唱法,你的演唱有鲜明的民族特色,但是在音乐剧里要懂得收放自如。"

2006年,第十二届"青歌赛"两人再次相遇,谭维维代表总政参赛。但参加了团体赛之后,谭维维选择了退赛,转而回到成都参加了"超级女生"的选秀,并最终获得了全国总决赛亚军。几乎就在同时,姚贝娜拿到了"青歌赛"个人组通俗唱法亚军。所以,谭维维感叹:"我们两个是一种什么缘啊!"

2014年12月的一天,远在成都的谭维维突然收到了一位朋友发来的信息:"姚贝娜病情恶化,专家们正在为她会诊。"看到这个,谭维维吓坏了,立刻给姚贝娜发了一条信息:"你怎么样啊?"姚贝娜马上回复:"没事,我在医院。等我病好了我们一起吃火锅。""行,我等你!"但谭维维无论如何都不会预料到这竟成了两人最后的对话。

谭维维一直记挂着姚贝娜，总想着能帮帮她。正好，她去了拉萨，于是，身为佛家弟子的谭维维特地选择在一个早晨来到大昭寺门口，虔诚地磕了108个头，以这种特殊方式为姚贝娜祈福。

姚贝娜去世的消息传来，谭维维痛哭流涕："怎么会这样啊？贝娜，我们不是约好了要一起吃火锅的吗？"

谭维维心里始终放不下姚贝娜。2015年2月，谭维维参加湖南卫视"我是歌手"，在安排曲目时，她特地提出要演唱《也许明天》。总导演善意地建议她换一首别的歌，免得别人误解她在蹭姚贝娜的热点，而且会把她们两人的演唱放在一起作比较。但谭维维真诚地说："我的用意就是希望姚贝娜去了天堂有一个美好的明天，至于别人怎么想，怎么说，怎么比，我管不了，也不用管。"

重新编曲的新版《也许明天》融入了《鱼》的华彩片段，谭维维在排练时，一听到这个旋律就忍不住哭了。在演出现场，她特地告诉歌迷们，选唱这首歌就是想表达对姚贝娜的一种纪念，一种思念。

2015年6月，在北京卫视"最美和声"这档节目中，当孙娴然告诉谭维维她是《鱼》的作者时，谭维维马上想到这是姚贝娜唱过的歌，随即声音就哽咽了。她回忆说："贝娜在唱这首歌时，一直在咳嗽。她是在最大程度地尊重音乐，她是在用生命热爱音乐。"

虽然自己也属顶尖歌手，但谭维维真心评价："姚贝娜是我们这一代流行歌手中唱得最好的，至今没有人超越她。"

武汉的女儿回家了

　　送别姚贝娜，也临近春节了，武汉的亲戚们等着姚峰夫妇回武汉，可李信敏坚决不愿走，说要在深圳陪女儿过年，"我们要走了，家里没人，贝娜回来了找不到我们怎么办？"这话让两人相对无语，唯有泪流满面。

　　但是，姚峰知道，必须想办法劝李信敏离开深圳，暂时离开这个伤心地。

　　因为武汉晚报《武汉的女儿，我希望把她送回家》的报道，武汉先后有六家陵园主动发出了邀请，欢迎姚贝娜回家落葬。于是，姚峰给了李信敏一个无法拒绝的理由："我们必须回武汉，要为小姑娘选一个永久的安身之地呢。"

　　就这样，他俩回到了武汉，在一个月时间里，先后实地走访、考察了六家陵园。

为最终确定墓址，有一天，包括叔叔、姑姑、姨妈在内的亲戚们聚在一起，相当于召开了一个家庭圆桌会议。大家一一谈了自己的看法，比较一致的意见是倾向于选择位于江夏区的一座陵园。这时，姚峰征询了陪他们忙了好一阵子的好友范洪涛的意见。

　　范洪涛是当天在座的唯一的一位非家庭成员，他很真诚地说："我把贝娜当自己的侄女，谈点意见供大家参考。"在仔细分析了各家陵园的利弊后，他建议把姚贝娜安葬在石门峰纪念公园。因为，石门峰纪念公园感佩于姚贝娜捐献眼角膜的善举和她对音乐艺术的执着追求，主动提出在公园内的一块绿地上为她建造纪念墓地，打造成一个公共景点，而且非常契合的是，纪念墓地的马路对面高耸着一座武汉市遗体捐献志愿者纪念碑。

　　这个建议首先打动了姚峰，姚峰当即决定："按范老师的意见办！"

　　然而，李信敏对选择在这块绿地上建纪念墓地有很大的顾虑，她担心外人产生父母在拿女儿炒作的错觉："既然姚贝娜已经不在了，就让她安安静静地走吧。"然而，姚贝娜的艺术成就、捐献眼角膜的善举，决定了她就是一个公众人物，何不让她身上体现出来的正能量得到光大，影响更多的人呢？亲友们最终做通了她的工作。

　　石门峰纪念公园时任副总经理辛保侠、营销总监徐清花热情接待了姚峰一行，最终双方达成协议，公园方面负责纪念墓碑的总体设计制作，家属方面负责雕塑的设计制作。

在双方确定的纪念墓地现场，姚峰突然提出了一个问题："西安在哪个方向？"徐清花指向了西北方向。大家一看，感觉这个位置再合适不过了。背靠大山，前面是一片开阔地，而且面向西安。

为什么要面朝西安啊？姚峰解释说："姚贝娜是第12代武汉人，但我们姚家的祖辈是从西安迁到武汉的。"

为设计制作姚贝娜的雕塑，姚峰找到了恩师蒋箴予教授的儿子、湖北美术学院杨丹教授，杨丹的父亲是湖北美术学院首任院长杨立光教授。杨丹慎重地推荐了著名雕塑家、湖北美术学院孙绍群教授。很巧的是，在此之前石门峰纪念公园为姚贝娜纪念墓地的设计也已找到了孙绍群。两路人马合二为一，纪念墓碑的总体设计也就方便多了。

在与孙绍群仔细沟通后，决定设计制作一尊姚贝娜全身雕像。

随后孙绍群拿出了整体设计方案：雕塑以白铜为材质，按姚贝娜真人1：1的比例铸造。雕塑整体高1.8米，其中，姚贝娜实际身高1.66米，高跟鞋0.14米，再配上高0.926米，宽0.61米的汉白玉基座。墓穴以汉白玉为材质，造型为钢琴琴面，碑长3.4米，刻有34个琴键，墓碑的造型是一只贝壳。

0.926、0.61意喻姚贝娜的两个生日，前者是她的出生日期9月26日，后者是姚贝娜实施乳腺癌切除手术之后的重生日。3.4米、34个琴键代表着姚贝娜34岁的人生，贝壳造型既是因为姚贝娜的名字中有一个"贝"字，也意喻着姚贝娜与喜爱她的贝壳们形影不离。

这个雕塑设计方案得到了大家的认可，在对个别细节作了微调之后，孙绍群着手绘制创作稿、然后采取 3D 打印技术做成效果图，再放大做成 1∶1 的模型。

孙绍群的人物雕塑作品大多是男性人物形象，如何把姚贝娜的雕塑做得秀美，展现她的艺术气质、明星气质，孙绍群着实下了一番功夫，为此，他特地先后请了两位模特，以求把胳膊、腿做得更加逼真。

最初的设计，姚贝娜面带笑容，嘴唇微启，杨丹作为艺术监制对笑容提出了不同意见，他的理由是古今中外所有的经典人物雕像都是不笑的。孙绍群认为言之有理便作了修改，这也是整个创作过程中最大的一次改动。

姚峰、李信敏及亲友们也提出过一些修改意见，但他们充分尊重了孙绍群的创作意图。

直到各方满意后，孙绍群着手翻模，做成玻璃钢模型后送到工厂进行铸造。

从构思到完成，姚贝娜雕塑创作总共花了近半年时间。激情四射的孙绍群还创作了一首长诗《9.26，我们一起等待》。

姚贝娜去世后，她的骨灰盒临时寄放在深圳殡仪馆。在长达 8 个月的时间里，每到逢七的日子，姚峰、李信敏都要去看看她，他们这样做，是因为总觉得女儿没有离去。

2015 年 9 月 3 日，姚峰、李信敏小心翼翼地拎着一只红色旅行袋登上了深圳开往武汉的高铁，这个姚贝娜生前使用过的旅行袋里装着姚贝娜的骨灰盒。为了尽量保持平稳，他俩第一次选择了乘坐高铁商务舱。

一路无语。

第二天，在武汉石门峰纪念公园，举行了姚贝娜骨灰下葬仪式。

在去往墓地的路上，李信敏把姚贝娜的骨灰盒紧紧地抱在怀里。

想到女儿的骨灰下葬意味着真的是要和女儿永别了，李信敏嚎啕大哭："贝娜啊，贝娜，你走了，你真的走了，什么都不留地走了啊！你不是说你不会丢下我们不管的吗？你答应过我，等我老了给我这个爱美的老妈捻眉毛的呢！"

李信敏口里念叨着，眼前浮现出几年前在深圳家里的情景。

那是一个暖和的上午，正在化妆的姚贝娜说："妈咪，你帮我捻一下眉毛吧。"

"好啊！"李信敏乐意如此。

戴着老花镜，李信敏一边仔细地一根一根捻着，一边说："贝娜，我现在帮你捻眉毛，将来我老了，眼睛花了，就该你帮我捻眉毛呢。"

"那是当然的了！妈咪，你放心，等你老了，我肯定会帮你捻的，我会陪着你们的。"姚贝娜马上回答说。

在接受天津卫视Hing客专访时，姚贝娜也曾特地隔空告诉爸爸妈妈："我希望你俩陪我越久越好。你们活120岁，我活100岁……"

　　想到这些，李信敏更是悲痛难抑："贝娜啊，你说好的承诺呢？"听着李信敏的哭诉，姚峰在一旁带着哭腔安慰她："不哭了，不哭了，你一哭，小姑娘也会哭的……"

　　参加骨灰下葬仪式的全是亲戚。想到姚贝娜喜欢唱歌，在她的墓穴里，她的父母特地挑选了贝壳送给她的一个造型为钢琴的八音盒，她生前用过的一只麦克风作为陪葬品，叔伯姑妈送上了一条带有小鱼坠的项链。家人们共同寄托着一份情感：愿姚贝娜在天上戴着精美的项链、弹着钢琴、手持话筒尽情地歌唱……

2015 年 9 月 26 日，姚贝娜 34 岁生日。下午 3 点整，"心如明月，天生骄傲"姚贝娜纪念墓地落成和雕塑揭幕仪式在石门峰纪念公园举行。现场扎起了紫色的拱门和缎带，粉色的气球随风摇曳，纪念墓地布满了鲜花，姚贝娜的歌声在空中飘荡。时任武汉市委常委、宣传部部长李述永，深圳市委副秘书长胡谋，武汉音乐学院党委书记杨锋，武汉音乐学院副院长李幼平，华谊兄弟唱片公司总经理袁涛，姚贝娜父母和亲朋好友，来自全国各地的贝壳和新闻记者共 500 余人参加了仪式。

　　当覆盖在姚贝娜雕像上的红绸被揭开之后，一个栩栩如生的姚贝娜出现在大家面前。亭亭玉立的她着一件无袖中长裙，左手放在腰间，右手托腮，眼望远方，若有所思，尽显少女之美、艺术之美。

　　雕像的汉白玉基座上刻有姚峰手书，姚峰、李信敏亲笔签名的墓志铭："一个爱唱歌的女孩，一个用生命歌唱的女孩。"

　　十多位贝壳饱含深情地朗诵了孙绍群创作的长诗《9.26，我们一起等待》。武汉贝壳"思思"则代表所有的贝壳发言，表达了大家对姚贝娜的怀念，这份感情充沛的发言稿由北京贝壳"克里斯蒂陈"在北京开往武汉的动车上一挥而就。

　　仪式前后，贝壳们还来到石门峰文化公园专门设立的姚贝娜个人展览室参观，这里陈列着姚贝娜的军装、二等功军功章等遗物。

附：《9.26，我们一起等待》（节选）（作者：孙绍群）

你

来到这个世界

走过

生命之河

来一场

生命之恋

你

匆匆离去

一路笑着走

这一切

只因为爱！

......

你是那

海边屹立的礁石

没有你

贝壳们无处依存

两者都会

失去自己的光彩！

你是

一只不倦的夜莺

黑暗中也要睁着双眼

紧跟着

缪斯女神的背影

不惜用生命

去寻觅

绝响的

天籁!

……

9.26

我们静静等待

等着你

迎着鲜花

迎着掌声

踏歌而来!

回来了——

就在此刻

披一身星光

抹一夕淡彩

你亭亭玉立

举步轻盈

迎面

向我们走来！

你化作

一尊

永恒的雕像

再也不说离开！

……

    对姚贝娜这位优秀的子弟和杰出的校友，武汉音乐学院给予了极高的礼遇。

    就在姚贝娜纪念墓地落成的当天上午，"贝娜回家"纪念展在武汉音乐学院揭幕。

    这项展览由武汉音乐学院校友会主办，武汉音院校史馆、武音湖北音乐博物馆承办。展览分为"儿时记忆""学艺历程""全能歌手""爱心公益""评价纪念"5个部分，通过大量的实物和照片，采取展板陈列、多媒体呈现的方式，全方位展示了姚贝娜短暂而辉煌的人生，这些展品既有姚爸姚妈提供的，也有贝壳们珍藏的，其中绝大部分展品是首次向公众公开展示。

    当天，武汉音院滨江校区户外电子屏上播放着姚贝娜专题纪录片，院长胡志平，副院长刘永平、李幼平、雷勇，声乐前辈钟碧如教授、闫国宜教授，姚贝娜的专业老师冯家慧教授等出席了开幕式，姚贝娜在武汉四十五中就读时的班主任黄莉老师也应邀出席。

参加开幕式的还有在校学生和闻讯赶来的众多贝壳。由于参与人员太多，开幕式不得不采取了人数总量控制措施。为此，展览的主要策展人、武汉音院湖北音乐博物馆馆长孙晓辉教授还特地致函姚贝娜全国歌迷后援会，对贝壳们的参观作了悉心安排。

李幼平副院长在主持开幕式时动情地说："武汉音乐学院是贝娜出生和成长的家园，作为武音大家庭的成员，我们欢迎贝娜回家，同时也欢迎广大的歌迷将贝娜送回家！"校友会会长刘永平在致辞时评价，姚贝娜是武音的女儿，是青年学子的楷模，也是武音校友的骄傲。华语音乐传媒大奖评委、著名乐评人李皖高度评价了姚贝娜的音乐才能、艺术成就和公益爱心，他认为，姚贝娜对世人的影响远远超越了一个歌手所具有的能量。

姚峰代表李信敏满怀深情地回忆了姚贝娜在武音的学习、成长和生活经历，他说："武汉音乐学院是贝娜生命的摇篮、生活的摇篮、艺术成长的摇篮。"情到深处，引得众人陪着他共洒热泪。

开幕式后，参观者排起了长队，有序地步入展览大厅。展厅里飘荡着姚贝娜的歌声，大家或凝神观看，或轻声交流，或拍照留影，或围着姚峰、李信敏听他们对往事的回忆。

"贝娜音乐教室"落户新疆

在深圳殡仪馆送别姚贝娜后，姚峰、李信敏并没有马上回家，仍住在医院附近的小旅馆，他俩无法接受回到家里两个人凄凉相对的情景。

坐在旅馆房间，李信敏惦记着姚贝娜在北京还有许多遗物没有清理，她对姚峰说，贝娜留下了那么多东西，我们将来也会离开这个世界，既然贝壳们那么喜欢她，能不能采取义卖的办法把这些东西送给他们，就像是由贝壳替我们永远保存这些东西？

姚峰木然地回答说："留着吧，我舍不得呢……"

又过了两天，在学生徐春雨、刘罡等人的陪伴下，姚峰夫妇才回到家里。冬日正午的阳光直射屋内，但依然感受到一丝清冷。大家坐在客厅，无言以对。

姚贝娜生前用过的一只航空箱静静地放在阳台附近，箱体上贴满了花花绿绿的航空标签，仿佛默默地诉说着姚贝娜短暂而丰富的生命历程。见到这只航空箱，潘军以一位资深拍卖师特有的职业敏感意识到，这只箱子是很有纪念意义的，一定要好好保存。

作为多家拍卖公司的负责人，潘军曾策划组织过很多大型慈善拍卖活动。他灵机一动提出，可以办一场姚贝娜物品慈善拍卖会。

想到李信敏有过类似的想法，姚峰问道："真的可以这样做吗？""没问题！"潘军以自己二十多年的从业经历分析说，对一件有纪念意义的物品，我个人都想收藏拥有它，更何况有很多喜欢姚贝娜的歌迷和贝壳。"这些物品是会说话的，是姚贝娜的音乐艺术、人生经历具有纪念意义的标的物，可以让它们继续发挥更大的作用。"

转眼间，到了 3 月下旬，姚峰、李信敏强打精神去了北京。

走进姚贝娜租住的房子，目睹女儿留下的那么多熟悉的物品，夫妻俩不禁悲从中来，默默流泪。李信敏的思绪一下子被拉回到了 8 年前。

2007 年 2 月 22 日，一家三口在北京过完春节，姚峰、李信敏回到深圳。

23 日上午 9：53，李信敏收到一条短信，是姚贝娜发来的："回到家里好难受！特别想你们！企盼一家人在北京团聚再也不分开了。从来没有这么难受过，家里还有你们的味道……"

收到这条短信，李信敏马上给姚贝娜打了一个电话，母女俩在电话里聊了一会儿，挂掉电话之前，姚贝娜告诉李信敏："妈，放心吧，我没事了。"

可是，当再次置身于这个场景时，却已物是人非，家里仍然还有姚贝娜的味道，可人却再也回不来了。想到这些，李信敏的眼泪如决堤之水，悲涌而下……

看到他们伤心的样子，陪同他们的徐春雨轻言细语地说："姚老师，李老师，要不就组织一个慈善拍卖会，把贝娜的这些物品用于公益事业吧。不然的话，睹物思人，你们总会陷在悲伤的情绪中走不出来啊！"

心爱的女儿没了，他们又如何舍得女儿的这些遗物？几经纠结，他们终于想通了：自己终究也会告别这个世界，不可能永久保存贝娜的物品，如果采取拍卖的方式，让喜欢贝娜的贝壳们保存这些遗物，也是一个很好的选择。于是，姚峰夫妇俩决定办一次拍卖会，把得到的全部善款捐献给新疆塔什库尔干塔吉克族自治县。

想到武汉是姚贝娜的第一故乡，深圳是她的第二故乡，拍卖活动是在北京，善款的归属地是新疆，于是，时任《武汉晚报》总编辑范洪涛分别联系了《北京晚报》总编辑任欢迎、《深圳晚报》总编辑丁时照、《乌鲁木齐晚报》社长杨大鸣，4位老总一拍即合，决定以主办单位的身份共同参与这项公益慈善活动。

之所以选择把善款捐献给遥远的塔什库尔干塔吉克自治县，是因为姚峰、姚贝娜与塔吉克族音乐有着奇妙的缘分，也因为深圳、喀什两地有着密切的联系。

姚峰对塔吉克族音乐有着特别的喜好，他曾无师自通地揭示了塔吉克族特有的七八拍节奏的奥妙。

早在少年时代，电影《冰山上的来客》就给姚峰留下了深刻印象，其中的塔吉克族音乐，尤其是主题歌《花儿为什么这样红》让他格外着迷。与此同时，他有一个感觉，包括电影在内，所有的歌唱者在演唱《花儿为什么这样红》中"它象征着纯洁的友谊和爱情"这一句中的"爱情"二字的增二度时都没有唱准，把塔吉克族音乐中特有的七八拍实际上唱成了六八拍，这似乎成了困扰音乐界的"塔吉克节拍之秘"。这个特有的七八拍到底该如何演唱呢？姚峰也曾百思不得其解，为此他曾请教过很多老师，但没有人给出一个令他满意的答案。

直到在湖北艺术学院的图书馆里无意之中找到一份介绍塔吉克族古老的民间乐曲《鹰笛》的资料，在仔细视唱了《鹰笛》的谱子之后，姚峰才明白雷振邦在创作《花儿为什么这样红》《怀念战友》时充分借鉴了《鹰笛》的素材，也让姚峰豁然开朗，发现这个难倒了很多演唱者、演奏者的难题，实际上是一个十分简单的问题。

姚峰推测，塔吉克族有语言没文字，既然没有文字，解决这个节奏难题的方法就应该一定是非常简单的。他从手鼓找到了灵感，因为，包括塔吉克族在内的新疆各少数民族都是能歌善舞的，而手鼓是他们唱歌跳舞时必不可少的一种重要乐器。手鼓敲起来恰恰是 3+2+2 的节奏，这不就是一个完美的七八拍吗？当演唱者或演奏者准确地表现出七八拍而不是六八拍时，塔吉克族独有的音乐风格就显得格外悠扬怡人。找到了打开"塔吉克节拍之秘"的钥匙，姚峰兴奋得在阅览室里转起圈来，引来周围一片诧异的目光。

四十多年以后，姚峰在深圳和来自塔吉克自治县艺术团的艺术家们谈起这事时，他们十分肯定地告诉他："姚老师，你是对的！"

选择塔县作为姚贝娜音乐的归宿地，还因为姚贝娜首唱过一首歌《我是一棵簕杜鹃》。

新疆喀什地区所属的喀什市和塔什库尔干塔吉克自治县是深圳援疆对口单位，时任深圳市委政研室副主任李旦明写了一首词《我是一棵簕杜鹃》："我是一棵簕杜鹃，从梧桐山下来到帕米尔高原。喀喇昆仑的冰雪，压不弯我坚韧挺拔的躯干，塔克拉玛干的风沙，扑不灭我激情燃烧的火焰。引来梧桐山的清泉，把那戈壁荒滩浇灌，听古老的鹰笛，讲述千年的西域，新的春天，新的春天，春天……"簕杜鹃是深圳市的市花，这首词形象地表现了深圳、喀什两地人民的友谊和精神。姚峰被这首词所打动，很快把它谱写成了一首带有浓郁塔吉克族音乐特色的歌曲，并由姚贝娜首唱。这首歌流传甚广，有一年塔县在深圳举办会展，塔县歌舞团的演员们在会展现场表演了这首歌，赢得一片喝彩。团长告诉姚峰，歌舞团有七十多人，人人都会唱这首歌。

从 4 月 19 日到 25 日，由四家晚报和北京艺典中国拍卖公司共同发起的"天使在人间，让爱延续·姚贝娜私人物品慈善拍卖会"在网上如期举行。活动连续举办了 6 场，潘军作为策划人亲自主持了拍卖活动。拍卖物品包括姚贝娜生前的演出服装、日常服装、鞋帽、提包、玩偶、球拍、咖啡机、音响、最后一张机票、有她签名的海报、母带、CD、音乐手稿等等。

拍卖会的热烈程度远远超出预期。经过总共26226次竞价，427件拍品全部成交，创造了没有一件物品流拍的"白手套现象"，也引出了不少故事。

姚贝娜参加"中国好声音"盲选时穿的红色T恤经过2601次激烈竞价，最终以261126元的成交价被香港的杨江女士收藏，这也是成交价最高的一件拍品。

有一位网名叫"一支钢笔PTC"的北京贝壳曾在2013年姚贝娜32岁生日时把一架战机模型送给了姚贝娜，祝愿她的歌唱事业像战机一样一飞冲天。这架合金材质的战机模型非常精致，姚贝娜特别喜欢，一直把它摆放在书架最显眼处。这架战机模型也出现在了拍卖会上，经过41次竞价，"一支钢笔PTC"以4500元的价格完成了回购，把它收藏起来，她在微博上伤感地发帖："我永远想不到，这架飞机竟然以这种方式回到我手里，没有比这个结局更悲伤的故事了……"

有一批姚贝娜专辑《来不及》，其中有一部分是按三张作为一个拍品进行拍卖的，竞价直线飙升。很多大学生贝壳想要，但是又受制于经济条件，想而不得。于是，有两个贝壳合拍，把后来剩下的都买下来，又以低价转卖给大学生，以此鼓励他们好好学习。

由于人气太旺，造成网络堵塞，第一场拍卖会发生了一点"意外"。

有一只印有姚贝娜卡通图像的白色保温杯，经过219次竞价，最终以 71700 元的成交价被人收藏。据贝壳"秋水颖人"披露，这只保温杯由广东后援会定制，在姚贝娜 2013 年 12 月 14 日参加深圳湾活动时，以广东贝壳的名义集体送给姚贝娜的。姚贝娜最后一次公开演出，录制 Hi 歌时使用的就是这只水杯。

然而，这一场拍卖会结束后，一位远在加拿大的拍友给拍卖公司发来信息说，本来他还要继续竞价的，但由于网络卡住了，他无法报价，才失去了这只水杯。他提出，希望拍卖公司出面做做工作，他愿意出 10 万元从那位收藏者手中买下这只水杯。对这一"意外之请"，拍卖公司如实作了转达，但那位收藏者谢绝了加拿大拍友的好意。

7 月 10 日，在北京举行了一个简短的捐赠仪式。姚峰、李信敏将义拍所得善款共 2511027.16 元全部捐赠给新疆塔什库尔干县中学。

捐赠仪式上，姚峰代表李信敏动情地说："这次拍卖会，几十万贝壳和爱心人士参与其中，一起奉献爱心，令我们十分感动和感激，这让我们相信，姚贝娜虽然离开了人世，但她的大爱依然在延续着。"

塔县中学把这笔善款全部用于改善音乐教学条件，除购置了一批乐器，还命名了一栋"贝娜楼"，在"贝娜楼"里设立了"贝娜音乐教室"。后来，时任深圳市委书记许勤到塔县落实对口援疆工作时，还特地去塔县中学参观，仔细了解"贝娜音乐教室"的使用情况。

一枝火红的簕杜鹃永远盛开在帕米尔高原……

设立"姚贝娜音乐奖"

2019 年 3 月，姚峰到武汉出差，应时任武汉音乐学院党委书记陈兴荣之邀，参加了武汉音乐学院"校友奖学金"的颁发仪式。

坐在主席台上，看着获奖的学生，听着附中学生、本科生、研究生获奖代表的发言，姚峰流泪了，然后，他流着泪给学生们颁奖，流着泪给学生们讲话。

后来，有老师和学生说，姚老师流泪是因为想起了姚贝娜。

的确，触景生情，姚峰想起了女儿，想起了女儿在武汉音乐学院的点点滴滴，想起了自己和妻子在武汉音乐学院的点点滴滴，但似乎又不仅仅是因为怀念。

当了解到每位获奖学生的奖金是 3000 元时，姚峰感觉奖金额度有点低，于是，他萌生了一个新的想法。

回到家里，姚峰给李信敏讲述了参加"校友奖学金"颁奖的情景，然后和盘端出了他已想得很清楚的计划："我们拿一笔钱，以小姑娘的名义在武汉音乐学院设立一个奖学金吧？"李信敏没有丝毫犹豫，何况她知道姚峰从来都是欣赏学霸、喜欢好学生的。最后，两人商定：先拿出100万元！

再次回到武汉音乐学院，姚峰分别向时任院党委书记陈兴荣、院长胡志平表达了自己的意愿："我们夫妇二人以姚贝娜的名义捐资100万元设立奖学金，按每年20万元的标准发放。用完之后，我们再追加100万元。"这个想法让两位院领导非常感动，胡志平激动地站起来，一把紧紧地握住了姚峰的手。

最后，经过商议决定：姚峰、李信敏共同出资100万元，设立"武汉音乐学院姚贝娜奖学金""武汉音乐学院姚贝娜助学金"。

奖学金按每人每学年8000元的标准，奖励三观正确、学业优异的本科生、研究生和附中学生。其中特别规定，获奖者学年平均成绩必须在88分以上，专业比赛获奖者、关心集体和同学、责任感强、有突出贡献事迹且获校外媒体报道或受到省级以上表彰者可优先参评。

助学金按每人每学年3000元的标准发放，用于资助家境困难的在校学生，但受助者的学年平均成绩要达到85分。

在设立"姚贝娜奖学金""姚贝娜助学金"的同时，姚峰向院领导提出了三项附加条件：不搞捐赠仪式、不开捐赠座谈会、不对外宣传。

摄影：黄欢

"我们一家三口都是武汉音乐学院的校友，都有'武音情结'，能以姚贝娜的名义为学校做一点事，这本身就是一件很快乐的事，我们不要任何回报。"姚峰还告诉两位院领导："现在的这笔资金是我们自掏腰包，我会动员朋友们共同筹集，如果筹措不到，我们就继续自掏腰包。只要我们活着，这个奖就一直延续下去！"

说到做到，李信敏把首批 100 万元划到了武汉音乐学院教育发展基金会的账户上。截至 2021 年 12 月，"姚贝娜奖学金"和"姚贝娜助学金"已颁发了 3 次，共有 66 名学生受奖或受助。

2020 年 5 月，姚峰回到武汉音乐学院讲学，一位琴房管理员非常高兴地拉着姚峰不让他离开。原来，她的女儿就是首届"姚贝娜奖学金"的获得者。这位琴房管理员急忙打电话让自己的女儿带着获奖证书赶来，请姚峰在证书上签名，母女俩还和姚峰拍了合影。

想到还应该为培养和鼓励顶尖音乐人才出把力，姚峰、李信敏又萌生了新的想法：在已有的两个奖项的基础上，再捐资 200 万元设立"姚贝娜音乐奖"，按每人 10 万元的标准，重奖在国家级、世界级音乐比赛中的获奖者，获奖对象为武汉音乐学院在校学生和在岗教师。

2021 年 9 月 24 日，"红色恋人"姚峰合唱作品音乐会在深圳大剧院首演，武汉音乐学院副院长李幼平专程从武汉赶到深圳代表学院向姚峰表示祝贺。走下指挥台，姚峰把设立"姚贝娜音乐奖"的想法告诉了李幼平，乍一听到这个消息，一向快人快语的李幼平竟感动得不知道该如何表达自己的心情。

很快，李信敏将 200 万元人民币汇入武汉音乐学院教育发展基金会专用账户，同时再次重申了"三不"附加条件。

时任院党委书记李端阳动议，武汉音乐学院党委作出决定，正式确认"姚贝娜音乐奖"作为武汉音乐学院官方奖项，学院按照 1：1.2 的比例，追加资金投入。

2021 年 11 月 19 日，在武汉音乐学院举行了隆重的"武汉音乐学院姚贝娜音乐奖"颁奖仪式。青年教师陈泳汐因在代表中国音乐最高水平的"金钟奖"比赛中获得美声唱法第三名的优异成绩，而成为"姚贝娜音乐奖"的首位获得者。

热烈的掌声中，院党委书记李端阳把获奖证书和 10 万元现金支票颁发给陈泳汐。然而，姚峰、李信敏并没有出现在颁奖现场，他们谢绝了院领导的邀请。在他们看来，设立包括"姚贝娜音乐奖"在内的三个奖项，并不是为了出风头，而是希望以这样一种特殊的方式，表达全家人对武汉音乐学院的感恩之心，延续姚贝娜的艺术生命。

其实，姚峰、李信敏也并非特别富有，他们的积蓄主要来源于工资和有限的稿酬。李信敏坦言："我们的生活算得上衣食无忧，把节省下来的钱捐出来回馈社会，激励后辈，是追求精神上的富有，相信姚贝娜也会赞同这一举动。"

第15章　永远的贝壳

你选择最高的舞台
只为了说爱
让我仰望的眼睛
再没有了尘埃
你让等待变成花开
每秒钟都存在
——《东方之恋》

姚贝娜的歌迷有一个共同的名字——贝壳。

无论是"青歌粉""盲选粉""身后粉"，还是"路人粉"，遍布于全国各地乃至海外的贝壳们永远和姚贝娜心灵相通。

"姚贝娜全国歌迷后援会"是贝壳大本营，"姚贝娜吧"是贝壳们的交流空间，"娜样芳华"资讯网就是贝壳们的心灵家园。三大平台堆积了贝壳们对姚贝娜的真挚情感。

常言道"人去楼空，人走茶凉"，然而，时至今日，姚贝娜的个人微博依然有贝壳在跟帖；百度贴吧上的"姚贝娜吧"依然保持着很高的活跃度；"娜样芳华"资讯网依然在不断地更新。

贝壳的心灵家园

姚贝娜的歌迷们给自己取了一个有趣的名字"贝壳"。

全国有多少贝壳？没有人能给出一个准确的答案。但遍布于全国各地乃至海外的贝壳们却永远和姚贝娜心相通、情相连，虽然他们当中有很多人并没有和姚贝娜面对面地见过，也没有和她讲过一句话，但这丝毫不影响他们对姚贝娜的喜爱。时至今日，姚贝娜的微博依然有贝壳在跟帖，百度贴吧上被称为贝壳大本营的"姚贝娜吧"依然保持着很高的活跃度，帖子总量超过了两千万条。"娜样芳华"资讯网依然在不断地更新。

贝壳们喜欢姚贝娜，不外乎两点：一是喜欢姚贝娜的歌，二是喜欢姚贝娜的性格和为人。

最早的贝壳产生于姚贝娜在 2006 年获得"青歌赛"银奖之后，虽然那个时候人数不多，但他们一定是慧眼识珠，认可了姚贝娜的演唱实力而成为元老级的拥趸，比如"carol"就是其中的代表。

随着姚贝娜2008年获得"青歌赛"金奖，贝壳群体进一步扩容。

这个时候，"贝壳"这个专属称谓还没有出现。姚贝娜在博客里称之为"他们"。"他们"的出现，带给姚贝娜很大的惊喜，她在微博上兴奋地写道："'他们'是一群喜欢我唱歌的人，我很开心！因为电视剧，因为"青歌赛"，因为很多很多的理由，'他们'开始关注我，接受我，喜欢我！……寄语我的'他们'：因为你们，我感动！因为你们，我是真实的！感谢你们！一起加油！奋斗！"

"贝壳"这个名称的出现是在录制《甄嬛传》之后。

从姚贝娜微博的粉丝量变化看，贝壳群体的暴涨是在她参加"中国好声音"之时，尤其是在她落选之后。

由于姚贝娜在盲选时一鸣惊人，因此贝壳们称这一部分粉丝为"盲选粉"。

姚贝娜在争取战队冠军时落败，但正所谓"失之东隅，收之桑榆"，连姚贝娜自己都没估计到这竟成了她收获大批贝壳的契机，一夜之间，微博粉丝数量居然徒增了一百多万。那一刻，看着微博上不断变化的粉丝数字，她竟怀疑是手机出了故障。在很多观众看来，姚贝娜的落选是明目张胆地"被黑了"，这让他们很愤怒，于是彻底地站在了姚贝娜一边。贝壳"呆牛"就是他们当中具有代表性的典型："她唱得这么好，却被涮掉了，这太不公平了。而且，她的性格跟武汉的女孩一样，敢爱敢恨。所以，虽然我在此之前从来没追过星，但我一下子就喜欢上她了，而且我妈也喜欢她。"

提到贝壳，有两位大神级的人物必须提及，一位是"冷漠微笑"，另一位是"青春的迷恋"。前者写了大量高质量的乐评，对姚贝娜的演唱从专业的角度作了通俗易懂的解析；后者所撰写的诗歌词赋、散文小说，全是围绕着姚贝娜展开的。

此外，伴随着姚贝娜的成长与进步，很多歌迷逐渐喜欢上了这个女孩子，由"路人"变成了她的粉丝，贝壳们称这一部分粉丝为"路人粉"。

一般来说，流行歌手明星的粉丝大多是年龄相对集中的青少年群体，可是，贝壳却打破了粉丝年龄界线，除了小青年，还有很多人是不再年轻的成年人，四五十岁以上的贝壳也不在少数，年纪最大的超过了70岁，有的一家三代都是贝壳。

"Rene307"的全家人都是贝壳，她的妹妹曾协助修改了姚贝娜全国歌迷后援会会微上的贝娜卡通头像，她的儿子在音乐课上用单簧管吹奏了《红颜劫》，并向同学们介绍了姚贝娜的事迹，老师给他打了98分。他还写过一篇作文，讲述了姚贝娜对他的影响，获得了A++的高分。

是什么让贝壳们对姚贝娜如此地疯魔？"Rene307"的梳理具有很强的代表性：

姚贝娜的美好与真诚，是最吸引我们的因素。

她究竟有多好？她，乐观又可爱，善良又坚强，真诚又孝顺，体贴又勇敢，呆萌又天真。

　　我喜欢她，勇于说真话。

　　我喜欢她，永远笑得没心没肺。

　　我喜欢她，放大招时的摸耳朵和太极推手。

　　我喜欢她，笑着叫我们贝壳大宝贝。

　　我喜欢她，帮助别人从不张扬，为善不欲人知。

　　我喜欢她，"憨"憨的，心上却带着一个"敢"。

　　我爱她，因为她就是最好的。

　　与其他明星的粉丝不同的是，贝壳群体还有一个显著特点，他们当中不少人属于"身后粉"，即很多贝壳是在姚贝娜去世后加入这个群体的。大家为她的歌声所感动，为她用生命歌唱的气魄所感动，为她捐献眼角膜的善举所感动，最终聚集在了一起。

　　最令人感慨的是，姚贝娜安息于武汉石门峰纪念公园后，竟先后有十多名贝壳辞去工作到石门峰纪念公园应聘做了保安。他们的目的只有一个，近距离地守护自己心目中的女神。

　　他们当中，"时间过客"最为执着。

　　"时间过客"的母亲从"中国好声音"开始成为贝壳，这也影响了"时间过客"。虽然他并没有见过姚贝娜本人，但他成了一名忠实的"身后粉"。在他眼里，姚贝娜不仅歌唱得好，而且心眼好，浑身都是正能量。姚贝娜下葬石门峰后，每逢法定节日和姚贝娜的生日、忌日和国家法定节目，"时间过客"都要从广州赶到武汉凭吊。 想到来回奔波不方便，2016年10月25日，他毅然辞掉了在广州的工作，来到武汉石门峰纪念公园当了一名保安。 他的这一举动得到了他母亲的默许。

现在，"时间过客"每天在园内巡逻，可以经常路过姚贝娜的纪念墓地，看一眼她的雕像，工作之余，他还会去清理一下墓地上的杂草。 他说，他收获了一份安宁。

伴随着粉丝的增多，粉丝组织也几乎同步产生。"姚贝娜全国歌迷后援会"是贝壳中最大的歌迷组织，成立于2013年姚贝娜参加"中国好声音"之后，而且随着姚贝娜影响力增强，后援会迅速在全国各地成立了32个分会，在美国、英国、新加坡也出现了类似的组织。

经过一段时间的沉淀，百度贴吧上的"姚贝娜吧"成为贝壳们最为集中的线上交流基地，"后援会"成为贝壳们的线下活动组织者。

后援会设计了会徽，那是一个呆萌的卡通形象，睁着一双大眼睛的姚贝娜的背后是一只硕大的贝壳。

后援会还设计了会服，红色的圆领T恤，正面印着会徽，背面写着8个大字："姚声娜喊，贝加精彩。"

后援会还创作了会歌《一起走过》，由贝壳徐文浩作词、作曲。"你像一个天使飞到了我的心中，我用我的掌声托起你美丽的梦，舞台闪动，灯光朦胧歌声里的故事，我们都懂……"姚贝娜与贝壳的关系，被描述得一清二楚。

对"姚贝娜全国歌迷后援会"，姚贝娜生前充满感激，同时也真心替贝壳们考虑，非常在乎贝壳们的感受。后援会成立之初，她就很慎重地和会长"飞扬天天"谈过，不能涉及费用，绝对不能向贝壳们收取会费。所以，后援会成立这么多年来，也从来不拿贝壳们的钱去干一些七七八八的事情。

"姚贝娜全国歌迷后援会"成为姚贝娜与贝壳频繁互动的重要桥梁。

在与姚贝娜的相处中，贝壳们有一个共同的深刻感受，在她的心目中贝壳不只是粉丝，而且是家人，她从来没想过利用贝壳为自己做什么，她总是以诚相待。

姚贝娜与贝壳之间建立了亲密无间的友谊。每次演出或参加活动，她都会尽力为贝壳们争取到免费门票或名额。她通过微博与贝壳们保持了高频次互动，与大家分享自己的快乐，并时常提醒大家注意安全。而且，无论到哪里演出，姚贝娜始终有一个"保留节目"：演出结束后，她一定会留下时间和贝壳们见个面，与大家一起聊天、合影。

贝壳"包包"至今清晰地记得，2014年，姚贝娜到湖北汉川参加"中国好声音"的一个演出活动，演出中，"包包"和几位来自家乡的贝壳代表上台互动，他们给她特地带去了武汉的汤包、蒸糕等武汉小吃，姚贝娜高兴极了。

2014年4月26日，姚贝娜获得蒙牛酸酸乳"Music Radio"最佳女歌手。在领奖台上，她对贝壳们说了一段掏心的话："唱歌是我一辈子坚持的事情。我要谢谢我的贝壳，谢谢你们对我的不离不弃！我希望我在80岁的时候，就算可能没有好的牙口了，还可以继续大声唱歌。谢谢!"

姚贝娜病重期间在谈到身后事时,曾流着泪告诉父母:"我舍不得贝壳……"

姚贝娜的父母对后援会最大的支持是赠送了一批缩小版的姚贝娜雕像。这批雕像是根据姚贝娜雕像按比例缩小的样品,由于是用白铜制作的,看上去如同披上了一层银光,所以称之为"小银人"。他们自掏腰包全部买了下来,然后把其中的74尊"小银人"转赠给了后援会,提出的唯一条件是:这些"小银人"可以用于后援会开展活动,但绝对不能出售。会长"飞扬天天"郑重地承诺遵守这一约定。

每年姚贝娜的生日和

摄影:王博

忌日，都有很多贝壳从全国各地自发地赶到石门峰纪念公园举行纪念活动。

为纪念姚贝娜逝世五周年，同时也为了推广姚贝娜一些鲜为人知的佳作和原创歌曲，姚贝娜全国歌迷后援会在 2020 年 11 月举办了"姚贝娜歌曲翻唱大赛"。

虽然比赛只是在贝壳群体内部进行，但"飞扬天天""包包""微笑""天上星星""小麦麦"等组织者仍十分认真地制定了严格的规则和周密的程序。参赛者必须是贝壳，所演唱的歌曲必须是姚贝娜演唱或翻唱过的作品，所有的比赛都在网上进行。

报名者把自己演唱的作品上传至全民 K 歌参加初赛。

大赛吸引了 122 名贝壳提交了参赛作品。经过评委打分，有 47 人进入初赛。

然后，经过初试，评委会从中选出了 20 人进入复试。

复赛又分为两个部分。

第一部分是 20 进 10。将选手报名时提供的作品链接发到微博上由粉丝投票，按微博投票占 40%、评委占 60% 的比例，选出前十名进入第二阶段复赛。

第二部分设置了一个复活环节，对未能参加初赛的优秀选手以及初赛发挥失常的选手开通复活通道，通过微博票选，前两名晋级复赛。

决赛在 12 月 5 日晚举行。5 名专业评委和 10 名大众评委组成了评委会。12 名选手轮唱，前六位进入下一轮 PK，排定了最后的名次。"细菌 23333"以一曲《东方之恋》获得冠军，"鸭鸭""一颗噻婷"分列二、三名。奖品大多与姚贝娜有关："小银人"、姚贝娜的专辑《永存》《依爱》、姚贝娜的签名照片。

这项称得上是"贝壳好声音"的比赛持续了一个多月，吸引了众多贝壳参与，他们当中还有不少男性。应该说，贝壳中不乏歌唱高手，尤其是进入最后决赛的选手，他们的演唱都能明显找到姚贝娜的影子。

贝壳们是因为姚贝娜的歌声聚集在了一起，延绵不断的怀念之情也让他们逐渐萌生了一个特别的想法："如果我们能为你唱歌该多好啊！"这个美好的愿望成为催生专辑《不凡》的原动力。

在"阿云""老吉"的主导下，经过两年多的筹划、制作，2016 年 10 月，在姚贝娜 35 岁生日之际，一张特别的音乐纪念专辑《不凡》正式出版发行，贝壳们"这一次换我们唱给你听"的愿望成为现实。

这是一份用心之作，堆积了贝壳们对姚贝娜的无限情感。

从装帧设计看，无论外包装还是碟片，都以淡青色作为唯一的色调，清爽庄重之中，又夹裹着一丝淡淡的思郁。而封面采用了双层百叶窗式的渐变工艺，轻轻拉动卡片，姚贝娜的图像和"不凡"二字若隐若现，极富动感，仿佛呼之欲出。

这张碟子一共收录了 12 首歌曲，全部由贝壳创作、演唱。这些歌曲唯情唯美，细腻地表达了贝壳对姚贝娜的思念之情。

其中，《你我之间》的词是姚贝娜的遗作，在获得姚峰的授权后，由刘昊谱曲并演唱。

在《不凡》的创作过程中，西藏军区文工团的林君羡得知了

这一消息，他特地创作了《月光下的天使》。为这位"路人粉"的真诚所感动，这首歌最终也被收入其中。

《不凡》还收录了后援会会歌。

在《不凡》的扉页上写着这样一段话："因为你生而不凡，壮烈闪烁，才有了我们的故事，才点亮了我们记忆中那段无可替代的青春岁月。那些要你去寄托的美好，不要担心，我们帮你继续完成，以你之名，让爱延续，因为只要住在爱里，你便从未离开。像从前一样，每当我们孤独迷茫、不知所措之时，只要想起某个夏天，那个爱笑的短发女孩，一袭红色的战衣，纵情演唱过，用她真正的梦想，打开了我们的人生，我们便可以勇往直前，以她的名义，继续传递这份勇气和希望。"

这代表着贝壳们的心声。

姚贝娜的歌声吸引了贝壳，她的善良、坚强则感染、影响着贝壳。受姚贝娜的影响，积极组织开展慈善公益活动就成了"姚贝娜全国歌迷后援会"的一项重要工作。

2016 年 7 月，武汉因突降暴雨造成严重洪涝灾害，"姚贝娜全国歌迷后援会"迅速发动全国各地贝壳捐款赈灾，将 50 箱食用油、343 袋大米送到了新洲区民政局。

受到姚贝娜父母在塔县中学建立"贝娜音乐教室"的启发，贝壳们在群里讨论能不能在不影响大家正常生活的前提下，做一件既有意义又能长期坚持的公益活动。在浙江嘉兴平湖市从事图书工作的贝壳"江南"灵机一动，提出在全国各地的贫困地区小学建立"贝壳公益图书室"，这一动议得到了大家的赞同。

随后，"江南"建了一个QQ群，发布了建"贝壳公益图书室"的活动公告。贝壳们先承诺捐款金额，然后按一间图书室200本，采购价格1000元左右的标准，选购以少儿科普类、名著为主的图书以及教师使用的教辅书，发往确定的受捐学校后，由当地或就近的贝壳负责落实到位。每间图书室挂有"贝娜公益图书室"铭牌，设有书柜或书架，每本图书上都盖有"姚贝娜·后援会赠"的图章，这项活动吸引了近300名贝壳的积极参与。

2015年12月，第一间"贝壳公益图书室"在河南焦作市小董乡南王小学落成。考虑到姚贝娜是武汉人，便特地选择在武汉市洪山区李纸路孤儿院（子墨）建了一间"贝壳公益图书室"。截至2018年底，先后在云南、贵州、重庆、黑龙江、山西、湖北、新疆等地建起了88间"贝壳公益图书室"，其中最大的一间在新疆喀什中学，一次性地捐赠了近5万码洋的图书。

在多如牛毛的网站中，有一个以姚贝娜为主题的网站，这就是"娜样芳华"资讯网，贝壳们亲切地称之为"娜网"。

"娜样芳华"是一个收集、整理、展示姚贝娜生平资料的纪念性网站，也是姚贝娜全国歌迷后援会开展各类活动的线上平台，还是贝壳们展示与姚贝娜有关的乐评、诗词歌赋、歌曲翻唱、小说创作和绘画、视频编辑等才艺的互动空间。

姚贝娜去世后，有很多热心的贝壳出于对姚贝娜的热爱，各自将有关姚贝娜的文字、视频、音频等资料发布在网上，但随着时间的流逝，网上关于姚贝娜的资讯也面临沉底甚至消失的可能。发现这个问题后，贝壳"深蓝""猫鬼2011"和"飞扬天天"于 2016 年 4 月一拍即合：进一步整理加工贝壳们掌握、发布的相关资讯，建立一个收集展示姚贝娜所有资料和信息的纪念性网站。

其实，早在 2013 年，姚贝娜参加"中国好声音"之后，"深蓝"就产生了建一个姚贝娜主题网站的想法。三人商定之后，有着大型网站运营经验的"深蓝"便当仁不让地承担了网站的策划设计工作。仅仅用了二十多天，"深蓝"就完成了网站的框架设计，并想到了一个十分贴切的名字——"娜样芳华"。5 月初，"猫鬼 2011"和"飞扬天天"依托姚贝娜全国歌迷后援会着手组建运营团队。2016 年 9 月 26 日姚贝娜 35 岁生日时娜样芳华网站正式上线，随后，娜样芳华网又于 2017 年 5 月推出了手机版，于 2018 年 1 月发布了娜样芳华 App。

为了维护网站的正常运行，"飞扬天天""猫鬼 2011""深蓝"三位创始人先后自掏腰包，加上贝壳们的自愿捐赠，解决了服务器、带宽等费用。

"娜样芳华"网开通以来，有许许多多的贝壳充分发挥了自己的才干，倾心投入其中，他们全是义务劳动，没有收取一分钱报酬，不为名，不为利，只因为心中的那份爱。

这一群心怀真切执念之情的贝壳有："余平""N 娜星""木木""华仔在此""小龙""四爷""飞龙在天""黄泳濠""Daphne""青春的迷恋""珀中花""蛋头大夫""朱丝马迹八老板""姚笙 1981""安静赏月""孙敏""吾谁与归 81""noworries12""陕西初心不变""武汉小贝""嘉

嘉”“黎明的海浪”“菜菜”“心火”“李小花”“三滴水”“高三贝”“小雨点”“离心”“chxns”“阿紫”“两个你”“炎森”“大佘郎”“佳佳”“stranger in paradise”“小火柴”“武汉琳贝”“核桃”“高娜娜”“小哭包的盗版耶”“温文尔雅”“Simple Is Good”“杞梵”“笑笑”“慕容燕 smile”“室内设计师小孙”“李庄特产专卖”“萝卜”“浅浅”“1079815941”“浅听★低吟”“清熠”“小川”“娜么美★下贝子☆姚幸福”“兔子吃草”“hxsi2717”“hypyhl1982 ”“比的原理”“风吧万能帝”“克里斯蒂陈”“江之 lian”“迟到的贝壳 1516 ”……

他们当中，最令人感念的当属有娜样芳华网幕后大管家之称的“猫鬼 2011”。

2019 年春节后不久，知道自己得了癌症且属晚期的“猫鬼 2011”把她所收藏的姚贝娜的珍贵歌碟、慈善拍卖所得生前物品等全部寄给了“深蓝”并告诉他，万一她走了，这些藏品就转送给贝壳们，同时叮嘱“深蓝”不要把她患癌的事情告诉其他贝壳。

在和癌症搏斗的一年多里，“猫鬼 2011”和姚贝娜一样的坚强，同时默默地组织大家维护更新娜样芳华网。2020 年 5 月下旬，她预感到自己时日不多了，便把她出钱买“娜样芳华网站”服务器的阿里云账号转交给了“深蓝”，并嘱咐说：“我现在的状况我连家人都没说，因为娜网，我必须告诉你实情，你把服务器维护好，大家心血没白费，就好了。”“如果有一天，我在 QQ 上没有回答你，那我就是真的走了，和贝娜去同一个地方了。”大约三个多月后，"猫鬼2011"悄悄地离开了。

当然，除了"娜样芳华"，网络上还有各种"娜"样的存在，比如微博"娜年的今天"、"江之lian"、微信公号"智水团"等等，一直在持续更新姚贝娜的资料、信息，他们或是一个人，或是一个团队，没有利益诉求，只为永不消失的那份念想。

让陪伴变成花开

　　2021 年 7 月 5 日，一辆满载着鲜花的货车停在武汉石门峰纪念公园姚贝娜纪念墓地。59 岁的贝壳"向叔"和两位同伴"时间过客""章鱼"一起先把已凋谢了的鲜花清理干净，再把随车带来的 60 盆含苞待放的夏瑾花整齐地摆放在姚贝娜的墓前，然后擦拭墓碑、清洗雕像、修剪松枝、清扫墓地。一切都布置妥当之后，"向叔"三人面向姚贝娜的雕像三鞠躬，默默地转身离去。

　　"向叔"的背后有一个"姚贝娜新家志愿者团队"。

　　2016 年 1 月 16 日是姚贝娜周年祭日，在祭日的前两天，一位从江西赣州专程赶来的贝壳"初见"，自掏腰包花了 1500 元把姚贝娜的墓地布满了鲜花。看到这一场景，来自上海的贝壳"老孙"十分感动，他多次主动地向"初见"提出共同承担这笔费用，但都被"初见"谢绝了。

当天晚上回到下榻的酒店，"老孙"和贝壳"大刘先生""朱哥""如意的小甜甜""赵赵""Lce"谈起这事，大家一拍即合，共同发起组建了"姚贝娜新家志愿者团队"。这个团队主要负责一件事：给姚贝娜的新家置换鲜花，让姚贝娜一年四季都长眠于鲜花丛中。

　　想到姚贝娜生前曾经说过要陪贝壳们唱到80岁，这个团队的规模从最初的7个人发展并保持在了80人左右。目前，年龄最大的来自香港地区的"ck"已经73岁了，最小的也有25岁，团队成员分布于包括港台地区在内的全国各地，他们具有三个共同的特点：是贝壳、发心积德行善、具备一定的经济能力。

　　如今，这个团队已经形成了惯例，他们像一群家人，精心护理着姚贝娜的新家，每年根据季节、气候的变化以及在姚贝娜的生日、忌日等重要的纪念日都会给新家置换鲜花，一年下来要置换14次左右。最初每次要换150至180盆鲜花，后来他们在墓后种植了松柏，鲜花就改为了70盆左右。鲜花的费用大家均摊，由在武汉的贝壳"向叔"负责完成采购、运输、置换等工作。

　　早在姚贝娜在海政文工团下部队慰问演出时，"老孙"就注意到了这个小女孩，感觉她的歌唱得特别好听。姚贝娜在参加"中国好声音"时，"老孙"的女儿在电视上偶然看见了："爸爸，这个歌手不就是你喜欢的姚贝娜吗？"父女俩从头到尾看完了比赛，一场不落。对姚贝娜最后落选，他"极度地气愤"，差一点把电视机给砸了。

　　只比姚峰小一岁的"老孙"觉得自己最大的遗憾是姚贝娜去世时，他没有赶到深圳送她最后一程，因为当时正值女儿面临高

摄影：习彬

考，紧张的复习让他无法脱身。第二年，女儿高考结束以后，他特地从上海去了深圳，先后走访了北大深圳医院姚贝娜住过的病房，深圳殡仪馆送别姚贝娜的大厅，听医院的护士、殡仪馆的保安讲述姚贝娜最后的故事。

"老孙"说，他最大的愿望就是和大家一起把姚贝娜的新家管理好，让她像鲜花一样永远绽放。

被"姚贝娜新家志愿者团队"的义举所感动，姚贝娜的父母曾多次提出要承担相关费用，但都被婉言谢绝了。老孙说，这是我们作为贝壳所能表达的一点点爱意，也是能为姚贝娜做的唯一一件事了。

"天风爽爽，吹来第二个桃源。天歌悠悠，送我第二个童年。我放眼瞬间，我的歌永远，我走过遥远，就得到永远……"这是姚贝娜在海政文工团服役时首唱的《天歌》，婉转高亢具有鲜明藏族音乐元素的旋律，让姚贝娜得以很好地展示自己非凡的演唱技能，而简洁明快却极具象征意义的歌词却又浓缩了姚贝娜辉煌的艺术人生。现在再听这首歌，它分明就是她的一份音乐宣言。

姚贝娜来过这个世界，她用她的歌声与这个世界热烈地拥抱。因为她的歌声，无数人认识了这个喜欢歌唱的女孩，进而喜欢她。

姚贝娜突然离开了这个世界，但她把歌声留在了这个她热爱的世界。因为她的歌声，无数人记住了这个用生命歌唱的女孩，进而怀念她。

生命因为歌唱而精彩，这是歌唱的魅力，生命的魅力，姚贝娜的魅力……

摄影：刘喆尧　于川　图片来源：新浪时尚

姚贝娜大事年表

1981年
9月26日　上午10点出生于湖北省妇幼保健院。

1984年
9月　入读武汉音乐学院附属幼儿园。

1985年
9月　开始学习弹钢琴。

1988年
9月　入读湖北省武昌实验小学（五年制）。

1990年
9月30日　在湖北电视台国庆电视晚会表演独唱《唱给十月的歌》。

1993年
9月　入读武汉市第四十五中学（四年制初中）。

1997年
9月　考入武汉音乐学院附中，师从父亲姚峰副教授，开始系统学习通俗唱法。

1998年
4月　参加第8届CCTV全国青年歌手电视大奖赛，获得湖北赛区通俗唱法专业组第二名，并进京参加决赛，获得"荧屏奖"。

5月4日 参加"纪念知识青年上山下乡30周年"文艺晚会，参演节目《我们曾经年轻》，担任领唱和朗诵，首次与父母同台演出。

9月 师从冯家慧教授，改学民族唱法。

2000年

6月 参加湖南经视等六省电视台联办的"星际大联盟"美少女擂台赛，获得冠军。

9月 考入中国音乐学院声歌系（五年制），师从董华副教授。

2002年

6月 参加CCTV5"大红鹰世界杯激情之夜"校园先锋时尚大赛，获得亚军。

7月 参加文化部"庆祝中韩建交10周年"中韩两国大学生交流活动，赴韩国访问演出。

12月3日 在广东省第十一届运动会开幕式上与戴玉强共同演唱会歌《广东步步高》。

2003年

8月 录制歌曲《香格里拉》，结识著名音乐人捞仔。

10月 赴法国参加中法两国教育展，进行访问演出。

11月 参加文化部全国声乐新人新作大赛，演唱《香格里拉》，获得通俗组第二名。入选北京市大学生交流团，赴香港与当地大学生交流演出。

12月 参加深圳首届国际时装周开幕式晚会。

2004年

1月27日 电视剧《浪漫的事》开播，姚贝娜首次配唱无字歌，从此开启哼唱之路，为很多歌曲和影视剧插曲哼唱背景音乐，被誉为"哼唱娜"。

3月 演唱电视剧《风筝奇缘》片头曲《风筝颂》，这是与捞仔的首次合作。

5月30日 赴俄罗斯参加第二届中俄大学生艺术节暨高校成果展演出，获教育部颁发的最佳表演奖。

9月 参演北京电视台"首都大学生庆祝中华人民共和国诞辰55周年"文艺晚会。

2005年

1月3日 电视剧《汉武大帝》开播，和韩磊合作演唱插曲《千百年后谁还记得谁》。

2月 成为《俏丽》（*Pretty*）2005年2月号封面人物，这是姚贝娜首次登上杂志封面。

4月5日 大型音乐剧《金沙》在北京保利剧院首演，姚贝娜扮演女主角"金"，成为《金沙》第一代女主角，首度与当红男歌手沙宝亮合作。

8月1日 从中国音乐学院声歌系毕业。加入海军政治部文工团，担任独唱演员。

10月19日 参加"大地飞歌"南宁国际民歌艺术节开幕晚会。

10月23日 与亚东合作演唱电影《冈拉梅朵》同名主题歌，这是首次在大银幕上放歌。

2006年

1月 参加第五届中国金唱片颁奖晚会演出。

1月20日 参加"鹏城歌飞扬"2005年度深圳原创歌曲颁奖典礼演出，获最佳传唱奖。

1月27日 参加CCTV6 "2006电影人新春大联欢"文艺晚会，与沙宝亮合作演唱《美丽的传说》《世上哪有树缠藤》。

6月26日　参加"永远跟您走"纪念建党85周年大型文艺晚会录制，演唱《爱我中华》。

7月23日　参加第12届CCTV全国青年歌手电视大奖赛，获得通俗唱法个人组银奖第一名。

8月6日　在第12届CCTV全国青年歌手电视大奖赛"最受观众喜爱的歌手评选活动"晚会上，与余信杰表演武汉方言小品《罚款》。此后在央视"新视听"栏目多次表演经典小品《吃面条》《胡椒面》《主角与配角》《追星族》等。

9月3日　赴奥地利"世界音乐戏剧之都"萨尔茨堡市参加"大地飞歌·中奥萨尔茨堡之夜"大型晚会演出，与沙宝亮合作演唱《梦幻·刘三姐》。

10月12日　在美国华盛顿肯尼迪艺术中心担任"好一朵美丽的茉莉花"音乐会助唱嘉宾。

10月22日　参加江苏省第十六届运动会闭幕式大型文艺晚会演出。

11月28日　在广州参加"民族魂·金铁霖马秋华学生音乐会"。

12月6日　开通新浪博客。

2007年

1月　获海军政治部颁发的三等功军功章。

1月12日　获"鹏城歌飞扬"2006年度深圳原创歌曲"年度飞跃大奖"，在颁奖典礼上演唱《家有爹娘》。

2月3日　参加CCTV春节歌舞晚会录制，与师鹏、阿鲁阿卓、廖忠合作演唱《蓝色诗意》。

2月13日　参加CCTV"和风吹来万里春"军民迎新春文艺晚会，演唱《边关军魂》《士兵情怀》。

2月17日　首次参加CCTV春节联欢晚会，和火风合作演唱《老公老婆我爱你》。

3月18日 广西卫视"唱山歌"栏目推出"姚贝娜个人专场"专题节目。

6月12日 与父亲姚峰一起，做客《武汉晚报》"明星会客厅"，与读者交流。

6月13日 参加在武汉音乐学院编钟音乐厅举行的大型通俗演唱会，与父亲姚峰，师姐雷湘，师哥黄鹤翔、刘罡同台亮相。

6月29日 参加深圳卫视和香港TVB联合举办的"辉煌十年"庆祝香港回归十周年晚会，演唱《我爱你中华锦绣》。

7月4日 参加建军80周年蓝色航道赴西沙慰问演出，与吕继宏、吕薇表演小品《水中情》，与孙函曦、李佳合作演唱《阳光海》。

7月13日 参加"长城长"孟庆云作品音乐会，与张迈合作演唱《目光》。

7月14日 参加"我爱这蓝色的海洋"海政文工团作品音乐会，与孙函曦、李佳合作演唱《阳光海》，独唱《倾海之恋》。

7月31日 参加CCTV"八一军旗红"建军80周年文艺晚会，与钱琳、董冬、阿鲁阿卓、刘岚、李倩合作演唱《不要问为什么》。

8月4日 参加西班牙巴塞罗那足球俱乐部中国行"圆梦"助残慈善之夜活动，与周晓鸥合作演唱《相信自己》。

8月28日 参加第三届中国网络音乐节启动仪式，演唱《一个人听见，全世界听见》。

12月6日 参加中国CCTV和韩国KBS联合推出的第九届中韩歌会，与白雪、PARAN（韩）合作演唱 Hand in Hand。

2008年

1月11日 参加"鹏城歌飞扬"风华五周年盛典晚会，演唱《一个人听见，全世界听见》。

3月2日　参加CCTV"情满中国"抗击冰雪专题文艺晚会，与群星合唱《姐妹弟兄》。

4月17日　荣获第13届CCTV全国青年歌手电视大奖赛流行唱法个人组金奖。

4月18日　百度贴吧开通"姚贝娜吧"。

4月21日　与"青歌赛"获奖歌手共同录制公益歌曲《爱让我们成长》。

4月27日　参加第13届CCTV全国青年歌手电视大奖赛颁奖晚会。

4月28日　出席在北京钓鱼台国宾馆举行的"德中同行"新闻发布会，成为主题歌《与你同行》授权主唱歌手，随后参加了在重庆、广州等地举行的"德国大道"系列活动，现场演唱了《与你同行》《来不及》等歌曲。

5月14日　参加"爱在天地间"百名歌手汶川大地震赈灾大行动，集体录制公益歌曲《相信爱》。

5月16日　参加"走进残奥·共享激情　情系灾区·奉献关爱"公益演出，与师鹏合作演唱《地球村》。

5月18日　参加"爱的奉献"宣传文化系统大型抗震救灾募捐演出活动，与部队歌唱家一起合唱《祖国在召唤》，现场捐款3万元。

5月19日　参加CCTV在北京人民大会堂举行的"红十字与奥运同行"同乐五洲特别节目，和师鹏合作演唱《百年同行》。

5月27日　参加"为了灾区的孩子·抗震救灾大型主题诗歌晚会"，与师鹏合作演唱《生死不离》。随后参加"热血铸忠诚"专场慰问演出、"奉献青春重建家园"新生代歌唱精英大型赈灾演唱会等公益活动。

5月28日　随海政文工团赶赴四川绵竹、汉旺、什邡等地震重灾区慰问演出。

7月2日　随中央电视台抗震救灾"心连心"艺术团赴甘肃陇南、天水等灾区慰问演出。

7月11日　参加"8·1庆81"庆祝建军81周年大型演唱会，演唱《日月凌空》。

7月16日　参加"永恒的旋律"纪念改革开放30年暨名家名歌广东演唱会，演唱《我不想说》《渴望》。

8月23日　在青岛参加北京奥运会青岛帆船赛闭幕式演出，与师鹏合作演唱《奥林匹克风》。

8月24日　在北京奥运会闭幕式上与韦唯、孙楠等40位歌手合作演唱《超越》，并参加闭幕式之前的文艺表演，和群星合唱《五洲欢聚》，和熊天平、王妍合作演唱《地球是我们的村庄》。

10月1日　发行个人首张EP《心如明月》。

11月8日　在广州参加"德中同行"音乐交流活动。

11月16日　获第九届CCTV-MTV音乐盛典内地年度"最具潜力歌手"奖，演唱《一个人听见，全世界听见》。

12月12日　参加"与时代同行"纪念改革开放30年大型电影音乐会，演唱《我用所有报答爱》。

2009年

1月5日　在北京人民大会堂参加"盛世华章——纪念改革开放30周年中国电视剧飞天奖获奖作品音乐会"，演唱《千万次的问》。

1月7日　获"鹏城歌飞扬"2008年度深圳原创歌曲年度最佳女歌手奖，在颁奖典礼上演唱获得年度十佳金曲奖的歌曲《你是我的四季》，与阚立文合作演唱《虫儿飞》。

1月9日　获海军政治部颁发的二等功军功章。

1月26日　参加CCTV"军营大拜年"海军专场演出，演唱《月光里的海》。

2月9日　参加CCTV元宵晚会，与柏文合作演唱开幕歌曲《欢天喜地闹花灯》。

3月19日 担任"刘家昌2009音乐会"演唱嘉宾，在香港红磡体育馆独唱《独上西楼》《念你》《雾》，合作演唱《中华民族》《一切来自爱》《连心》。

5月 参加CCTV全国首届流行歌曲创作大赛，演唱《你是我的四季》《心如明月》《丁香女孩》《孔雀》等七首曲目。参加深圳第26届世界大学生运动会"唱响春天"征歌活动优秀歌曲发布晚会。

6月12日 在北京人民大会堂参加"前进颂"首届中国聂耳音乐（合唱）周开幕式晚会，与王铁刚合作演唱《二十年后再相会》。

7月 参加江西卫视红歌会开幕晚会，与孙伟良演唱《红军阿哥你慢慢走》。

8月8日 在北京鸟巢担任意大利超级杯中国赛（国际米兰vs拉齐奥）开幕式演唱嘉宾，演唱《爱在北京》。这也是喜欢足球的姚贝娜首次在比赛现场观看足球赛。

9月4日 在北京故宫博物院参加"卡地亚珍宝艺术展"开幕式，成为第一位在太庙大殿里唱歌的女歌手。

9月10日 参加CCTV俄语频道开播晚会，演唱俄语歌曲《伦巴》。

9月20日 参加CCTV"今宵月更圆"中秋晚会，与徐子崴合作演唱《中国之最》。

9月29日 参加CCTV"祖国万岁"庆祝新中国成立60周年大型文艺晚会，与曹芙嘉、柏文、阿里郎组合合作演唱《越爱越美丽》。

10月 参加CCTV6"环保星锋会"慈善义演。

11月2日 正式退伍，告别海政文工团，落户深圳，开始"北漂"生涯。

11月3日 发行EP《来不及》，收录了《来不及》《一个人听见，全世界听见》《暗伤》等三首歌曲。

2010年

1月1日 正式签约乐巢音尚文化传播公司，与沙宝亮开始二度合作，被称为"宝贝组合"。

1月 先后参加广西卫视、河南卫视春晚录制，参加CCTV"想挑战吗""新视听"等栏目新年特别节目录制。

1月12日 参加在北京人民大会堂举行的"七彩带"恒麟关爱生命阳光助残公益活动，被授予"爱心大使"称号。

2月13日 第二次参加CCTV春节联欢晚会，与师鹏、熊汝霖、王润霏合作演唱《我要歌唱》。

2月25日 参加"春华秋实"马秋华教授从教30周年学生音乐会，演唱《千万次的问》。

3月8日 参加CCTV"女性之光"三八国际劳动妇女节100周年专题晚会。

3月21日 EP《只因为爱》发行，后获得中歌榜"恒星歌"奖。

4月 为大型网络游戏"大明龙权"配唱主题歌《问红尘》。

4月12日 与父亲姚峰、师兄刘罡一起在广西艺术学院举办演唱会。

4月20日 参加CCTV央视"情系玉树 大爱无疆"赈灾晚会，与群星合唱《感恩的心》，现场捐款3万元。

6月6日 随"心连心"艺术团赴湖北黄冈慰问演出，与赵亮合作表演小品《白果树下》，演唱《只因为爱》。

7月15日 在深圳音乐厅与父亲姚峰、师兄刘罡举办"今夜吹来低碳风"音乐会，演唱《黑》《祖国》等，演唱会全部收入捐赠给慈善机构。

7月27日 参加"新唐山抒怀"纪念唐山抗震34周年文艺晚会，演唱《生命之城》。

8月12日 参加第26届世界大学生运动会倒计时一周年晚会，与沙宝亮合作演唱主题曲《告诉世界》。

9月　赴四川甘孜拍摄《只因为爱》MV。为CCTV3情感互动栏目"向幸福出发"演唱主题歌。

9月9日　获第十届CCTV-MTV音乐盛典内地年度最佳新人提名。

9月10日　参加"一沙一世界——又回金沙"2010沙宝亮成都·金沙演唱会暨全国首唱会启动仪式。

9月19日　参加CCTV中秋民族音乐会，与徐子崴合作演唱《中国之最》。

9月20日　开通新浪微博。

9月30日　参加"辉煌跨越——第16届亚运会会歌发布仪式"，与孙楠合作演唱2010年广东亚运会会歌《重逢》。

10月　获第16届广州亚运会组委会颁发的"亚运歌手"称号。参加美国canum娱乐公司音乐剧 *The Thief* 中文版排练，饰演Baba Tanya，年底在北京完成了排练、录制。该剧因故未能公演。

11月8日　获得中国广播电视协会主办的金号奖2010全国听众喜爱的歌手"十大金牌歌手"称号。

12月1日　参加"爱与艾的相连"艾滋病日主题公益晚会，演唱《只因为爱》。

12月7日　参加文化部2011年春节电视晚会，与汤子星合作演唱《生命之城》。

12月31日　参加CCTV"我们的生活充满阳光"2011年元旦晚会，演唱《山歌好比春江水》。

2011年

1月17日　与沙宝亮合作的《只因为爱》获中歌榜2010年度金曲。

2月3日 参加第一届CCTV网络春晚，与沙宝亮演唱主题歌《给力春天》。

5月12日 参加"中国奇迹"纪念抗击汶川地震3周年文艺晚会，与师鹏合作演唱《从头再来》。

5月31日 接受乳癌切除手术以及整形再造手术。

6月1日 姚贝娜将这一天定为自己的重生日。

8月2日 参加湖北卫视"七夕情歌大会"，演唱自己创作的歌曲《东方之恋》。

8月3日 与父亲一起做客《武汉晨报》"名人坊"，与读者歌迷面对面交流。

8月15日 录制电视剧《甄嬛传》4首插曲。

9月25日 录制电视剧《甄嬛传》主题曲《红颜劫》。

9月29日 接受最后一次化疗。

10月20日 参加第12届南宁国际民歌艺术节开幕式，与尼日利亚歌手郝歌合作演唱《在那遥远的地方》。

11月11日 参加"一沙一世界"沙宝亮全国巡回演唱会北京首演，演唱《小头发》，与沙宝亮合作演唱《世上哪有树缠藤》。

11月12日 在北京人民大会堂参加"金色记忆·蓝色情怀"付林作品音乐会，演唱《海蓝海蓝》。

12月30日 录制CCTV春节特别节目"八仙过海闹新春"，演唱《红颜劫》。

2012年

1月6日 参加"鹏城歌飞扬"2011年度深圳原创歌曲盛典，原唱歌曲《我是一棵簕杜鹃》获音乐工程十佳金曲，颁奖典礼上演唱《一路有你》。

2月28日 CCTV音乐频道"民歌·中国"录制姚贝娜专场。

4月10日 参加第三十届中国洛阳牡丹文化节，演唱《牡丹花谱》。

4月30日 在北京西单图书馆助阵刘欢"《甄嬛传》原声大碟"首发签售。

5月23日 参加"纪念延安文艺座谈会讲话70周年"大型文艺晚会，与马海生合作演唱《今儿个高兴》。

5月29日 CCTV中文国际频道录制姚贝娜专题"中国文艺·百分歌者"。

6月5日 个人首张专辑《姚贝娜·小头发》正式发行。

6月10日 录制第四届中国·新加坡大型歌会，与新加坡歌手乔毓明合作演唱《一起走到》。

6月14日 电影《画皮II》在成都举行全球首映礼，现场演唱影片的宣传主题曲《画情》。

7月27日 参加"北京祝福你"大型歌会"奥运梦想盛典"，与周炜、阿兰、鲍春来演唱《相亲相爱》。

9月5日 签约华谊兄弟音乐公司。

9月9日 参加CCTV"寻找最美乡村教师"大型公益活动颁奖典礼，演唱《铿锵玫瑰》。

9月10日 参加"鹏城歌飞扬·唱响北京"大型原创音乐会，演唱《一个人听见，全世界听见》。

9月23日 参加"唱响中国"澳门演唱会，演唱《追寻》《相亲相爱》。

9月27日 出席《时尚健康》杂志举办的"粉红丝带"10周年公益活动，演唱《画情》。

11月25日 参加在国家体育场举行的电影《一九四二》首映礼，演唱《生命的河》。

12月31日 参加CCTV"启航2013"元旦晚会，演唱《画情》。

2013年

1月1日 担任在北京万事达中心举办的"倾听我们的年代·留欢2012"刘欢跨年演唱会助唱嘉宾，演唱《惊鸿舞》《菩萨蛮》《离不开你》。

1月8日 参加"鹏城歌飞扬"星光十年音乐盛典，获最佳女歌手、星光十年成就大奖，《小头发》获得年度十佳金曲奖。

1月13日 参加在北京人民大会堂举行的"百花迎春"中国文学艺术界春节大联欢，演唱《生命的河》。

1月15日 参加在国家大剧院举办的新春电影音乐会，演唱《生命的河》。

2月11日 电影风光片《阆中之恋》发布，与沙宝亮合作演唱同名歌曲。

3月10日 云南卫视"音乐现场"播出《小头发》首唱会。

3月25日 担任第15届CCTV全国青年歌手电视大奖赛流行组复赛评委，成为"青歌赛"史上最年轻的评委。

3月29日 参加第15届CCTV全国青年歌手电视大奖赛启动仪式。

4月12日 在中国电影导演协会2012年度表彰大会上演唱《生命的河》。

7月12日 "中国好声音"第二季盲选，演唱《也许明天》惊艳全场，加入那英战队。

7月13日 姚贝娜全国歌迷后援会成立。

8月8日 姚贝娜全国歌迷后援会首次亮相，在"中国好声音"姚贝娜与小胖PK录制现场为姚贝娜助威。

8月17日 参加"中国好声音"第一季学员在宁波的演出。此后，还参加了"中国好声音"在上海、西安、张家口、广州、杭州、昆山、北京、石家庄、泸州、济南、泰州、乐山、深圳、信阳等地的巡演。

8月31日 在上海出席歌迷见面会，演唱《也许明天》。

9月7日 录制"中国好声音"那英战队决赛，演唱*All By Myself*，败选。

9月11日 代言仙侠手游《仙变》，出演的《仙变》微电影上线。

9月20日 浙江卫视播出"中国好声音"那英战队决赛，引爆舆论大战。

9月26日 受聘北京大学肿瘤医院抗癌宣传健康公益大使；出席《时尚健康》杂志主办的2013粉红丝带乳腺癌防治活动庆典，担任粉红丝带代言人和封面人物，受聘抗癌大使。

10月7日 参加"2013中国好声音巅峰之夜"演出。

10月9日 参加中国文联赴"辽宁舰"慰问演出，演唱《追寻》。

10月11日 全新单曲《心火》发行。

10月12日 参加"MusicRadio我要上学海马汽车爱·回家助学行动"北京爱心路演，并义卖私藏物品。

10月17日 首次身穿姚贝娜全国歌迷后援会会服接受搜狐新闻采访。

10月20日 参加浙江卫视"我爱记歌词"综艺节目，姚峰、李信敏作为神秘嘉宾亮相。

11月6日 参加网游《战争世界》发布会，演唱同名主题歌。

11月9日 录制电视剧《我们一家人》片尾曲。随后又为电视剧《媳妇的美好宣言》《空巢姥爷》《打狗棍》《大丈夫》，电影《冰雪奇缘》《制服》《我爱的是你爱我》《前任攻略》《笔仙3》等录制主题曲或插曲。受邀参加CCTV"我要上春晚"年度总决赛录制，演唱《也许明天》、清唱《生命的河》，成为首批直通春晚的选手。

11月11日 与父亲姚峰、师兄刘罡在武汉音乐学院编钟音乐厅举行演唱会，庆祝建校60周年。

12月3日 在北京798举办EP《1/2的我》首唱会。

12月6日 《心火》获"音乐风云榜"新人盛典最佳EP奖。

12月21日 在云南芒市参加拍摄电视片《彩云之恋》。

12月29日 获腾讯微盛典最具人气女歌手奖。

12月30日 百度发布2013年年度报告，"姚贝娜"在百度搜索年度十大话题人物排行第二，《也许明天》入选百度音乐2013年十大金曲。

12月31日 获安徽卫视国剧盛典"观众喜爱的影视歌曲演唱人"奖，现场演唱歌曲《红颜劫》《千万次的问》。

2014年

1月1日 参加湖北卫视2014新年环球狂欢夜电视晚会。

1月15日 获微博之夜微博年度人气奖。

1月22日 好莱坞动画大片《冰雪奇缘》中文版主题曲《随它吧》MV发布。

1月23日 接受中国网"中国访谈"专访。

1月25日 接受上海娱乐"陈蓉博客"专访。

1月30日 第三次参加CCTV春节联欢晚会，在零点时刻演唱《天耀中华》。

2月28日 CCTV"朝闻天下"播出新闻专题"艺考故事：'小样歌手'姚贝娜"。

3月27日 出席江苏镇江金山焦山北固山风景区旅游推介会，演唱《依爱》，签约形象代言人。

4月1日 拍摄微电影《白色惊喜》。

4月10日 参加成都"城市之声"音乐颁奖典礼，荣膺亚洲至尊女歌手奖。

4月15日 参加广东电台音乐之声"爱的小桔灯·儿童关爱行动"上海启动仪式，出任2014年度爱心大使。

4月26日 荣获中央人民广播电台"MusicRadio Top 榜"年度最佳女歌手奖，《心火》获2013年度十佳单曲奖。

4月27日 在北京爱琴海购物中心举办《1/2的我》签唱会。

4月28日 参加江苏镇江大型水景秀《白蛇传》首演，演唱《依爱》。

5月1日 参加CCTV"中国梦·劳动美"五一特别节目文艺晚会，演唱《一路有你》。

5月15日　CCTV3"艺术人生"播出姚贝娜专场。

5月17日　参加第一届中国新歌榜颁奖盛典，荣获亚洲最受欢迎女歌手奖，入选年度十大新歌。

5月20日　拍摄中国文艺志愿者公益宣传片。

5月30日　参加香港青年音乐节，演唱《随它吧》《也许明天》。

6月1日　参加央视"在五彩缤纷的节日里"六一晚会，演唱《随它吧》。

6月16日　着德国队球衣，录制"黄焖世界杯"专题节目。

6月18日　参加浙江卫视"我不是明星"第三季总决赛，为金圣权助唱《也许明天》。

6月21日　在成都出席由全国13家电台联合举办的城市至尊音乐盛典，获年度至尊女歌手奖，《心火》入选年度20大金曲。

7月23日　海南遭受强台风袭击，与华谊音乐的陈楚生、董璇等艺人一起带着物资赶赴文昌市救灾。

8月3日　陪父母在深圳游玩，这是姚贝娜最后一次陪父母出游。

9月20日　参加中国传媒大学60周年校庆文艺演出，演唱《随它吧》。

9月17日　参加CCTV1"五个一"工程获奖作品颁奖晚会，演唱获奖歌曲《时间都去哪儿了》。

10月1日　参加CCTV3国庆综艺节目"我和我的祖国"，演唱《一路有你》。

10月8日　电影《笔仙3》主题曲《黑夜落雪》MV发布。

10月10日　出席中国电视金鹰节开幕式，与刘欢演唱《天地在我心》。

10月23日　参加腾讯大型音乐真人秀节目"Hi歌"节目录制，完成荧屏绝唱《鱼》。

10月26日　参加黑龙江省双鸭山市宝清县百盟城市广场开业庆典，这是姚贝娜最后一次现场演出。

11月27日　确诊乳腺癌转移。最后一次更新个人微博。

12月19日　唐跃生作词、姚贝娜作曲的歌曲《祖国》（又名《祖国，我的爱恋》）获2014深圳音乐工程优秀歌曲奖。

12月26日　因病情恶化，转入深圳北大医院重症监护病房。

12月27日　CCTV15举办"光荣绽放·2014十大中文金曲演唱会"，《随它吧》获奖，姚贝娜现场连线发表获奖感言。

2015年

1月8日　姚峰代替姚贝娜在眼角膜志愿捐献申请书上签字，同时，姚峰、李信敏签署了眼角膜捐献申请书。

1月16日　16时55分，姚贝娜在深圳北大医院去世。19时30分成功实施眼角膜剥离手术。

1月17日　姚贝娜捐献的眼角膜在成都成功移植给23岁的四川凉山州患者董某，助其重见光明。

1月18日　第15届华鼎奖组委会打破惯例，特设纪念环节，授予姚贝娜"中国年度最具人气歌手奖"。

1月20日　凤凰古城千人吟唱姚贝娜为凤凰古城演唱的《唱给沱江》，悼念姚贝娜。9时30分，姚贝娜遗体告别仪式在深圳殡仪馆举行。

1月26日　CCTV"焦点访谈"对姚贝娜捐献眼角膜进行了专题报道。湖南卫视"我是歌手"致哀姚贝娜，浙江卫视播出"雁过留声——姚贝娜"、深圳卫视播出"温暖在身边——越过生命的河"专题节目缅怀姚贝娜。

1月29日　在广州军区武汉总医院，姚贝娜所捐献的眼角膜剩下的环状部分成功移植给了一位来自湖南的女生。

2月6日　荣获"东方风云榜"网络投票"全民选择女歌手"第一名。

2月14日　入选武汉"感动江城"2014年度人物。颁奖晚会上5岁的表妹李雨君演唱了姚峰创作的歌曲《姐姐》。

2月27日 姚贝娜位列百度贴吧盖楼活动第一名。

4月2日 华谊音乐在北京798艺术中心举办姚贝娜追思会。

4月4日 第41981号小行星被国际天文联合会命名为"姚贝娜"（Yaobeina）。

4月14日 姚贝娜演唱的《前任攻略》主题曲《矜持》获得第十五届"音乐风云榜"最受欢迎电影歌曲奖。

4月15日 著名音乐人刘家昌制作的纪念专辑《永存》正式发行，专辑收录了姚贝娜2009年录制但从未发表过的12首歌曲。

4月27日 "天使在人间——让爱延续"姚贝娜私人物品慈善拍卖会开拍，拍卖会持续6天6场，成交额达271万元。

6月14日 荣获广东省政府授予的"广东好人"称号，并成为第五届全国道德模范广东省候选人。

7月10日 姚贝娜私人物品慈善拍卖善款捐赠仪式在北京网信大厦举行，善款全部捐赠给新疆塔什库尔干县中学建立"贝娜音乐教室"。

9月26日 "贝娜回家"纪念展在武汉音乐学院开幕。在武汉石门峰纪念公园举行姚贝娜纪念墓地落成和雕像揭幕仪式。纪念专辑《天生骄傲》正式发行，专辑共收录11首歌曲，由姚贝娜生前好友及合作过的音乐人共同打造。

10月13日 获第五届"全国道德模范提名奖"。

10月25日 获"广东省道德模范"称号。

2016年

1月16日 最后一首遗作《风光》发行。

1月18日 姚贝娜捐献的左眼环形边缘眼角膜在贵阳遵义成功移植给67岁的罗老太太。

9月26日 "娜样芳华"资讯网正式上线。

12月9日 唐跃生作词、姚贝娜作曲并演唱的歌曲《祖国，我的爱恋》获第五届"深圳版权金奖"。

2017年
1月16日 姚贝娜全国歌迷会组织部分贝壳制作的原创纪念专辑《不凡》发布。

6月30日 "娜样芳华"资讯网ios手机版上线。

2018年
1月1日 "娜样芳华"资讯网推出安卓手机版。

1月16日 湖北电视台"帮女郎"栏目组在石门峰纪念公园姚贝娜纪念墓地现场直播贝壳纪念活动，缅怀姚贝娜逝世三周年，北京电视台"播报大调查"制作三期姚贝娜纪念节目。

6月8日 贝壳原创纪念专辑《不凡》入驻QQ音乐平台。

2019年
4月12日 第七季"歌手"总决赛，刘欢串唱《金缕衣》《菩萨蛮》《凤凰于飞》，他以和姚贝娜隔空对唱的形式，实现了姚贝娜上"歌手"舞台的愿望。

8月30日 "声入人心"第二季，郑棋元、刘岩特意挑选了音乐剧《金沙》中姚贝娜和沙宝亮首唱的歌曲《总有一天》，并将姚贝娜演唱原声加入编曲。

（根据"娜样芳华"资讯网、微博"娜年的今天"等资料整理）

后记

    2019 年 7 月 27 日，周笔畅全国巡回演唱会在深圳首演。当晚，我与姚贝娜的父母一起走进深圳体育中心。当我们就要走过安检门时，姚妈突然说了一句："自从贝娜走后，我今天是第一次到流行演唱会的现场。"穿过通道，走进内场，看着满场兴奋的观众，姚妈又说了一句："唉，贝娜就缺一场这样的演唱会。"我默默地听着，竟不知如何作答。显然，对一位失去爱女的母亲而言，任何安慰之语都是苍白无力的。

    那一刻，我忽然明白，那些带给大家无限欢乐的文艺晚会、综艺节目，在失去女儿的姚爸姚妈眼里却有可能似一根芒刺扎在他们的手心，因为，他们优秀的女儿姚贝娜曾是那个舞台上的精灵。

    于姚爸姚妈而言，音乐是他们的职业，是他们的喜好，现在更成了他们的精神寄托。因此，这么多年来，他们仍然观看文艺演出，参加音乐创作，但置身于那种场景，他们又会情不自禁地想起姚贝娜，想到一个很具象的问题：如果贝娜在的话，她会怎么表演？每当这个时候，他们又是伤感的，内心承受着一种一次次被撕裂的疼痛。

不同的人都有着各自不同的情感，在大部分人的内心世界，失去亲人的痛楚，绝非能够轻而易举地从记忆深处清零，何况姚爸姚妈失去的是一位优秀的独女，这种伤感注定会如影相随、挥之不去。

最令人揪心的一幕发生在 2018 年 1 月 16 日，那天是姚贝娜去世三周年的忌日。

自从姚贝娜离开后，姚妈从不接受媒体采访，但当天在武汉的家里，她竟一反常态接受了北京卫视的专题采访。访谈一气呵成，姚妈面对镜头侃侃而谈，毫无拖泥带水之感，几乎用不着做后期剪辑。当大家惊叹于姚妈高超的镜头把控力时，姚爸却突然发现，她失忆了！全程访谈竟是在她自己毫无知觉的情况下完成的。随后，在石门峰姚贝娜纪念墓地前，姚妈木然地站着，望着从全国各地赶来的贝壳，她小声地问我："怎么有这么多人啊？我们来这里干什么啊？"当众多贝壳向她表示问候时，她也只是轻轻地点点头、道声谢谢。见此情景，我们赶紧不动声色地把她送往武汉大学人民医院。

在两位专家的耐心开导下，直到晚上 7 点多钟，姚妈才慢慢地恢复了意识。整个失忆过程持续了将近 8 个小时，其间，姚爸看着姚妈，默默地流泪……

因此，当我决定写这本书时，我的家人是反对的，他们担心此举触动姚爸姚妈深不可测的痛处。事实的确如此，每次与姚爸姚妈聊起往事，姚爸常常热泪盈眶，姚妈总是泪水涟涟，泣不成声。每每于此，我总有深深的负罪感，不忍细问。

姚贝娜身前有很多称谓：华语歌坛第一人、天籁唱将、大力娜、百变娜……她还自嘲是二娜、忘词娜。但她给我的第一印象是一个毫不娇气的漂亮小姑娘。

1989年9月的一天，我坐在武汉音乐学院团委办公室里，望着窗外的大雨。突然，远处操场上有一个背着书包的小姑娘一闪而过，竟没有打伞。我定睛一看，这不是姚贝娜吗？这么大的雨，怎么不打伞？姚老师干什么去了？李老师不在家吗？后来，我才知道姚贝娜常常是独自一人吃饭、上学。

时至今日，这一幕仍在我脑海里清晰地留存着，印象竟如此深刻，甚至每次只要看到雨中的小学生，我就会不由自主地想起那个在雨中飘过的小姑娘。也因为如此，再后来得知她毅然退伍，勇敢地面对疾病，捐献眼角膜，佩服之余也就没觉得特别意外，这种敢作敢为的性格，她早在童年的时候就养成了。

姚贝娜是天才级的歌手。然而，天妒英才，天妒红颜，姚贝娜像一颗流星从天空划过，华语流行歌坛失去了天籁之音，我常常想，如果老天多给她一点时间，哪怕是只多给5年时间，她一定会成为华语流行歌坛乃至世界流行歌坛的巨星。

白驹过隙，姚贝娜离开我们已有7年。对喜欢她的家人、朋友、歌迷、贝壳而言，这是"七年之痛"。我相信这种痛不会随着岁月的流逝而消失，反而会变得更深沉。因为，姚贝娜身上有太多的值得记住的闪光点。这也是我的写作动机。

感谢姚爸姚妈的无限信任，感谢师兄夏德元先生和他的团队的鼎力支持。

还要特别感谢一大批贝壳们。贝壳这个群体是一个特别的存在，堪称"饭圈文化"中的一股清流。他们没有任何利益诉求，就是因为单纯地喜欢姚贝娜，喜欢姚贝娜的歌。这么多年来，贝壳们对姚贝娜的不离不弃，是我最大的写作动力。在写作过程中，他们无私地提供了很多线索和资料。

还要向提供姚贝娜图片的摄影师致谢。需要特别说明的是，书中有少量图片寻找拍摄者未果，故未能署名，请拍摄者与我们联系，届时依照相关法律规定付酬，并在再版时补上署名。

本书还参考了一些媒体的相关报道、评述，在此一并表示感谢。

姚贝娜的一生短暂而辉煌，值得记叙的事儿太多太多。但是，当我为写作收集素材时，却发现姚爸姚妈并没有刻意保存姚贝娜的资料，他们能提供的素材非常有限。这也从一个侧面证明，他们的确没打算把姚贝娜培养成明星，更没有把自己当成星爸星妈。

由于时间所限、资料所限，更由于笔力所限，此书不可能做到巨细毕现，亦难免有谬误之处，敬请谅解指正。倘若读者诸君能借此想起"娜"人"娜"事的星星点点，我当足矣。

2022 年 5 月 4 日于武汉